见识城邦

更新知识地图　拓展认知边界

# 贫穷有罪？

## 洛杉矶贫民区的治安与日常生活

Down, Out, and Under Arrest

Policing and Everyday Life in Skid Row

Forrest Stuart

［美］福雷斯特·斯图尔特 著

郑昕远 译

中信出版集团｜北京

## 图书在版编目（CIP）数据

贫穷有罪？：洛杉矶贫民区的治安与日常生活 / （美）福雷斯特·斯图尔特著；郑昕远译. -- 北京：中信出版社，2024.7. -- ISBN 978-7-5217-6606-6

Ⅰ. D771.28

中国国家版本馆 CIP 数据核字第 2024VU6397 号

Down, Out, and Under Arrest: Policing and Everyday Life in Skid Row by Forrest Stuart
Copyright © 2016 by The University of Chicago. All rights reserved.
Licensed by The University of Chicago Press, Chicago, Illinois, U.S.A.
Simplified Chinese translation copyright © 2024 by CITIC Press Corporation
ALL RIGHTS RESERVED
本书仅限中国大陆地区发行销售

贫穷有罪？：洛杉矶贫民区的治安与日常生活
著者：[美] 福雷斯特·斯图尔特
译者：郑昕远

出版发行：中信出版集团股份有限公司
（北京市朝阳区东三环北路 27 号嘉铭中心　邮编 100020）

承印者：三河市中晟雅豪印务有限公司

开本：787mm×1092mm　1/16　印张：21.5　字数：253 千字
版次：2024 年 7 月第 1 版　印次：2024 年 7 月第 1 次印刷
京权图字：01-2022-7012　书号：ISBN 978-7-5217-6606-6
定价：68.00 元

版权所有·侵权必究
如有印刷、装订问题，本公司负责调换。
服务热线：400-600-8099
投稿邮箱：author@citicpub.com

# 目 录

引言 ... i

导论 ... 1
    警务管治贫民 ... 8
    外宽内猛 ... 14
    自下而上看问题 ... 16
    掌握"条子智慧" ... 19
    关于治疗性警务及其对贫民区影响的研究 ... 24
    章节规划 ... 31

## 第一卷 解决贫困问题

第一章 治疗性警务的兴起 ... 37
    让贫民重归社会：19世纪50年代到20世纪30年代 ... 41
    控制与隔离：20世纪30—90年代 ... 47
    强制恢复与消除诱惑：20世纪90年代至今 ... 57
    "安全城市计划"与恢复区禁令 ... 72

第二章 从暴民管理到恢复管理　　　　　　　　77
　　在暴民区巡逻：20世纪的遏制与隔离　　　81
　　在恢复区巡逻：当今贫民区的恢复与重返社会工作　　83
　　阅读能力恢复计划　　　　　　　　　　　96
　　解决问题：新型节俭干预模式　　　　　　105

# 第二卷 "条子智慧"的进化

第三章 生存训练　　　　　　　　　　　　　123
　　欢迎来到炼狱　　　　　　　　　　　　　126
　　掌握"条子智慧"　　　　　　　　　　　132
　　清醒信号　　　　　　　　　　　　　　　135
　　"参加锻炼"与"参加项目"　　　　　　140
　　众人皆醉我独醒　　　　　　　　　　　　142
　　"你不是在吸毒，就是在贩毒"　　　　　144
　　穿过一条安全通道　　　　　　　　　　　146
　　贫民区举重区的终结　　　　　　　　　　155

第四章 平复街区　　　　　　　　　　　　　163
　　第五大街的小贩　　　　　　　　　　　　166

| | |
|---|---|
| 维持无毒品区域 | 167 |
| 第五大街之眼 | 172 |
| 平复街区 | 177 |
| 当街道之眼像警察一样思考 | 181 |
| 街道闲言 | 184 |
| 应付陌生人 | 188 |

## 第五章 治理警察     205

| | |
|---|---|
| 社区框架与公开集体抵抗的进展 | 208 |
| 通过"社区守望"巡逻反抗犯罪化和污名化 | 217 |
| 捕捉诱发事件和背景信息 | 220 |
| "抓住他们的漏洞" | 227 |
| "社区守望"团队促成重大改革,并制约治疗性警务措施 | 239 |
| 贫民区治理新方法? | 245 |

## 结论     249

| | |
|---|---|
| 21世纪的警务和贫困治理 | 251 |
| 条子知识 | 257 |
| 我们向何处去? | 265 |

| 方法论附录 | 不便利的民族志研究 | 271 |
|---|---|---|
| | 民族志学者还是缉毒警？ | 272 |
| | 转移研究焦点 | 277 |
| | 让警察做证 | 282 |
| | "改变了立场？" | 286 |

| 致谢 | 291 |
|---|---|
| 注释 | 299 |
| 参考文献 | 317 |

# 引言

在洛杉矶贫民区（Skid Row，亦称"游民街"）工作的第一年，我被警察盘问了14次，只是因为我站在街角。

这不算什么。那时，我结识了一个名叫朱丽叶的女人，她被警察拦下100多次，还被逮捕了不下60次。她每次在监狱里被关上一周，累计为服刑耗费了一年多的生命。她犯的都是什么罪呢？仅仅是因为她坐在了人行道上——在洛杉矶，这是一种可以被逮捕的犯罪行为。

一个老太太戴着手铐瘫坐在水泥地上啜泣，对于大多数美国人而言，此情此景简直不可理喻。但对于在贫民区生活和工作的人来说，这不过是一个普通的周二早上。朱丽叶的衬衫被泪水浸透了，显然，第四十次逮捕给她带来的伤害分毫未减。

当警察把朱丽叶扶来时，她重复着同一个问题："为什么？"这是我们每个人都应提出的疑问。这类处理措施的目的何在？它对我们的社会，对朱丽叶起到了什么作用？我们已大幅削减对最贫困公民的直接和间接资助，却在洛杉矶贫民区1平方英里①的地方花费600多万美元补充警力，这是怎么做到的？此举对于深陷社会底层的人们意味着什么？推及广泛意义上的美国的正义、平等和机会，这些做法又传达着怎样的信息？

本书旨在回答上述问题，也回答朱丽叶的问题。我试图在书中描述并阐释，把社会底层人民当作罪犯的情况何以愈演愈烈。事实证明，答案错综复杂，有时甚至与直觉相悖。如同一出古希腊悲剧，铸就这一切的更多是错误与优先级错置，而非英雄与邪恶势力的缠斗。我们创造了这样一种局面：牵涉此事的各方都真诚地试图做正确的事情，却毫无成效，有时甚至适得其反，造成严重的伤害。

为了找到答案，我花了五年时间在贫民区工作，从此处居民的视角看待问题——在大部分情况下，他们并不情愿住在这里。我们一同走在街上，在街角闲逛，在无家可归者收容所里一起吃饭。我走进流浪者投宿的廉价旅店，见过他们的亲戚和前情人，旁听他们的庭审。我看着他们的身影消失在警车的后面，在刑事司法系统中循环往复。一路走来，他们丢了工作，没了住处，失去了希望。在这个过程中，我倾听他们的苦恼。他们与警方的频繁接触让我无比沉重，因此我不愿就此罢休。我开始在警察身上投入更多时间，趁他们轮班时在警察局与他们坐坐，在他们巡逻时尾随其后。我们已打成一片，一起喝啤酒，哀叹道奇队的不争气，发发女朋友的牢骚。

---

① 1英里≈1.6千米。——编者注

而当我开始领会贫民区居民与警察的热情与愤懑时，却猛然意识到，这些声音很少出现在关于警务与贫困问题的公共讨论中。常有聪明人谈起警察与穷人间持续不断，有时甚至是致命的紧张关系，但这些专家很少花时间与这两个群体的人交谈，倾听他们的故事，或者，也许更重要的是，倾听他们对对方的看法。观看晚间新闻节目时，你会看到许多位高权重的嘉宾——警察局局长、律师和媒体专家，他们滔滔不绝地讲述自己对正在发生的事情的看法。但对于那些每天都生活在这个现实中的人，你可曾倾听过他们的声音？这不太可能。长期以来，那些真正在美国街头针锋相对的人，已被压制住了声音。

我写这本书正是为了填补这一空白。书中的素材皆来自我在贫民区遇到的居民与警察。我利用档案与记录资料，将这些故事置于历史背景中。同时，作为一名社会学家，我参考了之前的研究，以了解警察的每一次盘查、罚款或逮捕。无论它多么出乎意料或独特，都是一个更大体系的一部分。

最终，本书成为对当下美国最弱势的群体进行治安管制的情况的特写。我们没有向贫困之人伸出援手，反而挥舞拳头，在其误入歧途时威胁将其彻底击倒。在此过程中，我们创造了一种新的不平等。对警察的恐惧以及远离手铐的渴望在整个社群蔓延，渐渐渗入人们与朋友和家人的关系中。有的反目成仇，有的则退缩至更深的阴影之中。但在这一动荡之中，我们亦看到了希望的曙光，它们有时来自最出乎意料的源头。当我说一场社会运动正在酝酿，我们需要注意时，我并不认为自己过于乐观。

如果我做得足够好，读者将会从书中理解，人们以我们的名义究竟做了哪些事，又为何这样做。更重要的是，本书将帮助我们看到，为改变现状，推动为美国最贫穷、最无权的公民的生活带来积极改变的改革，我们应该怎样迈出第一步。

在阅读过程中，我恳请各位暂时放下心中的预设，包括何为穷人、何为警察，以及他们所作所为背后的原因是什么。为了理解现状，创造一个更加公平的世界，我们需要从全新的角度看待问题。让我们面对现实吧。我们现在的做法根本行不通，所以我们必须开始从新的角度审视它。这本书正是这一努力的结晶。

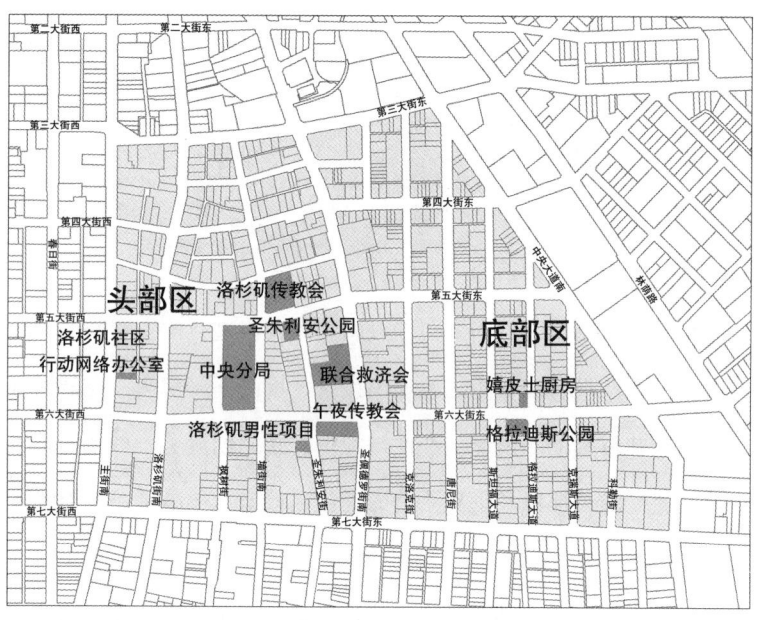

洛杉矶贫民区示意图

# 导论

达里尔·沃特金斯是一个50多岁的黑人，头顶渐秃，步态微跛，双手长满老茧，干了一辈子辛苦的体力活儿。他曾参加第一次海湾战争，这导致他部分听力受损，长期受创伤后应激障碍（PTSD）折磨。在我们相识以前的三年里，达里尔·沃特金斯一直在洛杉矶中南部的一家小便利店里兼职打黑工，负责上架和拖地。他每周能拿到150美元现金，还要依靠每月221美元的一般救济支票才能勉强维持生计。凭着这份微薄的收入，达里尔在距便利店几个街区的地方租了一个小小的单间公寓。突然有一天，达里尔的生活急转直下。他的老板卖掉了商铺，达里尔随即失业。由于没有稳定的收入，他很快被赶出公寓。为了另觅住所，他坐了两个小时的公交车去退伍军人事务部福利办公室寻求帮助，但未能得到任何及时有效的帮助。他们只是递给达里尔一张廉价分租房（single-room-occupancy，SRO①）清单，房子位于洛杉矶城市另一端的贫民区。

---

① SRO 一词适用于多种类型的情况，包括公寓或酒店租用房间，在此书中用于描述分租房。——编者注

洛杉矶贫民区被当地人称为"五分区"，范围涵盖城市东部的50个街区。尽管与快速重建的市中心相距不远，它的现状却与之有霄壤之别。洛杉矶标志性的市政厅就在不远处，重焕生机的中央商务区与最新潮的咖啡店也仅隔几个街区，贫民区却展现着美国最原始的结构性暴力与城市边缘化现象。历史学家迈克·戴维斯（Mike Davis）将"五分区"比喻为"但丁地狱的内圈"，大约有1.3万名极端贫困的居民生活于此。[1] 在过去30年里，五分区已沦为饱受去工业化及福利削减痛击的人们最后的寄居地。随着工作机会与社会救助的枯竭，来自美国各地的居民源源不断地迁至洛杉矶贫民区，以获取应急资源和低价住房。他们中的绝大多数是正值壮年的黑人男性，受教育程度较低，许多身有残疾、罹患精神疾病或吸毒成瘾。[2] 在贫民区，有三分之一的居民住在街上、收容所或临时住房里，那里是尽人皆知的美国流浪者之都。

达里尔在洛杉矶度过了大半生，却从未踏入贫民区一步。如今，退伍军人事务部建议他搬过去。他很清楚，那是社会放逐者的流亡之地。"就像被一吨重的砖头迎面砸来，"达里尔回忆起面对那个"住房选择"时的感受，"当那位坐在桌前的女士说出'贫民区'这个词时，我的五脏六腑揪成一团。我猜，直到那时，我才真正认识到自己的处境。我已经穷途末路了。"

达里尔别无选择，只得无可奈何地背起行李袋，登上开往贫民区的公共汽车，用仅剩的积蓄在分租房旅馆里租了一个房间。尽管条件简陋，没有独立卫浴，屋子里还飘着一股淡淡的臭味，但他仍强打起精神，怀抱希望。为了凑到房租，他与附近的居民一道徘徊在街巷中，推着摇摇晃晃的购物车捡拾废品，寻找纸箱、铝罐、小型电子产品和其他能够卖钱的物件。运气好的时候，达里尔尚能付得起房租，若是行情太差，他就只能露宿街头或住在收容所。

我与达里尔相遇时，他刚来贫民区不久。我俩在贫民区的小公园里玩多米诺骨牌玩得热火朝天，从此结下了缘分。对于这片贫民区，我和达里尔都是初来乍到，但来路大为不同。当时我在加利福尼亚大学洛杉矶分校读研究生，致力于了解社会底层百姓的日常生存之道，有意以此为主题写一本书。贫民区的许多居民慷慨地带领我走进他们的生活，达里尔正是其中一位。无数个清晨，我与他一同出发，在垃圾桶里翻翻找找。这是一份辛苦而肮脏不堪的工作，达里尔似乎乐得有我这么一个只求答案不求报酬的"学徒"，沿路为他打开垃圾桶的盖子，帮他在回收中心讨价还价。

达里尔在艰苦环境中展现的乐观精神给我留下了深刻的印象。每天一早，他都以灿烂的笑容相迎，咧开的嘴角里露出宽宽的牙缝。他常常讲起儿时恋人与新兵训练营里的蠢事，逗得我笑声不断。但有些时候，在洛杉矶的烈日下挥汗如雨几个小时，也会让他的声音变得低沉阴郁。"认真想想，"当我们竭力控制他那笨重的手推车时，他抱怨道，"我根本不应该干这种活儿啊。美国需要我的时候，我挺身而出。我对国家和政府充满信任。但现在我需要帮助了，他们又在哪儿呢？我哪里都试过了。精神健康部、公共社会服务部、住房办公室、退伍军人事务部，全是同一副嘴脸——'我们无能为力，沃特金斯先生。'就好像他们利用完，就扔下我不管了。"

达里尔的话在我脑海中萦绕不去。这种情绪绝非他一人独有。从我来到贫民区的第一天起，就不断听新来者诉说他们"已经付出了许多"——不论是服兵役、纳税、勤奋工作，还是在贫困而充满暴力的环境中"洁身自好"，却在最绝望的时刻被国家弃置不顾。但他们很快认识到，国家对他们并非完全不闻不问。相反，国家干预已经重组，并以激进警务的形式重新出现。洛杉矶警察局致力于为五分区的居民解决问题，使他们回到过去的环境中去，而不管本人的意愿如何。

住进贫民区不过几周，达里尔就尝到了这个教训。那是一个似乎平平常常的清晨，他坐在马路边歇脚，身旁停放着那辆满满当当的废品车，一路推行把他累得够呛。这时，洛杉矶警察局的两辆警车毫无预兆地突然停在几英尺①外的地方。没等达里尔反应过来，警察已来到他身前，一把将他按在旁边的墙上，给他戴上手铐。他们在搜查令数据库里检索达里尔的名字，而后以坐在人行道上这个罪名逮捕了他——在洛杉矶，这是一项可被逮捕的轻罪。但相比突如其来的逮捕，更让达里尔感到奇怪的是随后的立案审查阶段。到达警察局后，警察们给他下了一个意想不到的最后通牒：如果他参与为期21天的寄住康复项目，那么此次指控就能撤销。达里尔接受了这个提议。20分钟后，他与其他五名被捕者在社工的护送下离开警察局，穿过东边两个街区，来到全美规模最大的庇护所兼非营利服务机构——联合救济会（Union Rescue Mission，URM）。刚刚迈入该机构大门，达里尔立即开始接受联合救济会强制安排的王牌就业培训和《圣经》学习课程。

第二周，我在公园里与他偶遇，听他讲述了自己被捕的经过，

---

① 1英尺≈0.3米。——编者注

以及他为何仅仅过了四天就从联合救济会偷跑出来。那里的生活条件，特别是强制熄灯和早睡的规定，似乎加重了他的创伤后应激障碍。达里尔告诉我，那几个晚上，他彻夜未眠，筋疲力尽地与失眠和惊恐发作缠斗。救济会允许他白天出门，但每隔4小时必须回去报到一次，无论是继续上课，还是仅仅汇报行踪。这样一来，他几乎不可能继续收废品，而那是他的日常收入来源。该项目还要求他参加药物咨询，并接受随机药物测试。最让他无法接受的是，救济会竟要求他上交每月领到的一般救济支票，并坚称这样做是为了培养他储蓄的好习惯。

达里尔尽管迅速与康复项目切断了联系，但很难避免与警察接触。还不到一周，在他排队领取某外地教会团体分发的免费三明治时，警察直接将整队人一网打尽，给他们戴上手铐，截停搜查。"警察就不想让我们领到食物。"第二天早上，达里尔对我说道，"他们说，我们不应该在那里等待施舍，而应该把时间花在找工作上。"达里尔恳求警察理解，解释说自己最近被解雇后，一直没能找到体面的工作，却只得到一张乱丢垃圾的罚单（因为他在微风中弹了弹烟灰）。警察要求他带着罚单回到联合救济会，在那里接受4个小时的就业咨询，以此抵消174美元的罚款。"他们还觉得是在给我帮忙呢。"他懊恼道。但达里尔下定决心不再回去，即便只有4个小时。随着时间的推移，他未缴纳的罚款增至500多美元。他被吊销了驾照，并再次收到逮捕令。

几周后，警察再度将达里尔逮捕，理由是他坐在了联合救济会附近的人行道上。这一次，警察没有直接将他逮捕，而是当场给他下达了熟悉的最后通牒：如果达里尔不回到联合救济会参加康复项目，他就只能去坐牢。达里尔再一次选择了康复项目。在警察严密的注视下，他走进了联合救济会的大门，内心却打定主意不再参加这种项目，于是在大厅里坐了几个小时，直到确认看守的警察已经离开。日子就这样循环往复。在接下来的四个月里，达里尔又被警察拦下三次，导致被额外罚款一次，再度被捕，蹲了三周牢房，并再次被强制送入康复项目。在这期间，我一直与达里尔保持联系。随着他与刑事司法系统的纠缠越来越深，他的乐观与个人魅力开始消退，精神一蹶不振，更不用说凑钱养活自己了。

而达里尔面对警察的种种遭遇，已成为洛杉矶贫民区每一天，甚至每个小时都在复现的情景。2006年9月，就在我与达里尔抵达前不久，洛杉矶警察局启动了有史以来最强力的警务工作项目之一——"安全城市计划"（Safer Cities Initiative，SCI）。该计划每年耗资600万美元，在洛杉矶贫民区0.85平方英里的范围内增设80名警员，使此地一跃成为美国常备警力最密集的区域。[3] 警方严格贯彻"零容忍"的执法模式，仅在该计划实行的第一年就实行了9 000次逮捕，开出了1.2万张罚单。

五年间，我与数百名贫民区居民共处，体察到警察对他们的生活造成的持续影响。我亲眼见证，亦侧面听说了洛杉矶警方反复拘留、审问、开罚单、逮捕和监禁的大量案例，很快意识到，若想了解美国最弱势群体的日常现实，必须将警察的普遍作用与影响纳入考虑（该群体面临的困境让他们很难保证收入，获得住房，甚至吃一顿饱饭都不容易）。因此，我写下了这本书。本书构建在数千次警察行动及与达里尔相似的案例的基础之上，由内而外地展现出警务工作如何重塑21世纪的城市贫困与边缘化问题。

本书提出了两个核心论断。第一，像"安全城市计划"这样的零容忍警务行动代表着当代贫困治理的深刻转变。随着联邦、州及地方政府不断清理福利名单，取消住房保障计划，同时将社会服务私有化，社会安全网已破烂不堪，越来越多的美国公民从中跌落，进入警察的日常处理范围。与我们对警务工作的诸多假设截然相反的是，这些干预措施的目标并非将穷人打入牢狱，而是遵循被我称为"治疗性警务"的原则。这是一种家长式的做法，试图通过空间、行为与道德纪律"治愈"社会底层人的个体病态。这种病态被认为是他们悲惨处境的罪魁祸首。

我的第二个核心论断是，这种干预式的社会控制模式已经重塑了贫困社区的文化环境。面对无孔不入的监视与管制，居民形成了共同的认知框架，我将其称为"条子智慧"。即便警察（还）没有出现，这种智慧也指导着他们处理信息，收集一切可能的选项，以及评判道德是非。"条子智慧"也帮助居民努力逃避、转移与警察的不必要接触，有时也会让他们正面提出异议。在此过程中，警务工作已深深嵌入日常生活的社会结构，重塑着社会秩序底层的人对自己、同伴及社会的理解。

由此观之，事态的发展反映出国家与城市贫民之间关系的剧烈转变。整个20世纪下半叶，由于国家不愿提供足够的经济、社会及物质保障，我们社会最贫困的群体始终身处被"恶意忽视"的环境。[4] 动荡不定的市场环境从未让穷困潦倒的人获得丁点喘息之机，财政方面也未额外提供任何有意义的支持，无数新的生存危机却悄然而至。过去的恶意忽视日渐被一个"恶意关注"的时代取代。

重组革新后的国家机关奉行干预政策，深入城市贫民的日常生活，对他们最普通的行为举止严加管控。

## 警务管治贫民

长期以来，贫困治理始终是国家关注的问题。所谓贫困治理，是对贫穷人口的监督及管理，并使其融入公民社会与市场。从卡尔·马克思到米歇尔·福柯，历代社会思想家都指出这样一个事实：警察、法院和监狱是国家完成该任务的主要手段。刑事司法政策与社会福利政策协同运作，确保那些生活在社会边缘的人安静合作，做出应有的贡献。[5] 根据社会学家卢瓦克·华康德（Loïc Wacquant）的阐述，贫民面临着国家的"双重管制"，一面是以社会援助计划、劳动法及教育为代表的女性化"左手"，一面则是体现在刑事司法机构中的男性化"右手"。[6]

美国社会福利与刑事司法的发展历史揭示出这对孪生体制的共生关系。在国家对其公民应尽的责任方面，二者往往反映出相同的意识形态。从20世纪初开始，在凯恩斯主义的指导下，国家推行社会福利政策，以对抗经济的周期性衰退，保护弱势群体，遏制不平等现象，主要手段是帮助穷人暂缓市场的重压——虽然不是全部，但也至关重要。这类政策中最著名的是"抚养未成年子女家庭援助计划"（Aid to Families with Dependent Children，AFDC），它为贫困的单身母亲提供额外收入。与之相似，刑事司法体系中亦有宣贯公民权利的政策，即"刑罚福利主义"。[7] 通过为罪犯及其家庭提供社会福利，推行与提前释放及假释有关的不定期刑，开展社会调查及精神病学研究，刑罚福利主义体现了对罪犯改造及其重返社会的承诺。犯罪行为被视为贫困的恶果，唯有扩大经济与社会机遇，才能减少犯罪。[8] 在此视角下，判处监禁往往与社会融合及矫正工作背道而驰。

然而，从20世纪60年代开始，凯恩斯主义对国家积极干预的假设与目标受到严重冲击，一场新的思想政治运动席卷而来，那便是新自由主义。经济学家弗里德里希·哈耶克和米尔顿·弗里德曼是这一时期的代表性理论家，总统罗纳德·里根和比尔·克林顿则是政策的推行者。新自由主义强调应以市场为导向调动全国，并将市场逻辑（比如供需关系）拥为组织人类活动、分配商品及服务的最佳机制。[9] 两相对比，凯恩斯主义政策运用国家权力保护公民免受无拘无束的资本主义的影响，新自由主义政策则放松国家对市场的监管，以激励竞争、自由贸易和创业精神。[10]

在新自由主义改革下，社会福利政策经历了大规模重组，优先次序被几经调整。在过去60年里，实际的福利支出不降反增，这或许与学术界及公众的普遍说法正好相反。财政拨款不断增加，真正为最贫困百姓花的钱却越来越少。[11] 政府在意识形态的指导下意图激发更多"可接受的"市场行为，因此大幅削减对所谓"不配受助"的穷人的支持——那些身体健全、未婚但没有工作的青壮年就属于此类。"抚养未成年子女家庭援助计划"的转变便是一个最好的例子。从1979年到1990年，该计划每月援助支出的中位数下降了40%，其中对三口之家的援助标准从606美元下降到364美元，相当于联邦贫困线的一半。[12] 1996年，克林顿政府废除了这项援助计划，以"贫困家庭临时援助计划"（Temporary Aid for Needy Families，TANF）取而代之。新计划对受助者资格有一系列严格的规定，包括需要在正规劳动力市场上表现良好。于是，从1983年到2004年，国家对单身母亲的补助减少了20%。原先由政府为贫困者提供的诸项服务也逐渐外包给非营利、志愿性及商业机构。到2002年，全美只剩一个州未将"贫困家庭临时援助计划"承包给私人实体。[13] 无独有偶，联邦政府还将提供保障性住房的责任移交给私营单位，不去建造或补贴公共住房来满足日益增长的需求，而是推行住房券，要求贫困者进入私人市场，以获得住房保障。正是这些改革，加上驱使大量精神病患者离开医院的政策，共同导致了20世纪下半叶无家可归的游民数量显著增加。[14]

福利国家的保护政策日益收缩，警力部署与刑罚却大幅扩张，以此应对社会经济中随之飙升的不安全感。[15] 这带来的后果是，逮捕人数不断创下历史新高，直至1997年达到顶峰——超过1 500万。在过去30年里，美国的监禁率上升了7倍，当前有230万人身处牢狱，另有500万人获得缓刑或假释。[16] 许多领域的学者将上述趋势解释为刑事司法的"惩罚性转向"，即过去对罪犯进行改造、使其重返社会的主流理想，如今已被更加高压地遏制及排斥目标取代。[17] 华康德的《惩罚穷人》（Punishing the Poor）一书可以说是对此转变最全面的分析。他在书中断言，现在的警察、法院和监狱不是在努力改变和帮助边缘群体，使其重返社会，而是致力于"将国家不能或不愿从根本上应对的……社会'问题'隐藏起来"[18]。华康德写道，当代刑事司法体系与刑罚福利主义形成了鲜明的对比，只求"迫使那些最具破坏力的（穷人）'消失'……

在扩张的监牢中……简单粗暴地将其消除，机械地对其施以惩罚，仅仅是存储起来"[19]。

警务政策的惩罚性转向还体现为社会边缘人口的转移——他们被从市中心驱赶至更加荒僻的外围地带，为城市重建及士绅化发展让路。[20]新自由主义经济政策通过放松市场管制加剧了城市间的竞争，吸引着日益不受约束的自由投资资金。但随着贫困问题日益显著，无家可归的游民、乞丐、卖淫者、精神及身体残障者暴露在光天化日之下，严重威胁到市政当局重振市中心、促进资本积累的愿景。

鉴于这一局面，美国各城市在詹姆斯·Q. 威尔逊和乔治·克林提出的关于犯罪的破窗理论启发下，采取了零容忍警务政策。[21]该理论声称，城市可以通过积极打击轻度违法乱纪行为，有效减少严重犯罪，并提高生活质量。这些行为包括"乞讨、街头卖淫、酗酒……影响街道及公共场所秩序……无证经营摆摊……以及其他此类行为"[22]。破窗理论要求从根本上扭转执法重点，不再仅仅聚焦于重罪，而是持之以恒地惩治那些被认定为"冒犯性"的公共行为。诸多城市纷纷起草严格的市政条例，或称《生活质量法》，或称《文明法》，实际上是给贫穷定罪。这些条例禁止一系列曾经合法的公共行为，它们皆与贫困和非正式经济行为有关，包括坐或躺在人行道上，在公共场所放置个人财物超过一定时间，以及在公共场所出售报纸和其他纸质材料。[23]在大多数评论员看来，零容忍警务政策奠定了地理学家尼尔·史密斯提出的"报复性的保守恶意，针对各类被控诉为从白人上层社会'偷走'城市的人"[24]。

在讨论城市贫困问题与贫困治理时，惩罚性转向已是绕不过去的出发点。[25] 我在贫民区考察的过程中，曾不断将这一叙事与自己的观察结果进行比较。乍看之下，达里尔与警察间的纠葛似乎印证了这种所谓的"新惩罚"。他仅仅是出现在公共场所，就不断遭受严惩，被警察反复拘留、罚款和监禁，却只是因为一些不起眼的行为，比如坐下来喘口气，抽根烟，或是排队领取免费餐食。从这个视角来看，警察似乎正在创造法律地理学家唐·米切尔（Don Mitchell）所描述的"彻底摒弃了一整个阶层的世界，而这个阶层之所以消失，纯粹是因为他们无处可去"[26]。

但是，表象是具有欺骗性的。我越是详细调查警察与居民在街头的具体互动，就越是明显感觉到，他们之间的接触并非朝向粗暴的惩罚的转向。而当我开始与贫民区巡逻的警员同行后，我的怀疑之情只增不减。在警察局这一边，我亲眼观察到达里尔所描述的互动情景。在我遇到的所有警官中，克里斯·门德斯（Chris Mendez）最倾向于主动出击，尤其是强硬阻止居民在人行道上排队领取免费食物。一天上午，我看到他与搭档对一群等待领免费燕麦片和咖啡的人进行拦截、审讯，并最终将其驱散。这些人显然对警察干涉自己的早餐而心存不满，面对离开此区域的命令，他们最初曾提出疑问。不过，当门德斯警官亮出手铐，威胁以街头滞留罪将他们全员逮捕时，人群立刻安静下来。在随后众人的沉默之中，门德斯以自我责任和努力工作为题发表了一番即兴演讲，这些人中有几个明显比他的岁数还大（或许都可以当他的父亲了），但他的语气却如失望的父母一般严厉：

先生们，行动胜于空谈。而现在，我只听到你们滔滔不绝地讲，却看不到什么行动。说什么，希望我不要管你们？那就该干什么干什么。你们明明可以花钱自己买，却整天花那么多时间从别人那里拿东西。你们站在这儿的每一分钟都可以拿来赚钱，给自己攒点积蓄。我对你们严厉，是因为你们对自己不够严厉。

门德斯警官既希望表达家长式的关怀，又想展现对这些人当下命运的绝对掌控。结束演讲后，他没有按违法处理或进行逮捕。就给他们一次机会，他说，就这一次。但他又保证，但凡发现任何人在他巡逻期间无所事事地闲逛，他将二话不说立即将其逮捕。事后，我曾与门德斯警官探讨此次驱散行动，他坚定地告诉我，这份工作最重要的一个环节便是"消灭借口"。"我们通过主动出击，让这些人明白找借口是没有用的，只会让自己陷入麻烦。我每治他们一回，他们就知道要开始好好过日子。"

达里尔的经历与门德斯的行动表明，尽管在零容忍警务政策与生活质量法的规定下，警方几乎可以随时逮捕达里尔这类人，但警察并未不加判断地任意逮捕。他们并未让贫民区居民从城市景观中系统性地"消失"，而是一再允许贫民留在这里，只要他们表现出从事合规生产行为的意愿。再者，即使警察真的决定逮捕某些居民，也不会立即将他们送进看守所或监狱。从街道到警察局，警察利用罚单与逮捕的威胁迫使这些贫民采取行动提升自己，改善自身的处境。这一切都意味着，警察虽是惩罚者，但这种惩罚不一定与罪犯改造及重返社会相冲突，也不见得构成取代关系。相反，所谓惩罚，常常是为了达成这一目标而实施的。

## 外宽内猛

这类警民交锋折射出我们当前奉行的新自由主义贫困治理模式，它以"改善穷人"的治疗性方案为中心，在双方的互动下成形。[27] 根据政治学家安德鲁·波尔斯基（Andrew Polsky）的定义，治疗性方案"始于这样一个前提，即有些人无法适应日常生活的要求，或无法按照我们大多数人遵循的规则行事"[28]。由此视之，这些人只有在专家的帮助下才能培养出技能与习惯，成为有生产能力的完整公民。因此，治疗性干预旨在通过培养新的行为方式，灌输正确的价值观，彻底改变个人私密生活的方式，使社会边缘的公民重新融入主流。[29]

新自由主义国家不仅注重加强市场运作，而且寻求培养那些更愿意，也更有能力进入市场的公民。[30] 当社会问题日益被重新定性为个人选择的结果（而不是结构性缺陷或政治失败的后果），穷人便被设想为缺乏必要的竞争实力、目标性与意志力，故而无法负责任地完成日常（市场）活动。正如治疗性方法的主要倡导者詹姆斯·Q. 威尔逊所言，那些生活贫困的人，尤其是"无家可归的游民、罪犯和瘾君子"，"其所作所为表明，这些人没有表现出体面公民应有的最起码的自制力"。[31] 按照这一说法，既然穷人无法为自身利益负责并付诸行动，那么国家就有义务介入其中，这也是为了他们好。国家必须扮演家长的角色，监督和指导穷人，直到他们能够以理想的方式管理自己。[32]

在近期的社会福利改革中，我们可以清晰地看到这类尽显家长式作风的规训项目。自20世纪70年代以来，政府缩减了补助与服务的数量,并将其外包。而从更广泛的层面来看,福利供给的根本作用亦发生了质的转变。[33] 过去的救济政策以需求为导向,致力于使弱势公民的生活"去商品化",即让他们的日常生存较少依赖于在市场上出售劳动力。而当今的救济机构和私营福利组织则努力使这类劳动力重新商品化,为雇主提供勤恳自律的忠顺雇员。通过行为矫正课程、责任合同、药物测试、指纹识别和亲子鉴定,福利项目会根据穷人的具体表现发放补助,试图以此教导他们反省过去的选择,并"赋予"他们未来做出更好决定的能力。这些福利项目并非将贫困视为一种经济状况,而是将其视为类似上瘾或依赖的准医学症状。按照这个逻辑,他们通常采用匿名戒酒者协会(Alcoholics Anonymous, AA)宣扬的"十二步疗法"解决大量个人问题。[34] 正如福利学者罗伯特·费尔班克斯(Robert Fairbanks)所指出的,此类项目所疗愈、改造及复原的最典型对象,是人们自我管理的能力。[35]

在本书中,我将阐述这样一个观点:警务已成为"指导(穷人)行为举止"的额外手段,配合上述福利机制共同运作,二者相辅相成。[36] 因此,在新自由主义的规训计划突破福利组织的围墙,影响到边缘化社区的大街小巷,甚至每一条人行道的过程中,警察扮演着极重要的角色(却出乎意料地被忽视)。治疗性警务作为外展社会工作的一种形式,目标是将居民改造为具备生产能力及自我管理能力的公民。警官们被赋予了新的法律工具,以及更广泛的自由裁量权,常常使用胁迫性的最后通牒——要么参加康复项目,要么坐牢,要么找工作,要么交罚款——向居民宣贯新习惯、新态度与新的处理方式。作为一心为居民好的"严厉的爱",这种街头贫困治理模式一方面将更高程度的镇压合法化，一方面也扩大了强制性控制网络。[37] 因此，更多（从前不属于犯罪的）行为和人群受到了无孔不入的监视，以及侵入性监管。

若想了解这一规训过程，我们必须从当下盛行的、将惩罚性视为当代警务之本质特性的论述中抽离出来。福柯曾提醒我们，"惩罚措施不仅仅是实现压制、阻挠和清除的'消极'机制"，恰恰相反，"它们与一系列积极有益的效果联系在一起，其任务正是保障这些效果"。[38] 换言之，开罚单、逮捕和监禁等惩罚措施不能只被视为目的，还必须被视为手段。它们为警官们提供了强制性的"大棒"，用以激励个人发展，并说服达里尔这类居民做出不同的人生选择。惩罚措施使治疗性的最后通牒成为可能。

## 自下而上看问题

欲了解警务或任何形式国家干预的全貌，需要思考它是如何影响那些作为对象的个体、群体以及社会的。[39] 在常规上，围绕"安全城市计划"的评估往往始于（也终止于）其降低犯罪率的效果。对洛杉矶贫民区脆弱的居民群体而言，这项计划是否使环境更加安全？答案是没有。将贫民区与洛杉矶其他地区（未实施"安全城市计划"）的犯罪率进行对比，虽然正如城市大力宣传的那样，在该计划实施后，犯罪率确实有所下降，但这种下降趋势自更早时期起已经出现，且不仅限于贫民区。[40] 总体来看，整座城市各地区犯罪率的下降速度大抵相同，与警务政策关系不大。

"安全城市计划"没有明显减少犯罪，但这并不意味着它毫无影响力。若仅仅关注警察减少犯罪的成绩（或败绩），便是忽视了警务工作的"积极"影响，对其"塑造、训练、构建和创造对象"的过程视而不见。[41] 我在本书中提出了一个主要论点：警务工作是一种强大的文化中介，也就是说，它积极地创造并再创造贫困社区的文化背景。[42] 在社会学术语中，"文化"是指共同的观点、模式和认知框架，某一社会的居民根据这种文化来理解他们的社会。[43] 文化背景影响着人们的行为，提供了"行动策略"以及阐释现实的思路框架，个人与群体可据此评估某一事件，判定某一行为，理解自己与他人。[44]

贫困地区的文化背景始终是社会学研究的对象，洛杉矶贫民区更是其中的焦点。[45] 纵观20世纪，诸多民族志学者走进城市的阴暗角落，为恶劣环境中人们的艰苦劳动与社会关系近距离画像。在20世纪90年代推行零容忍警务政策之前，这些贫困地区缺乏系统性的警力戒备，居民在最需要保护的时候缺乏安全保障。[46] 社会学家埃贡·比特纳（Egon Bittner）对20世纪60年代洛杉矶贫民区警察行为的研究堪称经典。他调查发现，警察只是试图将问题行为控制在"可接受"和"正常"的范围内，而不会真正解决犯罪问题。[47] 与之相似，根据特里·威廉斯的记录，纽约市最贫穷的社区在整个20世纪80年代处于近乎被遗弃的状态，即使在可卡因流行的高峰期也是如此。[48] 但如威廉斯所言，"警察对（快克的）交易地点了如指掌，却总是当作不知道……大多数情况下，警察都撒手不管"[49]。爱丽丝·戈夫曼（Alice Goffman）在梳理20世纪贫困社区民族志时，就曾对各类叙述中警察的缺失表示痛惜。[50]

导论　　17

尽管如此，我认为还可以（也应当）从警务及其文化影响的角度重新解读这些记述。它们所提供的，是在缺乏警力的情况下，对各类文化倾向与模式化的社会实践的分析。我们从中看到，即使在警力相对缺失时，警务工作依然在社会的动态变化中发挥着核心作用。例如，社会学家肯尼斯·克拉克（Kenneth Clark）曾对20世纪60年代贫民区的状况进行标志性阐述，提出警方的"警惕性与效率"的降低导致了"社会对犯罪与暴力常态化的默认，有时甚至是光明正大的"。[51]《洛杉矶时报》在一篇名为《这就是贫民区》的专栏报道中指出，在20世纪80年代，此地居民对街头暴力"习以为常"，甚至"前一天夜里，来自临近街区的两个人互相残杀的新闻都不如录制电视剧集《侠胆雄狮》受人关注"。[52] 不出所料，在这种情况下，"日常生活的社会、时间和空间组织经历着大规模重组"，导致"光是在街道上走动就已经成了重大难题……这势必影响邻里生活的方方面面"。[53]

由于缺少警力保护，居民只得自行捍卫人身安全。为此，他们构建并完善出一套成熟复杂的模式，城市社会学家伊莱贾·安德森（Elijah Anderson）将其称为"街头智慧"。这是一种认知框架，"使人能够'看清'公共环境，根据眼前的线索与信号预测即将发生的事情"[54]。根据此框架，具备街头智慧的居民从事类似于民间犯罪学的工作，通过假想罪犯的视角重新阐释世界。居民以此方式对公共空间及其居住者进行重新分类，从而规避潜在的攻击者，确保安全到达目的地。充分运用街头智慧是一种严肃的社交游戏，因为失败的代价往往是财产损失、人身伤害甚至死亡。

这种文化环境的影响已远远超出人身保护的范畴。它在居民之间散播对对方的不信任和怀疑，从而破坏了社会团结，将负面的刻板印象深化并复制传播。这正是"地域污名化"——将部分社区视为步入歧途、声名狼藉者的"垃圾场"。[55] 作为"被困于硫污染区的人们生活经历中最突出的特性"，地域污名化刺激当地居民用尽一切手段，将自身与邻人区分开来。[56] 在洛杉矶贫民区，这种具有社会腐蚀性的风气尤为显著。正如霍华德·巴尔所阐释的那样，贫民区居民"会着重强调自己与其他人的不同之处，或是不断提醒自己有着不一样的过去，不像周围那些'混子'"[57]。当居民在自身与邻人之间人为地制造出道德对立——"值得尊敬"与"阴暗可疑"、"出入体面"与"街头鬼混"、"良民"与"穷鬼"——地域污名化便削弱了非正规形式的社会控制、集体行动与社区建设，而这些原本有助于提升该地区的生活环境。[58]

## 掌握"条子智慧"

近年来，美国最贫困的社区经历了翻天覆地的巨变。最明显的一点是，许多曾被忽视的社区与空间如今部署了大量警力，犯罪袭击已不再是居民财产与生命面临的唯一威胁，警察反倒成了日常生存中无处不在的破坏性势力，在洛杉矶贫民区尤其如此。警民互动过多，用黛安的话说，"就和洗澡一样频繁"。黛安是我在附近结交的朋友，是一位中年黑人妇女。

关于贫民区警力部署的普遍性，我们很难得到确切的数据，官方开罚单和逮捕的数字不足以代表成千上万次拘留、审讯、搜查和命令要求——这些都是无须启动正式刑事司法程序的。现有的唯一估数来自当地一个社区组织在2010年进行的一项试点研究。据调查和采访，贫民区居民过去一年平均每人步行时被拦截5.3次，其中在四分之三的情况下会被戴上手铐、搜查，警察会在搜查令数据库中查询他们的名字。另外，不到半数居民表示曾受到警官的言语或肢体虐待。若警察最终决定给居民发出罚单或对其进行逮捕，则会造成持久的创伤：一半以上的受访者表示曾因这种遭遇而失去住房，三分之一的人因此无法获得社会服务，六分之一的人因此失去了工作或收入。[59]

对于那些接受治疗性警务的人而言，这不像是有益的指导，倒更像是一种虐待。严厉多于关爱。警察提出的种种要求——自我提升、"自由"选择与新的行为方式——在很大程度上与贫民区及其居民的人生、物质需求和社会组织格格不入。稳定而体面的工作机会日益稀缺，治疗性警务却教育居民去"找一份真正的工作"；低价位的保障性住房愈加供不应求，治疗性警务却说"不准住在街上"；用于居民健康与康复服务的资金屡遭削减和私有化，治疗性警务却要求他们"戒毒戒酒"。

长此以往，治疗的目的没有达到，反而滋生了更多问题。这类长期严苛的警务行动所瞄准的是走钢丝的人，却让他们的生活更加不稳定。同时，由于认定城市贫民不负责任，且有自我毁灭倾向，治疗性警务反倒积极干预本地居民自发的康复与上进行为，将其非法化、犯罪化，尽管这些行为可能远比自上而下的康复机制更符合人们的实际情况。

居民不一定遵从警察的要求，但还是在与警察的反复交锋中吸取了宝贵的教训。他们认识到，即使完全杜绝犯罪行为，也避免不了无谓的（且多是不合理的）警察接触及伤害，必须采取其他措施。在达里尔第三次与警察发生意外冲突后，我们俩坐在公园里的一张水泥野餐桌旁聊天。暮色将至，达里尔刚刚从通风不畅的分租房的房间里出来。他几乎在屋子里待了整整一天，鉴于每次遇到警察都是在白天，他决定只在晚上行动，那会儿巡警较少。他还注意到，自己总是在康复机构附近的人行道上被拦截，于是有意识地避开这些地方。另外，他也会离大量聚集的陌生行人远一点。

"警察以为我是和那些整天在联合救济会门外鬼混的人凑在一起，"达里尔回忆起第一次被警察处罚，"警察以为我和他们是一伙的，但我们根本不一样。那些蠢货就喜欢待在那儿，等着施舍，整天喝得不省人事。但我只是想吃一顿便宜的午饭，存点钱，租一间真正的公寓，离这个鬼地方越远越好。"

除了统计一天中特定时间、地理方位与警察特别关注的人群，达里尔还扔掉了自己的驾照（他也承认是一时冲动），因为他发现警察有时赶时间，会放过那些没有携带身份证件的行人。之后再遇到警察，达里尔计划冒充他的表弟，因为他不想自己背着一身被开罚单、罚款和逮捕的记录。

与我在田野调查中遇到的其他人一样，达里尔也通过"条子智慧"的认知框架来应对周遭警察的威胁。正如在警力不足的地区发展出的街头智慧，"条子智慧"也帮助个体重新解释周遭社区的平凡场景、空间和人。只不过，他们这样做不是为了避免潜在的犯罪伤害，而是要尽可能减少与警察的不良接触。为了摸清警察的行动与干预模式，具备"条子智慧"的居民开始着手被我称为"民间警务民族志"的编撰工作。他们站在警方的视角重新构想自己的世界，试图辨别和控制各类推动警察典型巡逻行为的考量因素。在贫民区的大街小巷，治疗性警务动用强制执法权力，试图将"目无法纪者"转变为自律、清醒、有生产能力的公民；此地居民则通过对警务的民间分析，说服警察相信他们属于后者。

"条子智慧"构建了一个共享平台，帮助居民预先规避、转移乃至颠覆警察的家长式干预，这正是人类学家詹姆斯·斯科特（James Scott）所说的"日常形式的抵抗"的文化基础。[60] 这类抵抗是"相对弱势群体的常用武器：拖延时间、掩饰、阳奉阴违、小偷小摸、假装无知、诽谤、纵火、破坏等等"[61]。正如流水线上的工人会故意放慢生产速度，领取福利者会隐藏额外收入来源，具备"条子智慧"的居民也创造出独特的方法，利用监视和管制盲区来满足日常需求，保全一点点独立自主的个人尊严。[62] 凭借"条子智慧"，居民发展出一种本土的自助模式，并加以捍卫，同时在警察支配的空间与程序之外创造了保障性的环境。

但是，"条子智慧"不是万能的。尽管它缓解了无处不在的警务压力，我们也要注意不要将其带来的抵抗过度浪漫化。日常形式的抵抗类似于社会思想家米歇尔·德·塞尔托所说的"战术"。[63] 它与"战略"相对，前者是防御性的、个人主义的，而后者则是集体的、有组织的且激进的。因此，虽然日常形式的抵抗能暂时转移或预先阻止强权的镇压，但它们并不像更加正式的对抗性社会运动战略那样，具备从宏观结构上挑战政治经济现状的能力。面对各种形式的剥削，"弱者的武器"不太可能真正将其撼动。[64] 另外，日常形式的抵抗因其个人主义的特性，制造出一种内在矛盾。正如人类学家南希·舍佩尔-休斯所告诫的那样，日常抵抗往往需要"某种'自私'，使得个体之间相互对立，并使那些利用弱者的人得势"[65]。

　　日常抵抗的局限与矛盾也存在于洛杉矶贫民区。虽然"条子智慧"可以暂时缓解破坏性警察接触的威胁，但其代价往往是该区域居民的长期利益，甚至包括那些熟谙"条子智慧"的人的利益。地域污名化问题日渐突出，带来强烈阵痛。当警察干预成为一种持续性威胁时，人们会尽可能分辨邻里间"真正的"罪犯与道德败坏者，并与之划清界限。居民被迫竭尽全力相互回避、诋毁，这种分裂孤立的做法不再是为了构筑自尊，而是变成生存的核心。如果贫民区的居民不能证明自身的正派体面，也就是说不能将自己与真正"应受"警察关注的人区分开来，他们可能很快就会被铐起来，被关进警车，或是被关进牢房。在此困境下，已经被边缘化的人们开始自行监视并管制对方，带来弥久不散的苦难与异化——这便是政治学家凯茜·科恩所说的"二次边缘化"。[66]

　　话虽如此，在某些情况下，"条子智慧"确实可以提供必要的知识与技能，帮助居民以更加集体、公开的方式对抗警务。在某些居民看来，"条子智慧"是一种无私的利他性工具，能够挽回遭诋毁的声誉，保护其他居民，并最终削弱治疗性警务所依赖的政策及行事方式。因此，本书的最后一个意图是阐明促使居民由个性化策略转向集体策略的因素。我将说明，众多因素中最关键的是居民对地域污名的认知及处理方式。当一个人拒绝外部强加的刻板印象，认为自己与邻人具有更多共性，那么此人就更可能参与有组织的抵抗活动，推动有意义的警务改革。

## 关于治疗性警务及其对贫民区影响的研究

20世纪初，第一代芝加哥学派使城市社会学进入人们的视野。从那时起，贫民窟或贫民区等便被认为是城市生态中常见的，甚至是"自然的"特征。[67]在美国历史上，在贫民区居住的一直是城市中最遭厌弃与边缘化的人群。在学术界与公众看来，这是"一片自然形成的聚居地，居民缺乏持续过'正常'生活的能力与恒心"。如果想调查美国社会如何看待和规范那些最不愿或最不能达到主流期望和道德标准的人，那么贫民区便是理想的研究环境。[68]

根据洛杉矶市的官方认定，贫民区位于市中心东部的第三大街与第七大街之间，西侧是主街，东边则是中央大道。自20世纪70年代起，大量新居民涌入，流动性较高，因此我们很难得到准确的人口统计数据。[69]但通过汇编各类政府资料，我们可以合理估计，绝大多数居民为男性（80%）和黑人（70%~75%），接下来占比较高的族群是拉丁裔（约20%）和白人（约8%）。尽管该区域因聚集大量无家可归的游民而被称为"美国流浪者之都"，但实际上，大多数居民（占人口的2/3）都是有住房的。9 000多个或凭住房券，或凭政府补贴的分租房单人间被如此集中地建在这一小片区域，洛杉矶贫民区倒可以说是附近的（或者说全美的）"保障性住房之都"了。分租房旅馆住户的收入中位数在4 500美元左右，其中收入最稳定者也远远达不到官方划定的"极低收入"水平线。他们之中有九成左右没有工作，几乎半数（45%）报告有身体残疾或精神疾病。

经过新自由主义对社会福利及刑事司法的改革，贫民区充斥着各类官方贫困治理组织。被私有化的福利服务也在贫民区聚集，

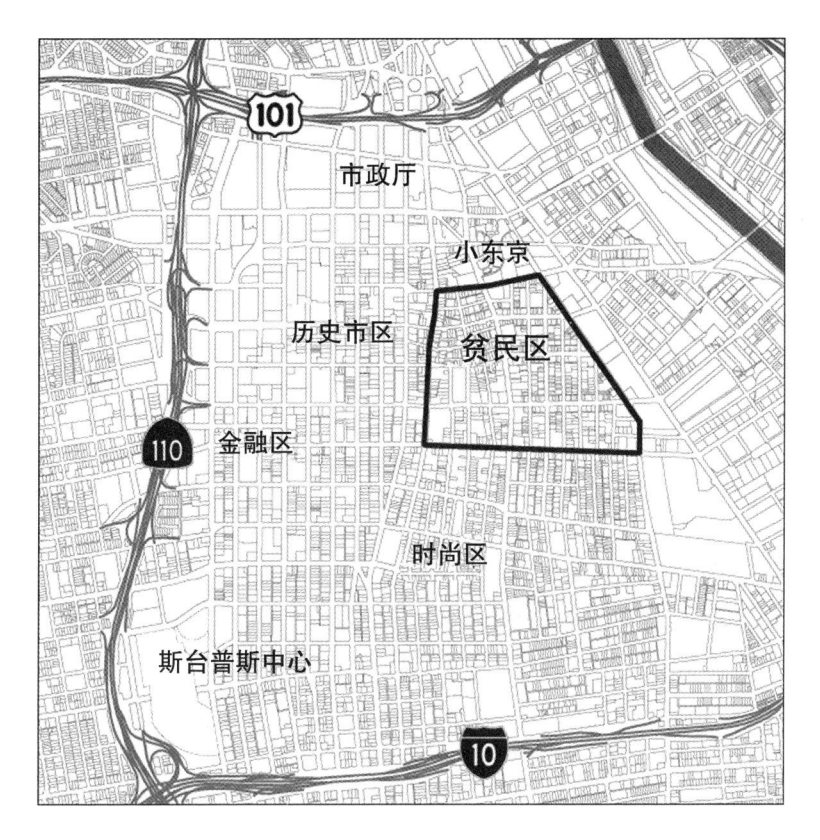

洛杉矶市中心和贫民区

使这片区域成为整个南加州的社会服务中心，拥有无出其右的高密度社会服务供应商，大多是非营利、宗教性且志愿的。我会在第一章详细介绍贫民区当前组织格局的历史起源与影响范围，现在只提一点——尽管贫民区只占本县 4 060 平方英里土地的 0.02%，服务组织却供应了全县 40% 以上的庇护所床位。[70] 除此之外，贫民区内还坐落着全县 54% 以上的永久性住房、37% 的过渡性住房和 43% 的紧急庇护所住房，这些是由该县主要的无家可归者及住房机构资助的。[71]

能够与这等服务组织密度相匹敌的，就只有那无处不在的洛杉矶警察局了。贫民区及周边4英里范围内都受洛杉矶警察局中央分局的管辖。这座碉堡般的警察局几乎占了一整个街区，就位于贫民区的中心，几步之外则坐落着全美最大的社会服务机构。中央分局共有329名警员，将其平均到每平方英里（73.1名）和每千名居民（8.2名）都远超过其他分局。[72]

洛杉矶贫民区显然不算城市中的"典型"区域，它甚至不同于普通的贫困社区（如果真有这样的社区）。[73] 只有旧金山的田德隆区、温哥华的市中心东区等少数几个社区与之条件近似。不过，正因其独特，洛杉矶贫民区才成为一个如此理想的强势案例。正如社会学家罗伯特·祖斯曼（Robert Zussman）所言，"成功的个案研究着眼于极端、不寻常的情况与分析思路清晰的例子。上述要素之所以重要，不是因为它们具有代表性，而是因为它们可以清晰而突出地展现某个过程或问题"[74]。虽然本书的具体结论在其他场景下并不完全成立，但贫民区的案例向我们展示了一种普遍的社会过程，以及其萌发的特定条件。[75]

我主要采用民族志的方法对贫民区的上述过程展开调查。根据定义，民族志是"一种社会研究，基于对实际时空中人与机制的近距离实地考察，调查者深入现象周边（或内部），探究现场的主体如何行动、思考与感知，以及为何如此"[76]。前文提到，本项目最初并非警务研究。但是，民族志要求研究者认真考察调查对象的重点关切、动机与由此产生的行动，我注定不可能像原本计划的那样，将警务问题撇在一边。我将在方法论附录中详细说明研究焦点的转变过程，并全面探讨在一个警力部署密集的地区实地考察时面

第六大街与圣朱利安街交会处，洛杉矶贫民区的中心地带

临的困境，以及我所采用的多视角方法的实际关注点。不过，任何民族志研究从提出问题到收集数据，再到最后的分析，都不可避免地受研究者个性、立场及切入点的影响，我将在此简要总结我的研究方法。

2007—2012年，我的田野调查共持续五年，其间每周进行10~30个小时的参与式观察。参照城市民族志的悠久传统，我尽可能参与到本地人的日常生活与工作之中。[77] 我大部分时间都在贫民区的公共场所度过，同时也根据研究需要来往于分租房、庇护所、社区组织和中央分局。

我开始调查的时候，警察那无孔不入的存在感已越来越强，一个直接影响是妨碍了我与当地居民建立联系和建立融洽的关系。我留着一头军人样式的短发，肌肉发达，居民常常会因我的外貌与行为举止误认我为便衣警察。我父亲是黑人，母亲是墨西哥裔，我作为混血，肤色明显比大多数居民浅，更接近以白人及拉丁裔为主的警察的肤色。更加麻烦的是，在部分居民看来，我采用的许多标准田野调查方法，包括在公共场所闲逛，不请自来地与陌生人搭话，不经意地偷听并做笔记，都证明我就是警察。

待我逐渐与一些居民和群体建立友谊，才能请他们作为担保人，在后续调查中证明我的身份与意图。我将在后面的两个章节中详细介绍其中两个群体，分别是贫民区公园中的一群男人，以及人行道上摆摊卖货的街头小贩。最初我着重记录这些人的日常生存策略，在田野笔记中循环往复地展现他们与警察的频繁互动和刑事司法纠纷。时间越久，我直接与警察打交道的经历就越丰富，也就更不可能在这个话题上保持沉默。

经过一年的观察，以及我与居民就中央分局警察的针对性访谈，贫民区的警务面貌逐渐显现，我的不适感也越发强烈。尽管已搜集了有关贫民区警务影响的重要数据，我却对其原因知之甚少。居民对此问题看法不一，有时甚至相互矛盾，使形势越发混乱不清。虽然这种自下而上的认知十分重要，也有助于分析警务工作对象群体中形成的文化环境与行为，但很难根据经验准确地解释警察为何如此频繁而高强度地与民众互动，以及他们究竟想要达到什么目的。因此，我必须与警察当面谈谈。

2008年，我开始随中央分局的警官们一起进行田野调查。我那酷似警察的外表虽然使得居民处处提防，但似乎让警官们放下了戒备，于是我相对顺利地打入了中央分局内部。我首先对巡警和领导层进行了非正式采访，其间几次被邀请一同巡逻，但我还计划对居民展开进一步调查，故而次次都没有答应——有些居民只是在公共场所看到我，就已经怀疑我是警察，若被发现我坐在警车上，我苦苦建立的信任定会毁于一旦。幸运的是，几位警察帮我另辟蹊径，找到一种非正式的观察方法——他们幽默地称之为"散步"。洛杉矶贫民区人口密度大，规模相对较小，我可以尾随巡警观察警民互动，无论他们是步行、骑自行车、骑马还是开车。我会在现场，在当天晚些时候或随后的轮班中向警察正式询问这些事件。我亦对警方的培训模式展开调查，参与中央分局召开的一系列公共论坛，包括面向居民与当地利益相关者组织的社区警务会议，以及由社会服务提供者与当地企业组织的公共安全步行活动。

为寻求多元观点，我还在田野调查对象中纳入了"安全城市计划"的最强势反对者——一个名为洛杉矶社区行动网络（Los Angeles Community Action Network，LACAN）的基层组织。该组织成立于1999年，成员几乎全部由低收入者、分租房旅馆住户和流浪者组成。确信我不是卧底后，洛杉矶社区行动网络允许我协助完成一系列体力、文书类和社区外联工作，作为接触组织的敲门砖。为此，我参与了该组织的"社区守望"项目。参与该项目的人员每天在周边巡逻数小时，将警民间的互动录下来。通过参与"社区守望"项目，我有更多机会记录警察的行为，只不过是站在旁观居民与嫌疑人的角度。我还与当地小有名气的居民一同出行，接触到比独来独往时更多的个人和团体。

广泛结交不同类型的行为者后，我开始奔走于各个"分点"，通常一次专注一个分点，集中考察几个月，再轮转至下一个分点。

但也有几次，我会在一次出行时访问多个分点。记得2009年的某一天，我上午9点来到洛杉矶社区行动网络办公室参加居民会议，讨论近期分租房旅馆的驱逐事件。随后，我找到一位最近加入"社区守望"项目的居民，对他进行非正式采访。赶在中午之前，我步行向东穿过几个街区，来到圣朱利安公园，与街头小贩下了一盘棋，而后我俩沿着邻近的人行道兜售自制熏香。下午，我步行去中央分局参加一个社区警务会议，途中看到两名警察拦截了一个熟人。放行后，我还上前与他们攀谈了几句。这种多点调查方法的一个主要优势在于，我能够以多种视角看待特定警务事件和问题。[78]

为了将民族志观察置入历史背景中，我在田野调查之余补充了大量档案研究，采访了参与洛杉矶贫民区历史发展的个人，并依据《加州公共记录法案》获得了超过1.5万页洛杉矶警察局记录文件。[79]这些记录包括与中央分局、市政厅以及本地著名组织有关的电子邮件往来、会议记录、内部备忘录、行政程序文件和财务记录。它们不仅提供了宝贵的历史和组织数据，还作为后台记录帮助我验证了对外声明及行动的真实性。

本书中的所有人名均为化名，这是我所在高校要求的保护措施，也是居民与警察的通常要求。为进一步打消他们的顾虑，我有时也会对较为私密而有辨识度的细节进行修改。这里的许多居民或多或少都与洛杉矶警察局有过法律纠纷或冲突，也曾参与非法活动，有些仍是如此。他们担心如果自己的身份被我的研究曝光，他们会遭到报复。近年来，警察与其他许多一线公职人员一样，会因讲真话而受到惩处甚至解雇。化名有助于保密，亦使我能够更加真实地描述警察及其管制对象的行动与言辞。匿名原则有两个例外：

第一，我如实引用报纸和市政记录等大众出版物上刊登的人名；第二，对于城市机构、企业和组织的民意代表，我也使用了真名。

## 章节规划

接下来，我将对洛杉矶贫民区警务工作的客观基础、实时执行情况与主观影响展开叙述。本书行文结构的设计，旨在从该地区行为者的多种往往是相互冲突的视角来展现上述过程。第一卷将呈现一种"自上而下"的警务观念，主要站在洛杉矶贫民区及其人口的管理者的立场上。在第一章，我将结合历史数据与民族志田野调查，深入挖掘"安全城市计划"的历史渊源。在开篇处，我将讲述一次意料之外的观察：在据称罪犯改造及重返社会已走向终结的情况下，贫民区高度惩罚性的执法政策实际上是由以治疗为导向的私营福利组织设计、合法化并颁布的。本章将阐明，社会福利的私有化与 20 世纪后期其他新自由主义改革相结合，改变了洛杉矶贫民区的组织形态。众多家长式作风的规训型组织集结在一起，将过去单纯容纳城市贫民的城市一隅，转变为明确计划改善贫民现状的区域。为实现这一目标，他们诉诸了警察的强制权力。

第二章将镜头转向洛杉矶贫民区的街道，通过警察的日常巡逻及其与居民的互动情形来阐释治疗性计划的具体表现。规训组织日益扩张的影响力从根本上改变了警察对其工作、辖区、居民及各类问题的理解方式。在 20 世纪的大部分时期，警察巡逻与酌情执法的目的是将城市里的穷人集中隔离到贫民区内，而如今，警察的工作却主要是为了"引领"任性的民众选择更合规的生活方式，并最终重新融入贫民区以外的传统社会。

本书第二卷将视角对调，从警务工作对象群体的角度重新看待问题，通过"自下而上"的观点展现贫民区的居民如何尝试与无所不在的监视和管制进行谈判——这种监视和管制已延伸到贫民区的文化背景中，改变了长期以来围绕城市贫困现象的关键社会学进程。本卷中的章节依次介绍了贫民区的居民运用"条子智慧"的各种技巧，它们展现出民间抵抗力量的日益增强、扩张与规范化。我们将看到，面对警察频繁介入的威胁，每个居民的身份背景以及他们对周边社区的日常关切与看法，都将催生出独特的应对方法。

第三章讲述一个黑人居民群体的生活状态，该群体由大约13人组成。在警察强制要求进入正规治疗机构的情况下，他们选择自行创建本地的戒毒及重返社会项目。面对没完没了的逮捕与反复监禁，他们凭借应付警察的集体智慧，尽量规避与警察接触，主要是通过与瘾君子、毒贩及其他"典型的"贫民区居民划清界限——无论是象征性还是物理性的。事实证明，他们的努力卓有成效，代价却是必须限制自身的社交范围，严格把控日常行为，同时直接加深了地域污名化的刻板印象。

第四章以街头小贩为研究对象，详述他们的"条子智慧"与抵抗策略。这些人与第三章中回避接触其他居民的黑人男性不同，他们会调动民间对警务工作的各类分析，积极介入旁人的生活，而在周身严格实施非正式的社会控制。为尽可能降低与警察接触的概率，小贩们尽力规范附近街道生活中的方方面面，希望消除最可能引起警察注意的"问题"情况。从某种程度上看，他们是治安的代理人，需要保证所在片区没有乱堆废物、毒品泛滥和犯罪等现象。然而，有些时候，小贩会过度打压未犯罪的居民，一刀切地禁止此前为社会容许的行为，破坏了居民谋求生计的机会，同时间接地加剧了贫民区的刻板印象。

第五章从前文中的颠覆性策略转向集体抵抗策略。参与洛杉矶社区行动网络"社区守望"项目的居民将他们积累的"条子智慧"作为一场正式运动的组成部分，旨在反对"安全城市计划"，缓解贫民区及本地人口的负面形象。他们对警察的行为了解得细致入微，据此"跟踪其后"，并记录警察违反宪法的巡逻行为，而后将其制成视频展现其罪行。这样一来，洛杉矶社区行动网络设计出一种新的法律证据形式，克服了此前该组织缺乏可信度的问题，直指治疗性警务手段的核心。

本书的结论部分思考与警察在监督、管理和塑造城市贫民生活中发挥的作用有关的主要教训。虽然本书聚焦于洛杉矶贫民区的生活，但它所讨论的现象与过程绝不仅限于这一环境。诸多城市中皆有证据表明，治疗性警务已经制度化，成为一种市政政策。在贫民区以外，我们同样可以观察到"条子智慧"在发挥作用。那些广为人知的警察枪击事件造成的余波表明，许多地区的居民已被迫运用"条子智慧"，以维系日常生存。在此背景下，本书将提供一个重要的框架，用于理解美国乃至世界各地以犯罪闻名的地区居民的生活状态。

# 第一卷

# 解决贫困问题

第一章

# 治疗性警务的兴起

2009年一个凉爽的夜晚，我与大约150人聚集于午夜传教会庇护所门前，等待参加每月一次的贫民区安全步行活动。四年前，洛杉矶警察局、贫民区各大型社会服务机构，连同中央城东协会（Central City East Association，CCEA）合作举办安全步行活动，打造"安全城市计划"的公共形象。（中央城东协会作为商业改善区的管理组织，代表贫民区东部的鱼仓和其他存储公司。）[1] 因此，它既是一场公共关系活动，又代表着社会服务范围的扩展。活动持续约一个小时，官方将其描述为"向政府领导人、公众及媒体普及贫民区生存（及死亡）之重重危险的媒介"。游行队伍穿行于条条街道，为居民提供前往社会服务机构的免费交通。[2]

参加活动的有洛杉矶市检察官卡门·楚坦尼奇、洛杉矶警察局副局长塞尔吉奥·迪亚兹（中央分局负责监督"安全城市计划"部署的警督兼警长）、中央城东协会执行董事埃斯特拉·洛佩斯、贫民区最大社会服务机构的四位代表，以及洛杉矶无家可归者服务管理局（Los Angeles Homeless Services Authority，LAHSA）的三名外联人员。是月，来自美国各地的 20 多名市检察官和地方检察官加入了他们的队伍，参加由楚坦尼奇办公室主办的研讨会，讨论如何在各自辖区推行与"安全城市计划"相仿的执法政策。经过一整天的课堂教学与市中心刑事司法大楼参观，傍晚时分，他们参与到安全步行活动中来，见证洛杉矶贫民区的警务治理面貌。

依照惯例，楚坦尼奇在活动伊始会当众致辞。路边停靠着一辆中央城东协会的白色皮卡，他高高地站在后方货厢上，伸出双臂，邀请远道而来的客人欣赏眼前的景象。"看看这里，"他开始演讲，"此情此景将不仅发生在洛杉矶，在你们的城市同样可以！"他向街边指去："我一有时间就在街边转转，百姓都知道我关心他们，我努力将这里打造成一个驿站，帮助人们让生活回到正轨，走出困境。这是我、地方检察官、我的伙伴们、市检察官办公室、治安官、中央城东协会和警察相互配合、共同努力的方向。"在他发言过程中，楚坦尼奇示意副局长迪亚兹登上这个临时演讲台。

"这是一种伙伴关系，"迪亚兹附和道，"我们与午夜传教会和中央城东协会这类组织建立起伙伴关系，这帮助我们改变这一切，能够为人们提供帮助，同时减少犯罪。"

随后，安全步行活动的其他引领者陆续发表了类似宣言，一行人开始在附近街区穿行。十名巡警环绕周围，形成坚固的保护罩，洛杉矶警察局派出三辆警车驶在游行队伍前方，车灯闪烁，封锁住条条街道，将行人从这片地区清除一空。少数居民置警察的命令于不顾，仍滞留在人行道上。这时，安全步行活动的引领者便会询问他们是否想要登上后方洛杉矶无家可归者服务管理局的货车，顺路被送到午夜传教会。直至步行活动结束，没有一位居民接受这个提议。他们曾行至一名上了年纪的黑人妇女面前，对方却以明显的敌意与怀疑严词拒绝。见此情状，一位社会服务机构代表向附近的参与者解释。

"我来告诉大家刚刚发生了什么，"他指了指身后的老妇人，不以为然地摇摇头，"我们刚刚向这位女士免费提供便车，注意是免费，请她来到我所在的这类组织，但她拒绝了。您可以看到，我们显然已经在努力帮她。我们每天都要应付'抗拒服务'这类情况。因为这些人知道，如果参加我们的项目，他们必须在固定时间睡觉，到点就熄灯，他们必须遵守规则。但在这里就没有规则。这是生活方式问题。正因如此，我们才需要'安全城市计划'，需要与执法者建立伙伴关系。我们要帮助这些人明白，他们的生活不能没有规则。"

每月举办的贫民区安全步行活动紧扣治疗性警务的核心逻辑，利用刑事司法系统的强制力量，直截了当地采取行动，纠正城市贫民的态度、举止及其对生活方式的选择。本章将追溯这种社会控制的规训模式的起源与发展，从洛杉矶贫民区的诞生至150多年后"安全城市计划"的推行。尽管在公众与学术界的常见论述中，近年来警察惩罚力度的加强意味着改造与康复理念的衰落乃至终结，贫民区警务史却指向截然相反的结论——惩罚性警务应被视为践行康复理念的新型举措。其实，"安全城市计划"相当于19世纪末执法政策的复兴。当时普遍将城市贫困问题归因于经济与道德病态，故而推行政策，积极寻求治愈之道。如今也是一样，诸多干预措施明确指向改造康复，同时是高度惩罚性的。

对于美国刑事司法中所谓的惩罚性转向，尚有另外两种常见假设，贫民区的警务历史也将之一一纠正。其一，正如乔·索斯（Joe Soss）与其同事所指出的，学者们之所以判定这是全盘转向惩罚与排斥，往往是根据一种潜在的功能主义。[3]根据他们的描述，惩罚力度的加强是由更宏观的社会力量"促成"的，这便在无意之中忽略了众多政治势力的作用。[4]其二，少数论述即使注意到政治的力量，也往往狭隘地聚焦于商业利益集团逐利性的"复仇主义"行为。据称，这些集团联合警察，将城市贫民从划定的士绅化重建区清除出去。[5]于是，上述势力也被更宏大的资本主义"需求"掩盖。

安全步行这样的活动提供了一种不同的阐释。准确地说，"安全城市计划"这类政策并非晚期工业资本主义的必然结果，而是警方在面对众多地方利益集团与合作伙伴的具体要求时所采取的相应对策。值得注意的是，这些合作伙伴包括午夜传教会这类社会福利组织，它们真正贯穿了洛杉矶贫民区历史的始终，在调节警察的惩罚力度与惩戒目的方面发挥了重要作用，但关于当代城市社会控制的大多数论述却常常将其忽视。与商业利益团体相比，社会福利组织的影响力有过之而无不及。

因此，若想更全面地了解近期的警务变革，我们需要重新审视警察在贫困治理的更大"组织场域"中的作用。[6]法国社会学家皮埃尔·布尔迪厄（Pierre Bourdieu）在著作中将组织场域定义为"在一定社会空间内，作为竞争者和合作者，为实现某类行动而相互联系的一系列组织"。[7]贫困治理的场域包括通常参与贫困人口管理的所有机构与组织——国家福利机构、市政官员、市警察局，以及私营福利组织与当地企业。无论住房政策、就业政策还是本书讨论的警务政策，任何组织场域层面的成效都是集体的产物，产生于各场域内的跨组织协议。

接下来，我将贫民区发展历史划分为三个主要时期，特别关注跨组织协议的变迁，以及由此引发的执法层面的变动。当下的激进执法不单是为了惩罚，也并非史无前例。19世纪时，有组织的慈善运动与洛杉矶警察局建立了一种共生关系，旨在改善在这一带聚集的"危险阶层"。慈善组织作为"道德企业家"，敦促城市制定严格的市政条例与执法准则，从而消除贫困，迫使人们采取新的生活方式。[8]在始于20世纪30年代的新政时期，这种趋势发生了逆转。随着中央集权的福利国家的崛起，有组织的慈善运动走向崩溃，取而代之的是一批更具对抗性的政治激进组织，最终迫使洛杉矶警察局在20世纪的大部分时间里采取更加宽松的方式维持治安，减少纠正性举措。不过，在20世纪末福利国家缩减开支，私有化程度提升后，家长式的治疗性组织在贫民区重现。这些组织试图将此地重塑为"恢复区"，也就是楚坦尼奇口中的"驿站……帮助人们让生活回到正轨，走出困境"。这说明早先警务工作的规训模式已重整旗鼓。在洛杉矶贫民区的历史中，当警察最希望将城市贫民从其自身问题中解救出来时，警务的惩罚力度恰恰是最大的。

## 让贫民重归社会：19 世纪 50 年代到 20 世纪 30 年代

在早期历史中，洛杉矶贫民区与19世纪末20世纪初其他城市的"主干道"(或"市中心游民区")并无二致。[9]洛杉矶新生的市中心临近洛杉矶河，地势平坦，这使得其周边地区成为发展包装及航运业的理想之地。1881年，当第一列火车驶入洛杉矶时，大量移民涌入这座城市，在季节性农业、工业及运输部门谋求工作。1870—1900年，洛杉矶的人口从5 782人激增至10.2万人。[10]分租房大量出现，为初来乍到和短暂停留的人提供低价住房与公共浴室。该地区"地狱半英亩"(Hell's Half Acre)的名声逐渐打响，酒吧、当铺、妓院、舞厅及其他迎合单身男性需求的行当成了此地的标志。

与众多美国大城市一样，洛杉矶贫民区遍布慈善机构、志愿团体和其他私营福利组织。1854年，南加州首个志愿组织"希伯来慈善协会"成立。从此以后，私营福利组织深刻影响着这座城市的物质与精神面貌。在洲际铁路通车之前，这些组织聚集在市中心一隅，即今天的格兰德大街，当时人们贴切地将其命名为慈善大街。然而，随着贫民区的移民数量日益增多，这些组织开始向服务对象附近迁去，而后与来自东海岸的更知名的社会改革团体联合。1892年，"救世军"在贫民区中心的第五大街开办了其在南加州的第一个机构。第二年，联合慈善会和慈善组织协会也在附近设立分支机构，将洛杉矶的大部分社会福利工作整合到"科学慈善"的方针之下。

科学慈善的首要目标是通过再社会化来抑制贫困。改革者认为，许多身体健全的贫民不去寻求合法就业渠道，反而依附于政府及私人救助维持生计，而在高速的城市化进程中，这类穷人的数量、存在感与厚颜无耻程度均在增加。[11]慈善组织将贫困解释为公

贫穷有罪？：洛杉矶贫民区的治安与日常生活　　42

然反抗、道德缺失与缺乏约束的结果。为了让贫民阶层恢复到自给自足的生存状态，各组织采取了两个主要战略。首先，他们主张禁止乞讨，同时杜绝一切形式的无差别救济，从而约束正规就业以外的生计。用美国慈善组织协会创始人之一斯蒂芬·汉弗莱·哥尔亭的话说，无条件援助"助长了无所事事、铺张浪费和得过且过"，导致经济依附与罪恶行径在一定区域内聚集。[12] 约瑟芬·肖·洛厄尔（Josephine Shaw Lowell）曾对美国慈善组织的原则做出著名阐释。他断言，慷慨施与的风险是贫困阶层的繁殖扩张，比起这种做法，贫困救济更应该"确保所有那些……被迫求助于救济的人在精神与物质层面均得到明显改善"[13]。洛厄尔声称："规训和教育应与一切救济制度紧密结合。"[14]

私营福利组织在限制其他生计的同时，还直接参与了道德改革。救世军创始人卜维廉将这种双管齐下的策略命名为"社会拯救计划"。[15] 卜维廉动用一切手段将贫民吸引至救世军机构，包括食物、住所、音乐以及光鲜的工作服。一旦入内，组织将提供"一个稳定的制度环境，助其度过改造康复初期"[16]。对于在此阶段表现顺从的贫民，组织将为其提供旗下零售店的临时工作，培养有规律的工作习惯、冷静持重与责任意识。而对于违反规定者，救世军保留了更严厉的惩罚措施。19世纪90年代，福利组织根据穷人的自我改造意愿，将其重新划分为"值得改造"和"不值得改造"两类，并将后者驱逐至洛杉矶以外的乡村农场。救世军等组织以传染病用语描述他们对屡教不改者的态度：要使这些人不能再"传染给他们的同伴，掠夺社会，繁衍后代"[17]。

为了加大强制措施的力度，私营福利组织转向了当时最具权威

第一章　治疗性警务的兴起

性的地方政府机构：市警察局。19世纪后期，由于担心高速城市化与工业化带来的恶劣影响，中上层人士向市政当局施压，要求组建集权化的警察部门，从而管控贫民与白人移民。[18] 相较于其他专门的城市机构，警察部门成立更早，因此在许多情况下，警察会被正式授权，或迅速承担起控制犯罪的责任，并且监督社会福利服务。[19] 他们负责进行人口普查，规范卫生标准，提供救护车，还要在警察局提供暂时借宿。这些职责让警方获得了广泛而灵活的权力，使其深深介入城市贫民的日常生活。[20]

19世纪，在与私营福利组织的共生发展中，警察的角色也不断变化。[21] 一方面，福利组织利用其在州和市范围内的政治影响力，起草了禁止流浪、闲逛、乞讨和酗酒的法令。这些所谓的文明法条有意采用模棱两可的表述，赋予警察更宽泛的权力，管控人数渐增的游手好闲者，以及"欠缺管教"的人。[22] 另一方面，在慈善组织的要求下，警员们往往就像这些组织的代理成员——慈善组织协会曾寻求警方协助调查被救济者的家庭状况，制定统一的贫民登记册，挨家挨户募集捐款，探查儿童受虐待及受忽视情况，协助寻找失踪的儿童。[23] 正如纽约防止虐待儿童协会（New York Society for the Prevention of Cruelty）主席1887年所写的那样，"法律与人性密切相关……我们的地方警察不会……与协会的努力相对抗……欧洲国家常常出现这种情况，但我们协会在履行公务时会得到协助，效果倍增"[24]。二者日渐牢靠的伙伴关系在贫民眼中是显而易见的，本地杂耍剧院的经理与顾客很快就学会了"对社会工作者保持警惕，这些人与警察同进同出，以维护美国家庭的完整性为己任"[25]。

在洛杉矶，私营福利组织对警察的影响尤其显著地体现在镇压乞丐方面。乞丐是"科学慈善"最深恶痛绝的群体。在慈善组织协会的持续敦促下，洛杉矶警察局于1897年成立了"乞讨问题特遣队"。该小组成员皆为便衣警察，他们沿街巡逻，搜查乞丐，逮捕惯犯与职业乞丐，并将初犯与"尤为不幸的案例"移交至慈善组织协会办公室。[26] 在随后的20年间，慈善组织协会不断对警察局提出更高要求，以消除这座城市的乞讨现象。在1901年的联合慈善会年会上，该组织主席H. W. 弗兰克宣称，洛杉矶已被那些佯装身体虚弱和残疾的"假乞丐"占领。[27] 翌日，洛杉矶市市长梅雷迪思·斯奈德下令镇压，作为对它的回应。据《洛杉矶时报》报道，洛杉矶警察局驱逐并逮捕了一群"假装跛脚"的乞丐。[28] 以往行乞者聚集的市中心春日街被清除一空，表明那些"依靠公众同情的谋生者将受到约束和劝阻，进而转向诚实劳动"[29]。当市政官员告知慈善组织，现有的乞讨法限制了进一步执法时，这些组织联合游说市议会通过了一项紧急乞讨条例。此前，法律仅允许警察禁止身体健全者行乞，而新条例则将禁令扩及残疾人，同时加大了惩罚力度。乞讨作为一项轻罪，如今可被判处最高50天监禁与50美元罚款。[30]

在洛杉矶打击乞讨的过程中，一个怪异的现象浮出水面：警察越是参与社会福利工作，其对无序行为的容忍度反而越低。警察历史学家埃里克·门克宁（Eric Monkkonen）曾比较1860—1920年美国23个城市的逮捕率，发现警察对乞丐、公共场所酗酒者、流浪汉、"街角混子"及其他轻微违反公共秩序的人承担的管理职责越多，就越频繁地实行逮捕。[31] 而当我们认识到私营福利组织会影响所处时代的犯罪学思想时，警察容忍度的降低也就不足为奇了。警方领导人采纳了科学慈善的核心前提——试图改变穷人的不良思想和习惯，防止其最终外化为犯罪行为，从而防止犯罪。

20世纪初，"预防犯罪"的社会工作方式的最积极倡导者是奥古斯特·沃尔默。作为洛杉矶警察局的顾问兼国际警察局长协会（International Association of Chiefs of Police, IACP）主席，沃尔默强调，在严重罪行发生后才逮捕犯人是毫无意义的，等到那个时候，犯罪者的心态与行为模式早已固化。1918年，沃尔默在国际警察局长协会发表题为《作为社会工作者的警察》的演讲，其中提出，如果警察希望减少犯罪，"必须逆流而上，从源头堵住它"[32]。用同时期另一位协会主席约瑟夫·M.奎格利的话说，"警察局长应当是辖区的道德医生"[33]。在这一理念的引领下，洛杉矶警察局走在全国前列，创建一系列明确以道德改革为目标的项目与分支机构，其中包括"女警分队"，集中防范有犯罪倾向的女性。最早几年，警察局直接从慈善组织中招募女警，并在社会工作学校对其进行培训。[34]

由此可见，贫民区警务工作的基本任务，是对城市贫民的经济活动与道德观念进行管制。从行动上来看，警察与有组织的慈善工作者并无二致，他们所追求的是一种宽猛相济的规训式社会控制。他们相互协作，试图通过改变人们的私密生活细节来重建自给自足的生计、工作伦理和道德健康。著名慈善活动家雅各布·里斯曾描述这种强迫性的家长作风，认为"这是一个令人沮丧的古老真理，即为穷人而战就势必要与穷人作战"[35]。但不久之后，里斯口中的"真理"将受到严重质疑。美国经济与行政的新发展将使警务与社会工作脱钩，从而改变警察在穷人日常生活中的角色。

## 控制与隔离：20世纪30—90年代

20世纪30年代，洛杉矶贫民区的人口结构、基础设施与组织机构开始经历深刻转变，警务工作随之重构。1932年，富兰克林·D.罗斯福在经济大萧条最恶劣的严冬时节当选总统。失业率飙至历史新高（25%），贫民区街道混乱不堪，过去臭名昭著的群体中加入了一批新面孔，即内尔斯·安德森口中的"街头新手"。[36] 白领、熟练工人、单身女性与无处可去的家庭纷纷涌入附近街区。[37] 随着数以百万计的工人失业，慈善组织此前的道德评判让位于更富有同情心的描述——穷人是社会失序的受害者，他们需要更加安稳的生计。[38]

在其后的20年里，政府的一系列干预措施将大部分人口驱离此地，无论是新来者还是过去那些声誉败坏的贫民。罗斯福新政下的各类机构，特别是联邦紧急救济署（Federal Emergency Relief Administration，FERA）、公共事业振兴署（Works Progress Administration，WPA）和民间自然资源保护队（Civilian Conservation Corps，CCC）创造了诸多就业机会，社会安全网空前牢靠。加利福尼亚州是美国最大的州之一，公共事业振兴署在此支出7.5亿美元，排名第五。除此之外，加州还收到联邦救济金逾5.8亿美元。[39] 第二次世界大战爆发后，兵役制度与国内战时工业吸纳了留在贫民区的许多居民。在战后的几年里，联邦退伍军人的福利机制让许多归国者获得了稳定的工作和住房，避免他们回到过去的困境。[40] 经过几轮筛选，洛杉矶贫民区剩下的只有条件最差的人口。它实际上变成了"退休社区"，聚集着饱受慢性病、残疾和酒瘾折磨的落魄老年白人群体。[41] 人口锐减导致当地企业倒闭，地产闲置，城市一片破败。贫民区"Skid Row"这个带贬义的通称就是在此时第一次出现的。

在那些年里，志愿工作在关照失业者与贫民需求方面的作用也被重新界定。整个19世纪，社会福利的任务几乎完全掌握在慈善组织手中，但在20世纪初，特别是大萧条时期，贫困的顽疾暴露出志愿行动的局限性，中央政府行动已迫在眉睫。早在1913年，各州及地方政府就设立了福利部门，接管贫困救济工作。据福利史研究者迈克尔·卡茨（Michael Katz）所说，当慈善组织让位于政府官僚机构，"救济变为公共福利，县市镇收容所取代了救济院，县公共福利专员等官员取代了扶贫负责人与监督者，国家慈善委员会也让位于国家福利委员会"[42]。在新政初期成立的联邦紧急救济署让联邦政府有史以来第一次肩负起贫困救济工作。1933—1936年，联邦紧急救济署用于公共福利的支出超过30亿美元。更重要的是，联邦紧急救济署只向公共机构拨款，同时规定其不断改善行政管理，这进一步刺激了公共福利领域的发展。1923年，公共援助仅占政府支出的1%，而到1939年，这一比例已增至27.1%。在私营与公共福利机构之间，新政更倾向于后者。一个新兴福利国家逐渐建立起来，慈善组织则被驱赶至边缘。在组织层面上，慈善运动的许多领导人及成员被吸纳至尚在萌芽中的公共社会工作专业队伍。[43]

随着有组织的慈善运动的瓦解，一股截然不同的势力接管了洛杉矶贫民区的管理工作。主导当地组织格局的是一批规模较小的机构，它们奉行更加"宽松"，有时在政治上更加激进的方法。[44] 无论是试图满足贫民日常食物、住所及祈祷需求的小型宗教救济厨房，还是在紧急救援之外提倡民权、工会和反战运动的天主教工人组织，都一致赞同对贫困问题的"系统性"解释。[45] 相比之下，从前主导贫民区的各组织倾向于视贫困为道德松散的结果，如今留存下来的机构则接受新政的说法，将贫民解读为被剥夺者，是市场与政治变幻无常的无辜受害者。[46] 在描述贫民区居民的语言中，我们可以明显感受到这种风向的转变。天主教工人组织这类组织不使用"无业游民"和"流动人口"等词语，而是战略性地创造了"无家可归者"一词。如此一来，缺乏住房就成了极度贫困人口与其他更讨喜人群之间的唯一重要分别。

在社会福利领域的话语转变的同时，城市重建的倡导者开始对洛杉矶贫民区产生新的兴趣。在战后的几年里，洛杉矶市中心的商业区逐渐衰落，而限高条例禁止修建超过13层（150英尺）的建筑物，也阻碍了洛杉矶发展出对手城市中心那种标志性的天际线。然而，1959年，洛杉矶取消了建筑高度限制，市中心进入高速发展期。作为战后城市重组的典型，洛杉矶市中心成为跨国公司的首选目的地之一。在短短十年间，它在企业总部数量的城市排名中由第九位跃升至第五位。[47]

为了吸引新的流动资本到洛杉矶，当地金融集团与市中心的商户联合创立"市中心商业协会"（Downtown Business Men's Association），随后更名为"中央城市协会"（Central City Association，CCA），以便对建筑环境施加影响。包括贫民区在内的市中心最东部被该协会划定为全面重建与振兴事业的最大阻碍。20世纪50年代和60年代，美国各城市的商业协会纷纷策划了大规模的城市发展项目，将美国最大的几处贫民区从地图上抹去。然而，在洛杉矶，相对缓慢而逐步推进的举措为反对派团体提供了发声的机会,最终将贫民区保留下来。

中央城市协会成功游说市政府将该地区最易滋生事端的酒吧关停,同时拆除违反抗震规范的建筑,这相当于清除了当地20%的廉租房存量。[48] 1972年,中央城市协会制定了更全面的重建战略,名为"银皮书计划"(因金属色封面而得名)。该计划决定将东部城区全部拆除重建,以"中央城东"为名打造区域性大学城、中央图书馆、大都会警察局、大型停车场和一条单轨铁路。[49]这个项目的负责机构为洛杉矶社区重建局(Los Angeles Community Redevelopment Agency,CRA),募资方式为"税收增量融资"。也就是说,当地的税收将直接转入洛杉矶社区重建局的重建预算中。

尽管中央城市协会得到了市政府的大力支持,但在贫民区余留组织的集体反对下,银皮书计划最终未能实施。洛杉矶天主教工人组织的创始成员杰夫·迪特里希与凯瑟琳·莫里斯在计划起草之初便意识到,这个设计将取缔他们的小型救济厨房(当地人称之为"嬉皮士厨房"),并驱散他们的服务对象。鉴于此,迪特里希和莫里斯组成了一个联盟,提出了一个替代方案。联盟成员还包括为低收入公民提供民事法律服务的"洛杉矶法律援助基金会",设计、开发及保护保障性住房的"洛杉矶社区设计中心",以及数位富有同情心的慈善家。

天主教工人组织的替代方案(被称为"社区计划"或"蓝皮书")为贫民区指出了一条截然相反的命运之路。比起大规模拆除,社区计划呼吁市政府采取必要措施,维持当地保障性住房及社会服务的稳定供应,围绕贫民区展开新的设想,将其打造为可持续运转的低收入住宅区。为此,他们大胆革新,提出不同寻常的策略。第一，他们明确划定了此前模糊不定的贫民区边界。迪特里希表示，"20世纪70年代，如果让人在地图上把贫民区指给你看，人家可能会说'整个市中心都是'。这显然太分散了，所以我们决定坐下来，把它画在地图上，真正突出这片区域"。第二，他们选择接受贫民区的恶名。用迪特里希的话说：

> 我们的想法是，我们越是把"贫民区"局限到某个特定地区，效果就越好。与此同时，我们也有意利用人们对贫民区的恶劣印象，希望其继续保持这种骇人的面貌。这样一来，白人中产阶级就不会萌生兴趣，只会避之唯恐不及。开发商更不会打贫民区的算盘。当人们感到害怕时，这片空间内的纷争就会减少。

第三，他们抓住市议员的邻避心理，警告说银皮书计划将使贫民区的人口转移到周边地区，导致附近房产贬值，激怒选民。迪特里希说道："我们开始向人们游说，'你看，如果你想清除这里，就会出现这种情况。看看市中心会变成什么样子'。"[50]

这番恐吓战术让市长汤姆·布拉德利有些动摇，他命令一个蓝带公民咨询委员会将这些观点融入东部城区的新蓝图中。新设计方案最终被命名为"1976年遏制计划"，尽可能折中调和各方利益。为满足天主教工人联盟的诉求，洛杉矶将其标出的50个街区划定为贫民区。通过调控住房存量，遏制计划将低收入住房集中在划定范围内，并做出改善。同时，洛杉矶还建造或重设各项社会服务机构，包括庇护所、救援团队、救济厨房，以及洗手间、公园、长椅、娱乐中心和阅览室等便民设施。

商界与城市领导人也愿意把贫民区当作一块"磁铁",将贫困与问题人口从周边地区吸引出来。为了增强贫民区的吸引力,遏制计划反对在贫民区之外建造低收入住房,并鼓励在贫民区与其他类型土地之间建造由轻工业建筑构成的"缓冲区"。[51] 该计划中的社会工程学非常明确:"当贫民区居民进入缓冲区时,熟悉的贫民区环境带来的不适感将会消失,他们也就不再想要远离遏制地区。"[52] 如此一来,贫民区可以完好地保留下来,但它的存在感与"影响范围"将大大缩小。

几乎在一夜之间,该联盟就将贫民区模糊的地理范围变得清晰明确,同时得到了官方的认证。遏制计划将其描述为"一个贫民区居民可以称作'家'的地方"[53]。在随后的几年里,该联盟采取了一系列策略,以保护贫民区未来免遭拆迁与重建。首先,他们成立了几个新组织,用心选取名字,以促进对贫民区新身份的认可。1978年,洛杉矶社区重建局资助的非营利性公司"贫民区发展公司"(Skid Row Development Corporation,SRDC)正式成立,成为这片地区的官方"开发商保护者"。[54] 在天主教工人组织的领导下,贫民区发展公司仅仅三年时间就获得了超过300万美元的地方与联邦拨款,用于建造新的低收入住房。在此势头下,另外两个住房开发组织随之成立:1984年的分租房公司和1989年的贫民区房产信托。二者同样由洛杉矶社区重建局资助,负责将贫民区破烂不堪的廉价房屋改造为永久住房。除此之外,这些组织还修建了两个"袖珍公园",开展老年人住房项目。1987年,遏制计划启动仅十年之后,洛杉矶社区重建局就为此投入了5800多万美元。[55]

除增加住房与便利设施外，天主教工人联盟还组建了新的社会服务机构。其中最著名的是"洛杉矶男性项目"（LAMP），它旨在改善更广泛的社区环境，并提供支持。[56]用其创始人及执行董事莫利·洛厄的话说：

> 尽管贫民区功能失调，但它是这些成年人的唯一家园。在"洛杉矶男性项目"成立后，贫民区真正成为包容并接纳他们的安全港湾。我们看到了成效。我意识到现在需要加大投资，将贫民区打造为更高质量的生活社区，让这里的人不仅仅是生存，我们要找到一种办法让人们真正蓬勃发展……我们不仅是提供服务，而且是为居民谋利益的倡导者，我们倡导制度变革。[57]

为进一步贯彻贫民区作为极端贫困者稳定家园的理念，巩固现有成果，"洛杉矶男性项目"还引进了更传统的社区惯设的市场和自助洗衣店等机构设施。此外，为与此前的私营福利组织划清界限，"洛杉矶男性项目"与其他联盟组织不再将贫民区住户称为"委托人"，而是用"社区居民"或"社区成员"代替。

天主教工人联盟的行动在历史上的重要性，无论怎样强调都不为过。当美国其他主要城市纷纷消灭贫民区时，洛杉矶的遏制计划却确保了贫民区的长期存续。天主教工人组织及其盟友为这片街区构想了一种新愿景，承认此地居民的生存权。在实现愿景的过程中，他们与早期的福利组织同样明确地规定了警察的角色。但他们所要求的是宽容，是"放手"，甚至是尽可能弱化警力的存在。

随着社会福利模式从私营组织转向集中化、官僚化且专业化的政府机构，城市警察部门的角色也发生改变。警察不再充当预防犯罪的社会工作者，而是恪守法律条文、见招拆招的"犯罪斗士"，专注于逮捕犯下严重罪行的人。[58] 门克宁考察了不同时期的逮捕率，发现美国警察部门在20世纪初虽然规模有所扩大，但对乞讨、流浪和酗酒等行为的逮捕量明显减少。[59] 侵犯人身和财产的犯罪行为则成为其主要打击对象。

从地理分布上来看，各警察部门将其资源调离了贫民区的老年人口，转向与有组织犯罪、帮派活动和内乱有关的移民与黑人社区。[60] 在洛杉矶，当地警察部门于1945年解散了乞讨问题特遣队，建立了"情报特遣队"（当地人称之为"黑帮特警组"）。20世纪60年代的内乱过后，洛杉矶警察局组建起许多新项目与分支部门，加强打击犯罪与收集情报的力度。民众骚乱情报部（Public Disorder and Intelligence Division，PDID）负责监视并渗透进犯罪活动之中，反流氓社会组织（Community Resources against Hoodlums，CRASH）主攻与帮派和毒品有关的犯罪，第40号特别命令负责审讯涉嫌非法移民的个人，而特殊武器与战术部队（Special Weapons and Tactics，SWAT）则对抗全副武装的嫌疑人。

在洛杉矶其他地区的警务工作愈加强势时，洛杉矶警察局却故意对贫民区网开一面。这种处理方式不仅是警察局内部优先级排序的结果，也是因为天主教工人联盟的施压。在市中心各利益集团中，该联盟的影响力已位居第一，其对洛杉矶警察局的影响在1976年遏制计划中首次凸显出来——"若想为贫民区做些益事，洛杉矶警察局的充分合作对于'保护和服务'贫民区居民的综合计划是必不可少的"[61]。这项计划呼吁给予贫民区居民更多宽大处理，并要求洛杉矶警察局采取"保护性而非压制性方法"。[62]

天主教工人组织与全国各地的其他进步组织一道，通过法院命令进一步缓和了贫民区的警务管制。在整个20世纪60年代和70年代，他们成功挑战了19世纪文明法条的合宪性。1972年美国最高法院的"帕帕克里斯托诉杰克逊维尔市案"最为著名，法官一致同意推翻佛罗里达州长期存在的街头滞留法，因其"利用不悦情绪为严苛的歧视性执法提供了便捷工具，在这种管理体制下，贫穷和不受欢迎的人只有看警察的眼色，才被允许站在公共人行道上"。[63]

帕帕克里斯托案发生四年后，天主教工人联盟与其盟友组织"公共利益法律中心"寻求在贫民区促成类似裁决。这些组织曾代表三名声称受到不当和歧视性待遇的居民，对洛杉矶警察局、市政府和县政府提起集体诉讼。首席原告是一位名叫罗伯特·桑丹斯的49岁的奥格拉拉苏族人。他常常光顾嬉皮士厨房，与迪特里希、莫里斯等联盟成员关系密切。桑丹斯在贫民区生活的15年里，曾因在公共场合酗酒而被逮捕200余次，一共在监狱中度过了6年多。[64]这显然违反了遏制计划的原则。据莫里斯所述，"每当罗伯特打算放纵片刻，他都会把全部家当装进一个盒子里，到厨房交给杰夫（迪特里希），因为他知道警察绝对会来逮捕自己"[65]。除了批驳这些逮捕为过度惩罚，此次诉讼还指控洛杉矶警察局在运送被捕者时采用了非人道手段。莫里斯表示："他们开一辆破烂不堪的囚车，把所有人一股脑叠塞进去，每到转弯时，车里的人就在后面滚来滚去，撞得头破血流。"[66]

经过八周的审判，地方法院最终决定将在公共场合醉酒非刑事化，裁定"在贫民区公共场合的醉酒者受到的处罚应与其他轻罪被捕者一样"。如此一来，天主教工人联盟将贫民区打造为正常住宅区的长期使命得到强化。[67]根据法院的命令，醉酒后被捕者应被送入戒酒所，而不是被关进监狱。除此之外，厢式警车必须配有护垫和安全带，每次搭载的乘客不得超过10人。这个裁决具有分水岭意义，莫里斯在回顾时说道："你可能无法相信，它真的完全改变了他们对待这里的人的方式。他们真的不到处抓人了。如果想逮捕，他们必须坐在醉酒者身旁，直到对方醒酒。这就……人性化得多。"[68]

当地企业、市政府与洛杉矶警察局加强执法的企图被天主教工人联盟屡屡击败，贫民区因而延续着宽松的警务风格。这个过程体现在20世纪80年代洛杉矶警察局"无家可归者清扫"系列行动后的反复拉锯中。1985年，中央大道走廊沿线的业主与商家联合成立中央城东协会，形成商业改善区，将贫民区东部的工业地界包括在内。该协会创办之初便积极游说洛杉矶警察局清理贫民区人行道上的无家可归者，这也是其建立的主要动机。[69]从1985年2月开始，洛杉矶警察局开始对这一要求做出回应，在附近逮捕席地而睡的人，城市维护工作者紧随其后，将留下的"垃圾"收拾干净。对此，天主教工人组织迅速采取行动。莫里斯表示："我们走上街……堵截那些推土机。一看到我们，那些警察就会给他们的主管打电话，双方陷入僵持。他们不会继续工作，我们也不离开，而后寻求法庭解决。"[70]

当街对峙事件过后，洛杉矶法律援助基金会向市政府发起一系列诉讼，市长汤姆·布拉德利立即叫停了清扫行动。一周之后，当布拉德利下令恢复清扫时，他要求洛杉矶警察局至少提前 12 小时张贴通知，方可采取警务行动。天主教工人联盟对市长的让步并不满意，继续发动抗议与法律挑战，迫使市政府再次做出改变。市长办公室制定了新的指导方针，要求洛杉矶警察局公布长期有效的清扫计划表。[71] 为了缓和矛盾，市政府还同意在附近的分租房旅馆开一间房，安置那些被警察清扫的人。[72] 布拉德利向警员下令，除非能够提供住房，否则不得进行逮捕。在天主教工人联盟的持续抵抗下，市政府被迫于贫民区东部租下 12 英亩土地作为"帐篷城"，并全面开放了约两年之久，每晚可容纳大约 500 人。[73]

于是，一批极具影响力的新组织在 20 世纪中叶登上了贫民区政治舞台。它们成功终结了早期规训式的贫困治理，代之以更加宽松的服务与市场保护举措。在此过程中，激进的家长式警务模式被推翻，警力干涉程度与力度大大降低。然而，20 世纪末的事态发展证明，这些组织将沦为自身行动的受害者。随着更多资源与服务向贫民区涌入，天主教工人联盟无意中为一批对立组织敞开了大门，并最终被后者取代，使贫民区警务重新回到此前强制性慈善的阶段。

## 强制恢复与消除诱惑：20 世纪 90 年代至今

在 20 世纪的最后几十年里，贫民区的人口密度、组织格局与盛行的警务模式与 19 世纪惊人相似。造成这种逆转的因素是多方面的。第一，自 20 世纪 70 年代开始的经济结构调整与去工业化导致贫困问题急剧恶化，许多人重新回到贫民区。到1982年的经济衰退时期，全国失业率已达10.7%（三年前为5.9%）。失业人数达1 200万人，其中120万人已对找工作失去信心。[74] 由于南加州四分之一的就业岗位集中在汽车、石油、橡胶和国防等传统制造业，1978—1982年，洛杉矶县仅因工厂倒闭就失去了7.5万个工作岗位。[75] 洛杉矶中南部贫民区的黑人居民因教育水平低下、拉丁裔移民带来的竞争，以及新兴的服务经济中的种族歧视，被迫迁移至市中心制造业工作遗留较多的地区，那里的保障性住房也相对集中。五分区，也就是洛杉矶贫民区，重新回到19世纪的状态，充斥着社会名声败坏的居民。只不过，如今贫民区的居民不再由贫民阶层与白人移民构成，而是充斥着大量就业经历断断续续的30~50岁的单身黑人男性。[76]

第二个原因与社会福利责任的转移有关，这份责任从联邦、州与地方政府再次回到了私人领域。[77] 里根政府在经济衰退水深火热之际上台，兑现了"停止政府对人民的管教"这一誓言，推翻了新政与"向贫困宣战"时期的诸多核心社会政策。1982—1985年，政府将每年指派用于扶贫的联邦资金削减了570亿美元。[78] 新的福利政策也将直接援助的重点从津贴补助和收入维持转移到规训式项目，目的是促进就业与自主生活，反对不加甄别的援助（和19世纪一模一样）。[79] 里根在上任第一年就推出了新的资格标准，将40.8万人从"抚养未成年子女家庭援助计划"的名单中清除。政府还从120亿美元的免费食品券预算中削减了20亿美元，从35亿美元的学校午餐计划预算中削减了10亿美元。[80]

1996年，克林顿总统推行《个人责任与工作机会协调法案》，削减了更多援助预算。美国各大主要城市纷纷呼应，取消或减少了对贫困单身成年人的收入救济。自1976年以来，一般救济申请增加了400%。面对这样的局面，洛杉矶县将政府补助金从每月285美元削减至221美元，同时设下了每年不超过5个月的严格时间限制，拒绝向被证实有药物滥用问题的个人提供补助，除非他们参与治疗项目。洛杉矶县还给申请过程添加了各种官僚主义阻碍，包括就业要求、职业技能培训、药物滥用筛查、指纹识别与照片采样。[81] 与其他地区一样，洛杉矶县为其行动辩护，指责福利领取者拿援助现金购买毒品，逃避必要的治疗与合法的工作。[82]

在住房方面，联邦政府也不再为美国贫民建造和提供保障性住房。以前的联邦住房援助有赖于公共住房建设，而里根政府越来越倾向于使用"第8节住房券①"，为私人租赁市场中的低收入者提供补助。1980—1988年，联邦住房预算中用于新建公共住房的比例从80%下降至4%，而租房补贴的拨款比例则从20%上升至96%。[83] 在洛杉矶，公共住房建设停滞后，因租房券需求量过大，该县多次被迫关闭人满为患的等待名单。在供不应求的局面下，贫民区许多分租房旅馆被改造为第8节住房券适用的房屋，进一步将附近的穷人吸引而来，将贫民区打造为洛杉矶事实上最大的住房项目。

到20世纪90年代，新政时期打造的福利国家官僚机制已被地理学家珍妮弗·沃尔奇（Jennifer Wolch）所说的"影子国家"取代。[84] 曾经由政府直接提供的服务，如今大部分交由一系列私营

---

① "住房选择租赁券"出自1978年的《住房和社区发展法案》第8节，因此常被称为"第8节住房券"。——译者注

公用事业的非营利志愿组织提供。作为承包商与服务提供者，这些影子组织从政府那里获得了用于公共事业的40%资金，非营利性运营费用从1960年的184亿美元增至1993年的近5 000亿美元。1996年《个人责任与工作机会协调法案》进一步扩大了私营部门的作用，鼓励各州委任宗教类组织作为联邦资助的福利服务提供者。[85]

在为居住条件不稳定的公民提供的诸项服务中，私营化现象尤其突出。据社会学家特雷莎·高恩（Teresa Gowan）所言，美国的"无家可归者产业"蓬勃发展，20世纪80年代仅有约1 500个志愿组织，到90年代初已超过1.5万个。[86] 1991年，马萨诸塞州将无家可归者收容所移交给救世军。到1997年，纽约市已将其40个为无家可归的成人提供的收容所中的33个承包给了非营利组织。[87]尽管洛杉矶的无家可归者行业始终由非营利组织运营，但洛杉矶县在1993年成立洛杉矶无家可归者服务管理局时，也对私营领域做出了类似的承诺。每年，该管理局负责分配联邦及州县市超过7 000万美元的资金，主要以签订合同的方式，资金流向也以贫民区为主。[88]

为了实现遏制计划中承诺给予贫民区穷人的各项服务，市政府协助在区域内建造了三个全国最大的私营"巨型庇护所"，其中之一名为"洛杉矶传教会"，1992年从遏制区域的外围迁来。该庇护所占地15.6万平方英尺，容纳306个床位，是过去的三倍多。《洛杉矶时报》将洛杉矶传教会称为"巨型传教会庇护所"，但其作为全国最大的传教会庇护所的地位仅仅维持了两年，第二个巨型庇护所就在贫民区建成了。联合救济会素有"传教会超市"之名，从遏制区域外迁到洛杉矶传教会附近。[89]这栋五层建筑占地23.5万平方英尺，耗资 2 900 万美元，可容纳 1 000 多张床位，每天可提供多达 3 000 份餐食。联合救济会的年度预算超过 1 500 万美元，拥有图书馆、计算机学习中心、完备的体育馆、教堂和 122 名带薪员工。2003 年，第三个庇护所"午夜传教会"在距其他庇护所一个街区内建成。它的规模相对较小，耗资 2 200 万美元，占地 12.3 万平方英尺，拥有 360 个床位，用餐时间可容纳 500 人。[90]

三大庇护所相继建成后，贫民区立即成为这一带的社会服务中心。[91] 由于大多数服务集中在少数机构中，贫民区 20 世纪的长期组织动态被彻底颠覆。首先，与抵抗重建势力的天主教工人联盟截然相反，这些巨型庇护所与企业和城市领导人建立了互利合作关系。在洛杉矶传教会的搬迁和扩建过程中，市中心的支持者为其提供了大部分财政资源；作为回报，洛杉矶社区重建局向联合救济会提供了 650 万美元的搬迁补助金，还花 150 万美元买下了联合救济会的旧大楼，将其规划改造为"圣维比亚纳广场"。它是一个步行活动广场，包括艺术表演中心、图书馆、酒店、商户及居民楼。午夜传教会同样抓住了市中心土地升值的机遇，以 1 200 万美元的价格将原房产卖给一家私营开发公司，拿这笔钱在贫民区修建新设施。据负责人所言，午夜传教会选择搬迁的初衷是不愿阻碍市中心的复兴进程。[92] 零售商与房地产业主深感欣慰，希望随着救援机构及其服务对象迁移至相对安全（但有益）的距离，他们可以借机将市中心宣传为"黑暗而惊险的先锋地标，以吸引乐于探索的城市年轻人"[93]。一家家商铺顶着"流落街头""五分餐馆"这类名字，利用贫民区的恶名吸引中产阶级与上层社会顾客。主导市中心重建的利益集团曾对贫民区私营福利组织嗤之以鼻，但正如

《洛杉矶时报》所言，双方的合作已迸发出"全新的活力"。[94]

巨型庇护所构建的关系网使其能够取代天主教工人联盟，成为贫民区及其居民最重要的公众代表。在贫民区事务的决策中，天主教工人联盟很快失去了话语权。迪特里希回忆起他对该组织地位下降的认识：

> 好像我们突然开始四处碰壁。过去……[在贫民区]很少有人真正冒险公开反对我们……以前，如果我打电话给《洛杉矶时报》，说要在贫民区举行示威活动，他们一定会派记者过来。我们会得到很多关注。[市]议会厅里人人都会读……我们曾经每年都能登几次报纸的专栏版面。他们甚至会给我们打电话，问我们有什么计划！……但现在情况不同了，好像我们瞬间成了丧心病狂的边缘人，就是被社会遗弃的贱民。现在我们试着打电话给媒体，听到的是："您是哪位？"[95]

作为赤贫群体的新声音，巨型庇护所在贫民区人口问题上表达了不同的观点，并相应地提供了不同的服务模式。三巨头遵循新自由主义模式，将贫困的根源归咎于穷人自身的选择与缺陷，强调贫民区居民的再教育与重返社会。上述转变与福利政策的整体变化相吻合，其中最重要的是克林顿政府1993年的"持续照护"立法，将资金从提供住宿服务与紧急庇护所的组织中抽出，转而资助那些解决就业与自主生活障碍的机构，特别是药物滥用、精神疾病、生活技能差、劳动力培训不足等障碍。[96] 为了尽可能吸引资金，全国各地的私营福利组织纷纷调整组织理念，开始追求新的宗旨：提供

"流落街头",位于贫民区以西的一个街区

高强度的长期康复项目。

三大庇护所亦采用这种新说辞。其领导人曾公开批评天主教工人等组织的工作方式,声称宽松的服务虽然可以让贫民区居民的生活"稳定"下来,但最终会让人们深陷贫困的泥沼。洛杉矶传教会执行董事马克·霍尔辛格教士曾说道:"只为他们提供吃住,相当于让这些人像植物一样生存。"[97]而巨型庇护所与之相反,它们强调改造穷困者,帮助他们走出贫民区,重新融入主流社会,成为负责任、有工作与自我管理能力的公民。在霍尔辛格看来,唯有通过"严格的职业培训、工作职责、教育课程、精神咨询和《圣经》指导",才能实现这个目标,让一个人"找到希望,达到健康的自尊状态,同时尽可能与家庭团聚,可以找到薪酬合理的工作,重新走上社会，创造价值"[98]。用联合救济会主席沃伦·柯里的话说，"我们扮演着父母的角色，对他们进行再教育"[99]。

巨型庇护所宣称不再一味地提供传统的"每日三餐和一张床"，有效恢复了19世纪卜维廉"社会拯救计划"的关键组成部分。与"洛杉矶男性项目"的服务理念截然相反，巨型庇护所最大限度地利用食物与住所的供应，作为联合救济会柯里主席口中的"喂食槽"，以此引诱穷人参加康复项目，并持续进行自我改善。[100] 遵循"持续照护"模式，巨型庇护所设置的项目被划分成若干阶段，不断对参与者提出更高的要求。以午夜传教会为例，有意参加的居民首先必须签署一份合同，确保在进入康复项目前完成戒酒和戒毒。更有其他庇护所要求在进入机构前出具长达90天的"清醒证明"。联合救济会开办为期12个月的"持续康复项目"，接受紧急服务的居民开始会被安排到自助餐厅工作。

柯里强调让这些人肩负责任的重要性，因为救济会职工可以据此观察"此人是否态度认真"，是否缺乏继续参与项目所必需的决心。[101] 工作人员会为通过考核的参与者颁发红色徽章，随后"着手项目安排，建立责任制度，并重新树立工作价值观"[102]。30天后，参与者会得到一枚黄色徽章，进入学习中心。在不断取得进展的过程中，他们会再得到一枚绿色徽章，以证明自身的转变。"大概经过6~9个月，我们会判定一个人可以毕业了，"库里谈到最后阶段时说道，"这就是我们让其重返社会之时。"[103] 参与者在项目期间做出违规行为会被自动开除30天，违规行为包括言语辱骂、饮酒或吸毒、持有吸毒用具、全天未签到，或是在晚上8点后离开宿舍。[104]

由于贫民区大部分社会服务由三大庇护所掌控，居民若不遵从这些机构的命令，就很难获得最基本的资源。法律学者加里·布拉西在分析贫民区紧急庇护资源的获取难度时发现，贫民区每晚大约有1 674人露宿街头，睡在帐篷或车里，但庇护所只对外开放11个床位，供那些没有参加正式康复项目的人使用。[105] 这一小部分床位几乎每晚都按先来后到的顺序分配，通常每天下午3点就排起了长队。[106] 布拉西进一步报告称，被拒之门外的人只能睡在人行道上，而庇护所中每晚都有大量空床位，这与资金用途脱不开关系。[107]"由于项目周转与资金的变化无常，"布拉西解释道，"许多床位明明无人使用，却无论如何都不会对外开放。"[108]

在新的组织模式下，巨型庇护所将大量精力与资源用于管理贫民区更大的社区环境。与此前的天主教工人组织或"洛杉矶男性项目"不同，三大庇护所竭力消除让人们长期舒适居住的条件。据库里等领导人称，组织的成功与否在很大程度上取决于是否有能力使正在养成"新生活习惯"的服务对象隔绝于旧日同伴的"诱惑"及"负面影响力"，以及附近街道和人行道上的活动。[109]

为了更系统地掌握威胁其工作的"外部障碍"，洛杉矶传教会和盖洛普咨询公司合作，对665名贫民区居民展开民意调查。洛杉矶传教会声称，民调结果显示，贫民区居民的"真正"愿望是参加职业培训和戒毒项目，而非施舍与捐赠，后者只会让他们继续逃避康复。[110] 洛杉矶传教会根据民意调查结果发起了一项长期而广泛的运动，在贫民区和市中心区域禁止沿街行乞、闲逛和不设限的援助。1993年1月，洛杉矶传教会与中央城市协会共同推行"市中心安全清洁计划"（Downtown Safe and Clean Program），呼吁贫民

下午3点30分，在午夜传教会外申请紧急庇护所床位的人们排起了长队

区周边的企业聘请私人保安，驱赶乞丐、街头团伙和个人捐赠者。该计划还设置了"临时援助"程序，即安保工作者将相关人员引导至洛杉矶传教会。

在市中心安全清洁计划的基础上，三大庇护所又与洛杉矶女议员简·佩里合作，向市议会提出一项动议：制定市政条例，禁止在贫民区内分发慈善食品。鉴于超过60%的无家可归者将这类慈善活动作为常规食物来源，若在庇护所的一致努力下将其终止，这些人的日常生存将完全仰赖于巨型庇护所。[111] 该动议最初提议将这类捐赠定为轻罪，可处以罚款或监禁。[112] 也就是说，40多年来一直在贫民区街道上提供咖啡、燕麦片等食物的天主教工人组织，将突然因此受到严厉的惩罚。佩里批评这种善行既无序又不安全，还有损健康。她直截了当地向有意关怀贫民的人们提出指示："请联系传教会，联系这些大型组织，贡献您的时间。"[113] 她补充道："如果我们任凭这些人流落街头，不去想办法让他们接受治疗，那么问题将继续存在。"[114] 市中心的商业利益集团以压倒性的支持率欢迎这一提议。正如一位企业主所言："事实上，这里需要的不是食物。住在这里，各个传教会足够供应一日五餐了……食物是我们这儿唯一不缺的。"[115]

截至目前，三大庇护所及其政府和商业领域的合作伙伴仍未拉到足够选票，以通过这项"供养条例"，但相关支持与努力从未停止。他们重返一个多世纪前的老路，寻求警方提供替代性方案，改变贫民区人口的日常选择及行为模式。1999年10月，巨型庇护所与中央分局首次表现出正式合作的迹象，警察携带巨型庇护所宣传册参与到协同努力中，在巡逻时将人们引导至康复项目。[116] 据媒体报道，警察在该地区实行全面清扫，对阻塞人行道、乱穿马路及其他危害公共秩序者一律施以处罚。骤然增强的执法力度令贫民区内外一片错愕，《洛杉矶时报》将此举描述为"打破了数十年来的休战，尽管其间暗流汹涌"，实际上它已向贫民区居民"正式宣战"。[117]

可以想见，洛杉矶警察局口中是另一套说辞。时任中央分局队长斯图尔特·梅斯林表示，警察局是站在贫民区居民的立场上严加执法的。据他所说，清扫街道仅仅是创新战略的第一步，未来将在减少严重犯罪与伤害的同时创建一个适宜康复的环境。[118] 这种执法方式越发受到专业执法人员、倡导者与学者的欢迎，同时，他们开始坚称城市警务应效仿过去，强调维护公共秩序。如今，破窗理论已广为人知，其设计师詹姆斯·Q. 威尔逊和乔治·克林认为，城

**消除洛杉矶传教会以外的"诱惑"**

市如欲减少骚乱及随之而来的犯罪,就必须重新制定文明法。[119] 二人曾批判帕帕克里斯托案及20世纪60年代和70年代最高法院的类似判决,断言"这种希望将'不伤害任何人'的不良行为'非刑事化',从而剥夺警察用以维持社区秩序的最终制裁权的做法,我们认为这是一个错误"[120]。

随着犯罪率飙升至历史新高,美国各城市在20世纪90年代初纷纷采纳了威尔逊和克林的建议,将一系列常见的公共行为重新定为犯罪。[121] 到90年代中期,超过75%的城市通过了禁止或限制乞讨的法律,近70%的城市严禁在公共场所闲逛或睡觉。[122] 在这些城市中,纽约市起到了引领作用。纽约警察局局长威廉·布拉顿从威尔逊和克林的思想中获得灵感，向贫穷的少数族裔聚居地派驻了大量警察，随机进行拦截与搜身，严格执行有关生活质量与其他轻微犯罪的法律。[123] 这类打击行动主要针对无家可归者、耍赖擦车人和其他靠非正规经济行为谋生的人。

洛杉矶警察局紧随其后，开始将破窗理论运用于贫民区的政策制定。内部备忘录显示，中央分局的领导人与市议员合作起草了禁止在公共场所睡觉、公开便溺的市政条例。随后，中央分局向市检察官办公室提议，希望针对此类罪行起诉问题制定严格的准则。第三步，巡逻小组"东区特遣队"宣告成立，警员以马匹、自行车和摩托车为交通工具。中央分局的领导人强调，该小组将"完全致力于打击生活质量犯罪"，实际上复原了洛杉矶警察局的"情报特遣队"。[124]

就在起草警务战略三周后，洛杉矶市聘请来自纽约的威廉·布拉顿担任洛杉矶警察局局长。布拉顿虽不是贫民区警务计划的初创者，但作为著名的破窗理论的实践者，他的到来极大增强了警务活动的影响与范围。这位新警长从纽约任职的经历中吸取教训，为洛杉矶警察局的初版计划增添了"社区警务"部分。尽管具体措施各异，但通常意义上，社区警务是"旨在使警方与社区之间加强互动的政策和计划，目的是促进社区对当地犯罪与骚乱引发的一系列社区问题共同担起责任"[125]。由此，布拉顿引入的社区警务举措让三大庇护所成为洛杉矶警察局政策的正式制定者。

随着谈判地位的上升，巨型庇护所开始着手高强度执法的设计、合法化及执行工作。随后，破窗警务的设计者之一乔治·克林在布拉顿的邀请下担任顾问，进一步增强了庇护所组织的影响力。

克林耗资约55.6万美元，每月召集贫民区最著名的组织的相关人士参加社区警务会议。[126] 在此后的四年里，克林成立专项小组，旨在将中央分局的现有努力落到实处，小组成员包括拉尔夫·普拉姆（联合救济会首席执行官）、拉里·亚当森（午夜传教会主席兼首席执行官）、特蕾西·洛夫乔伊（中央城东协会执行董事）和中央分局的领导层。在上述议程中，天主教工人联盟与贫民区居民明显被排除在外，而会议记录上赫然写着："联合救济会表示，现在有一个新的服务提供者联盟愿意与其他机构合作，共同应对（贫民区）问题。"[127]

为避免中央分局的高强度执法将来招致批评，克林请新联盟制定"未来贫民区工作的新闻传播协作战略"，帮助警察局"站在道德高地"。[128] 该战略包括起草新闻稿和专栏文章，尽可能获得公众的同情。《洛杉矶时报》曾刊登一篇名为《贫民区新视角》的解释性专栏文章，洛杉矶传教会主席马歇尔·麦克诺特在文中抨击了过去的宽松之策，并将洛杉矶警察局与巨型庇护所的工作相结合：

没有人应该生活在腐败不堪的污秽中，同时给邻人带来危害。社区有责任营造安全的街道环境，即使是那些无处可去的人，也应为其提供选择。我们有责任帮助不太幸运的人找到这些选择。那种放任自流的做法或许暗合人性，却没有为需要帮助的人提供有意义的援助。食物、床、淋浴、长期项目……曾经更促进康复……我们社区的法律是在同情心与敏锐感知力的基础上构建的，我们支持洛杉矶警察局的执法。[129]

基于此类言论，克林设计了许多联合警务与社会服务合作行动，包括每月一次的贫民区安全步行活动。这种合作还有一个相对隐秘的层面，即将逮捕作为康复项目的一种形式。根据街道或服务（Streets or Services，SOS）计划，社会工作者会对贫民区内因生活质量与其他轻微犯罪被捕的居民进行筛选，若被捕者没有未结案重罪或暴力犯罪史，他们将有两个选择——上法庭并可能被判入狱，或是参加康复项目。选择后者，他们的指控将被立即撤销，社工会将他们护送至指定设施之一。在街道或服务计划的高峰期，中央分局一周五天，从早7点至正午都会安排社工值守。

由于中央分局采取了更加严格的执法措施，该计划为巨型庇护所体系带来了稳定的新参与者，其中许多人此前并不情愿。据中央分局领导层所述，平均每月有30人因街道或服务计划而参加康复项目。然而，巨型庇护所即便已成为监禁的替代选项，却在留住新参与者方面分外艰难。在为期21天的街道或服务计划中，只有不到10%的人能够毕业，平均逗留时间仅有3天，近三分之一的人会在最初的24小时内逃跑，因此面临未到场指控和逮捕令。[130] 街道或服务计划的统筹者认为，该计划被削弱的根本原因显而易见："要留住人是很困难的，特别是在贫民区或附近地区，因为诱惑太多了……我们正在努力削弱贫民区的吸引力，但它总是不断把人们拉回原地。"[131]

鉴于此，克林的团队开启了第二项集体计划。2006年2月，克林带领巨型庇护所联盟的25名成员前往纽约市进行"实况调查任务"，学习如何更好地应对这些破坏康复项目成效的"诱惑"。[132] 除了常规参会者，克林代表团中还包括午夜传教会主任奥兰多·沃德、女议员佩里和中央城市协会主席卡罗尔·沙茨，以及加利福尼亚州众议院议员法比安·努涅斯和加利福尼亚州参议院议员吉尔·塞迪略。一行人参观了纽约的社会服务机构、法院和公园，还参加了关于破窗方法的指导会议。会上，克林强调警方与社会服务机构之间需要更加紧密的合作。[133] 回到洛杉矶后，代表团遵从克林的指示，起草了州级法案，以消除他们认为"埋伏"在康复道路上的恶劣影响。[134] 就在纽约之行结束几天以后，塞迪略提出了参议院1318号法案，其中在对康复机构1 000英尺范围内被抓捕的贩毒者加重了量刑。在努涅斯的支持下，州长施瓦辛格7个月后签署了参议院1318号法案，使其成为法律。

## "安全城市计划"与恢复区禁令

2006年9月，随着"安全城市计划"的推出，巨型庇护所与洛杉矶警察局之间的合作达到顶峰。这项计划的几项关键原则源自克林召集的会议，包括重新部署50多名巡警与东区特遣队共同打击轻微犯罪，以及任命两名高级警员作为社区联络员。警察们将"制作并分发外宣传单"，这些传单"标注着庇护所和服务点位"。[135] 三大庇护所一面继续"积极参与'安全城市计划'"[136]，一面与洛杉矶警察局开展另外两个计划，利用与警察的联系作为康复项目服务对象的额外切入点。第一个项目名为"无家可归者流落街头替代方案"（Homeless Alternatives to Living on the Street，HALO），为每月收到罚单的数千名居民提供抵偿罚款的选项——

通常是在巨型庇护所做基础清洁工作或体力劳动。负责监督该项目的助理检察官曾对我说:"干活儿不是主要问题,毕竟大家只是拿扫帚或拖把完成基本工作。首要的任务是让人们在庇护所时接受服务。"

第二个项目是"无家可归者法庭",为无家可归的被捕者提供一个更宽大的审判制度。该法庭每月在三大庇护所中的一间开庭,只有连续参加康复项目不少于 90 天,且过去 6 个月没有再次被捕或被开罚单的人才可入内。任何人若想进入该法庭,必须在符合标准的设施中获得社工的支持信,详细说明申请者积极康复的进展。

在"安全城市计划"启动后的几年里,三大庇护所作为贫民区刑事司法政策主要起草者的地位得到了巩固。2010 年 4 月,市检察官卡门·楚坦尼奇提交了一份由联合救济会执行董事安迪·贝尔斯设计的指令,正式将贫民区 50 个街区重新指定为"中央城区恢复区"。恢复区禁令以洛杉矶市长期的帮派禁令为参照,将参议院 1318 号法案的逻辑延伸下去,禁止那些制造麻烦的人——尤其是涉嫌参与毒品活动的人进入此地。洛杉矶警察局警长(也是中央分局前任队长)布莱克·乔表示,该禁令旨在"为警察的工具箱里增添一个额外工具"[137]。警察被允许在没有合理根据的情况下,对特别指定的 300 个人(以及 800 个"代理人与同伙",稍后将公布)进行逮捕——只要他们出现在贫民区范围内。

禁令中对犯罪行为的详细描述表明,警察干预的门槛明显降低。恢复区禁令重现了 20 世纪初洛杉矶警察局的做法,对佯装虚弱的乞讨者进行管制,指控贫民区中的一些人假装残疾和不幸,以此掩盖犯罪行为:

> 有些街头毒贩……利用周遭环境掩盖自己的行为，比如假装残疾，靠轮椅或助行器掩盖贩卖毒品的行径。这种情况也会让执法者感到棘手，因为逮捕残疾犯罪嫌疑人需要动用额外的法律保障和资源。[138]

文件中有几页描述了犯罪分子"在公共街道、人行道、企业与餐馆门厅内外"频繁出没的情况，他们"擅闯私人区域，在庇护所和旅馆的浴室进行非法活动"，并"在某些街区来回兜圈，沿路贩卖毒品……用驾车路过的买卖方式，阻碍交通并干扰……中央城区恢复区"。[139]

禁令的根本目的是更好地发挥巨型庇护所的作用，即使并未直截了当地说明，我们也可以从个人获准进入新限制区的理由中清楚认识到这一点——其中一个理由便是使用三大庇护所的"恢复性服务"（庇护所的名字被一一列举）。禁令中的"困难豁免"条件提出，个人可以参加经过批准的康复项目，获得为期一年的禁令暂免。根据规定，项目参与者必须取得书面证明并随身携带，以供警方查验。

在过去 30 年里，巨型庇护所在设计、合法化和最终加强贫民区警务工作方面发挥了不可或缺的作用，这为治疗性警务的基础与作用带来了一些新启示。自从 19 世纪美国建立起穿制服的警察组织，城市贫民日常生活受警力干预的强度就与福利国家的稳固程度此消彼长。在福利国家尚未发展完善的 19 世纪末，或是因权力下放及私有化而急剧削弱的今天，监管人们的日常行为始终是警方的一项首要任务。而在福利国家臻于鼎盛时,政府则通过专门的公共机构直接提供贫困救济。警察一般不会干涉居民的日常行为,而是将支持工作交由其他国家官僚机构。与常见的学术叙述相反,上述转变并不是庞大系统的某种自我纠正,而是被私营福利组织对警察的强势要求推动的。[140] 福利国家被削弱后,更多的家长式治疗性组织纷纷涌入填补空缺。它们主导着贫困治理领域,在改造和提升穷人现状的合作项目中敦促警方发挥强制力。

在历史上,私营福利组织对警务政策影响颇深,但在目前有关执法力度的探讨与解释中,却几乎不见提及,这的确有些奇怪。若继续忽视这股社会力量,将严重曲解近期的警务趋势。首先,惩罚性的略微增强可能会被误以为与康复目的相悖。我们想想看,近年来,贫民区轻罪逮捕数量剧增,仅在"安全城市计划"推行一年内就有超过2 500例。[141] 若孤立视之,这数量空前的逮捕数量,尤其是对轻微违法行为的处罚,似乎体现了一种复仇性质的后规训时代的做法,旨在围捕贫民,并将其关进监狱。但当我们扩大分析范围,将贫困治理中的组织场域纳入进来,却看到了截然不同的景象。这些逮捕直接服务于当地福利组织的无数康复项目,警察的惩罚措施(如逮捕)是康复项目接收参与者的主要手段。街道或服务计划、无家可归者流落街头替代方案、无家可归者法庭等联合行动的目的很明确:将被捕者转化为服务对象。

再者,忽视治疗性组织的做法可能会夸大企业势力凭一己之力随意扩大定罪范围的能力。[142] 商业力量对城市空间管理的影响力固然不断提升,但它们对警务政策的干涉要通过私营福利组织。从历史来看,这些组织始终为城市贫民发声。以20世纪中叶为例,天主教工人联盟曾与主张重建的当地利益团体对抗，宣称激进警务损害了贫民区居民的利益，从而成功阻止定罪范围进一步扩大。但在过去的30年里，贫民区的巨型庇护所已彻底改变了二者的关系。它们与市中心的支持者合作，在提升执法强度的同时将其设计为对执法对象有益。

对其他城市的有关研究表明，在推行最严格的生活质量法律与惩罚性最强的执法政策时，私营福利组织是不可或缺的。例如，在加州的旧金山与伯克利，私营福利组织是提倡人行道坐躺禁令的最有力的支持者之一。[143] 在西雅图，私营福利组织与警察部门签订了合同，推行"非法入内警告"，允许警察拦下那些"抗拒服务"、拒绝或阻碍康复项目的破坏性个人。[144] 西雅图的"排除法令"更是对福利组织有利，其中规定贫穷者只有在积极寻求治疗和服务时才能进入城市的某些地区。与洛杉矶贫民区相似，这些人若试图与旧识相交，或进行有损于自己或他人提升自我的社会接触，就会被逮捕。

本章聚焦于治疗性警务在书籍、市政条例与官方执法政策中的体现，必须承认这只是局部图景。为使描述更加完整，下一章的关注点将转至治疗性警务在街头与巡警身上的表现。政治学家迈克尔·利普斯基（Michael Lipsky）曾提醒我们，巡警是"街头官僚"的典型代表。[145] 与所有一线公职人员一样，这些警察拥有相当大的自主权与自由裁量权，可以准确地决定何时执法，以及如何执法（或不执法）。在自由裁量权下，警员的行为"增强"了公民对官方政策的体验，贫民区街道上的警员为了更大的规训目标而动用法律。

# 第二章

# 从暴民管理到恢复管理

我和汤姆·摩根警官挤在中央分局二楼一间壁橱大小的办公室里。两个月前，摩根被派去监督新成立的工作组。该组负责执行洛杉矶市复兴的生活质量法之一《洛杉矶市政法》（Los Angeles Municipal Code，LAMC）第41.59条——一项针对"侵入性乞讨"的模糊禁令。[1]摩根团队通过"设套抓捕乞讨者"执行该法令。便衣警察充当"行人诱饵"，以便观察并逮捕贫民区及附近讨要零钱的乞丐。一周前，摩根曾邀请我旁观工作组的工作，此次见面则是为了检查下一步行动的后勤事务。

"你都想象不到这些人一天能赚多少，"摩根轻笑着说，"我是说，虽然还不能靠乞讨退休养老，但也够他们醉生梦死了。他们宁愿干这行，也不想出去找一份真正的工作。但问题是，这些人待在路边，整个社区都会受影响。他们会带来更多犯罪，在建筑物上小便。他们给那些不想工作的人树立了坏榜样。"

围绕乞讨者与任务小组轻松探讨一个小时后，我们转向了更加私人的话题。摩根的此次调任让他回到了近20年前职业生涯起步之地——大部分洛杉矶警员都是从贫民区走出来的。摩根坦言，自己早就应该得到这次升迁机会，他虽然高兴，但也对回到中央分局感到纠结。他流露出一贯的自信，向后仰躺在椅子上，背部抵着办公室的水泥墙，指了指墙面上绘制的老旧方案图。"我当初离开这儿的时候就画上了，"他笑着说，"但你知道吗，这里是全警察局保存最好的秘密，是最有趣的分局。就是最近变得有点无聊。"对摩根而言，成立一个专门逮捕乞讨者的任务小组象征着中央分局所得授权及巡逻方式的改变。"光是回应这些人的怨言，就花去我们很多时间，"有一次，他与社会服务机构代表会面后抱怨道，"他们一直打电话过来，说着同样的话，'有一伙人在街上做这做那，到处惹是生非，扰乱康复项目里的人，贩毒，酗酒。您能过来把他们抓走吗'？他们恨不得我们马上行动。现在，每个人都对我们的工作指手画脚。"

摩根继续回忆起过去贫民区工作的自主性与"乐趣"。那时，巨型庇护所尚未对激进及正式执法提出种种要求。"我还记得 90 年代初，我来到这里当警察的第一天，"他怀念道，"哪有什么警车，都是步行巡逻。你只要戴好帽子，拿好警棍，后兜里揣上罚单，走出警察局。一天结束时，我回到家会感到肌肉酸痛，手上有割伤或抓伤，一整天到处制止打架导致制服破破烂烂的。那时候，我们不会真的逮捕谁，我们的目的不是那个，只是想把人们拉开。"摩根在椅子上挺了挺腰板，让我对他之后的话提起重视："那时候，我们不会逮捕这些人，只是让他们离开而已。但如果他们找碴呢？嗯，我们自会让这些人服服帖帖的。"他带着一丝挑衅的微笑靠回椅背，最后几个字在房间中回荡不绝。[2]

在第一章中，我详细介绍了过去一个世纪以来贫民区警务工作的历史轨迹。20世纪90年代以来，随着洛杉矶警察局与当地以治疗为导向的组织恢复合作关系，贫民区警务经历了明显转变。从那时起，中央分局站在了巨型庇护所的立场上，采取越来越激进的零容忍手段，决心使贫民重归社会。摩根警长的怀旧之情表明，巡警们切身感受着这些组织提出的种种要求。据这位工作20多年的老警官所言，新指令要求通过逮捕和监禁等正式法律制裁来处置有问题的个人，这严重打击了警察此前拥有的自由裁量权。在他看来，这种"一刀切"的执法方式剥夺了警察运用其专业知识或"街头经验"的能力。

与之相似，近年来关于所谓"新惩罚性"的著作也哀叹所谓的"自由裁量权的消亡"。[3] 例如，刑事司法学者迈克尔·怀特曾真情实感地批判"安全城市计划"，声称中央分局的零容忍手段限制了警察酌情采用一些更富有同情心的手段。[4] 在怀特等人看来，中央分局越来越依赖开罚单和逮捕等惩罚性措施，这侵蚀了警察工作的基本"职业素养"。[5] 另有人指出，零容忍手段的普及证明，"'康复'治疗理念多少已被一种管理主义方法取代"，该方法全方位干预城市贫民的生活，对其进行驱逐和"隐形"。[6]

以上对零容忍警务政策的描述已被广泛接受，但并不完全准确。尽管零容忍手段确实要求巡警更多诉诸正式的法律制裁，但并不见得剥夺了自由裁量权。恰恰相反，从实际情况来看，零容忍策略其实增强了警察的自由裁量权。由于全球各地的城市都在起草法令，禁止街头游荡、乞讨和阻塞人行道等难以判断的常见行为，警察在进行拦截、审讯和搜查时更能灵活应对——此前，他们常因缺乏法律授权或合理理由而陷入困境。[7]今天警察们的自由限度较大，可以自行决定何时以及如何开罚单及逮捕，也可以不这样做。[8]警察们并未僵化地将法律与执法政策奉为行动指南，而是将其用作更大目标的弹性资源与战略手段，而这些目标往往是法律范畴之外的。[9]

在贫民区的街道上，警察们经常利用零容忍手段所赋予的高度自由裁量权来实现治疗性目标。他们会战略性地采用惩罚性措施，试图使那些"堕落"的居民改过自新。具体而言，他们会最大限度利用持续不断的执法（威胁）"教导"贫民区居民，促其通过自我管理及合理选择来改善自我。自由裁量执法让警察得以重新调配社区的物质及社会生态，从而使居民选择更受认可的行为与生活方式。在大多数情况下，这意味着进入以治疗为导向的私营社会福利组织接受改造。因此，激进的零容忍手段并不意味着自由裁量权或康复目的的消亡，而是对二者的复兴。

接下来，我将从前一章的历史视角转向民族志角度，揭示治疗性警务如何在街头开展。尽管民族志方法可为"实际存在的"警务工作提供关键记述，但它有一个明显缺陷：因强调现场行为记录，时间上势必局限于当下的时刻。[10]若没有历史数据以供比较，民族志学者就很难确定所观察之现象与历史上情况的异同。在这方面，我很幸运。20世纪中叶，学术界对贫民区的社会生活，特别是警察的日常巡逻活动展开了诸多研究。[11]事实上，根据一般说法，学术界正是在调查贫民区街道时，首次"发现了"警察的自由裁量的做法。[12]

本章会将当下的巡逻情况置于适当的历史背景中。为此，叙述结构将与20世纪最具影响力的洛杉矶贫民区警务民族志，埃贡·比特纳（Egon Bittner）的《洛杉矶贫民区的警察：一项关于维和的研究》("The Police on Skid Row: A Study of Peacekeeping")保持一致，可以说是一次"民族志的重访"。[13] 民族志的重访的定义是"将自己的田野工作与此前同一地点的民族志——通常是与其他区学者的成果进行对比"[14]。这项工作与复证不同，其目的并非寻找不同案例之间的相似性，而是关注当下与过去之间的差异，查明该地区事务进程的不同形式与意义。本书的重访表明，警察的巡逻行为与自由裁量执法模式受三个主要因素的影响：1. 警察对该地区的宏观认知；2. 警察对遇到的个人、行为与情况的具体看法；3. 警察对干预手段的权衡。街头警务会随着这些因素的变化而调整，过程中呈现出明显的规训性质。

## 在暴民区巡逻：20 世纪的遏制与隔离

警察的自由裁量首先取决于他们对所巡逻街区的看法。在观察形势、解释公民行为并做出反应的过程中，警察们会遵照当时普遍的空间秩序或"规范性地理环境"，即在特定地点内何为正常、何为公正、何为适宜的规定。[15] 在 20 世纪的大部分时间里，警察将洛杉矶贫民区视为"暴民区"，是专为城市贫民设下的"保留地"。对于这些人，"整个社会已不再抱有希望……放弃进行改造"[16]。因此，警察们围绕暴民管理这一非康复性质的常规任务，确立起自己的日常职责，其中包括两个当务之急。第一是比特纳所说的"遏制"。[17] 警察们重点防止贫民区乱象向周边社区蔓延，干扰"体面公民"的生活。在洛杉矶，遏制计划将此目标明确地公之于众。第二点被比特纳称为"预防性保护"，目的是禁止居民彼此欺诈过度，或是对"声誉良好"的过路者进行坑蒙拐骗。[18]

暴民管理既不是为了"清理"贫民区，也不是为了改善本地居民的生活，关键是要保持一种相对安全平静的状态。[19] 举例来说，警察们不会限制酗酒和吸毒行为，而是把精力放在减轻其后果上——无论是酒后斗殴、附近商户的投诉，还是整个城市的普遍不满情绪。一位贫民区警察曾告诉比特纳："归根结底，我从未真正解决任何问题。我也只能努力不让事情恶化。"[20]

用怀斯曼的话说，在更加广泛而深入地了解所在地区后，20世纪的警察们发展出一种"解读"人与形势的"近乎神秘"的能力，从而确定其对暴民管理造成的相对威胁。[21] 警察们的"特殊敏感性"与空间属性脱不开干系，他们为不同的街道、建筑和区域赋予了特定的意义，从而更好地预测未来的干扰。例如，警察可能会额外审查那些离开分租房旅馆太远的居民，即使他们没有犯罪，也经常逮捕他们。他们预测这些人总会有一个酩酊大醉，无法回到自己的房间，昏倒在路边，而后被开车途经贫民区去往更"体面"的社区的司机撞到。

由于时间和资源有限，贫民区警察认识到，他们无法对所有必要的形势进行干预，于是发展出比特纳所说的"理想的节俭干预模式"，高效有力地部署他们的执法力量。[22] 在暴民管理时代，警察们主要将干预措施部署在直接威胁到遏制与预防性保护的个人与事件上。比特纳的说明案例被广泛引用，事关一位警察对两名流浪汉的处置，他们分别是达科塔和大个子吉姆。[23] 当这位警察注意到二人之间的暧昧关系时，他料想达科塔可能会抢劫大个子吉姆的分租房房间。遵从理想的节俭干预模式，他决定先发制人，将大个子吉姆逮捕并监禁，以阻止未来可能发生的一系列事件。尽管大个子吉姆才是预期的受害者，且没有犯任何过错，但他还是做出了这样的决定，因为他判断，就算逮捕达科塔，大个子吉姆也还会惹来其他可能抢劫他的男人。最经济的办法就是将大个子吉姆排除出类似的场景。尽管类似的警方干预偶尔会将居民送至康复设施中，但这只能算次要结果。真实情况正如人类学家詹姆斯·斯普拉德利在关于贫民区酗酒者的研究中所揭示的，暴民管理通常会加剧物资匮乏与人的异化。[24]

## 在恢复区巡逻：当今贫民区的恢复与重返社会工作

距比特纳实地考察已过去近 50 年，今天的洛杉矶贫民区被定义为"恢复区"，而非曾经的"暴民区"。[25] 这一转变深刻影响着警察对附近居民的认知，以及对自身职责的理解。20 世纪的警察很少花精力改造居民，他们认为这些人无可救药，而当今的警察们则以恢复管理为明确的目标导向，甚至试图改造最贫困且行为失常的人。我最早与中央分局的警察们打交道时，就已经感受到这种新态度。

曾有一次，我自己遭到拦截、审讯和搜查。两位警察告诉我，如有任何问题（或投诉），要找高级警员安德烈·托马斯解决。他们告诉我，高级警员托马斯通常在几个街区外的巨型庇护所附近走动。当我追问一些更加明显的特征时,他们笑了,向我保证,托马斯"相当好认"。

几周之后,我理解了他们的意思。初次见面的那天下午,这位高级警员(附近都以"托马斯"称呼他)正悠然倚靠在警车的后备厢上,嘴里叼着一根牙签。他是一位善于交际的黑人,头发剃得干干净净,体重260磅[①],一身健硕的肌肉,体宽几乎与身高相当。制服袖子在他鼓胀的肱二头肌上勒出深深的痕迹,衬衫前襟紧贴着壮硕的胸膛,让那几颗纽扣都绷紧了。与中央分局其他高级警员一样,托马斯没有搭档,独自在贫民区的下属分区巡逻。他自然有处罚和逮捕权,但他的主要职责是社区联络人,这也视洛杉矶警察局与巨型庇护所之间的伙伴关系而定。他指导个人获取社会服务,收集有关犯罪活动的情报,并对巨型庇护所内外的混乱做出反应。托马斯外表的压迫性极强,恰如其分地展现了中央分局的强制性慈善新面貌。他有十多年的贫民区街头工作经验,深感自豪地扛起这面新旗帜。

在做田野调查这几年,我一有机会就来找托马斯聊聊。尽管经常见面,我却隔了很久才向他承认,我们初次见面的起因是我自己被截停了。他显然有些猝不及防,随后变得戒备起来。不过,按照他的一贯说法,"你在学校里学的那些",跟"街头学到的"根本是两回事,他很快找到了应对之法,从积极的视角重新看待我与两名警察的冲突。用托马斯的话说,我被截停体现了一贯的监视与"严厉的爱"。贫民区的居民只有借助于此,才能扭转人生。

"看看周围,"他引导我说,"你看到了什么?"

---

[①] 1磅≈0.45千克。——编者注

我将眼前的街道打量了一番。"呃，你的意思是？"我有些迟疑，不确定他想让我注意什么。

托马斯继续追问："我这么问吧，你没看到什么？"见我犹豫不决，他替我回答。"就看看眼下这个街区，毒品贩子、瘾君子，一个也见不着。没有抢劫案，也没有强奸案。你能看到一些人开始为离开贫民区做准备，而不必担惊受怕。这是我现在站在这儿的感想。"他继续向我提问："什么才是保护别人的最好方式？怎样能确定他们得到了所需的帮助？又怎样才能让一个人安分守己？"他顿了顿，好让我充分认识到这些问题的难度。"警力部署无处不在，"他答道，"这就是解决办法！简单合理。要是让我来办，角角落落都应该安排我这样的警察，跟你谈话，跟每个人都聊聊，真正了解发生的一切。"

回想起眼睁睁看着警察搜查我的随身物品时的无助感，我难以掩饰自己的怀疑。"你是说在每个街角都安排上警察，不论谁路过都要说上几句？"我问，"这现实吗？你不觉得大家会有意见吗？"

他回答得很快："谁有意见？那些黑帮分子？那些吸快克的？还是打算伤害老太太的家伙？他们最好有意见。他们最好掂量着点儿，放弃之前的打算。你之前被拦住的时候难道打算干点儿坏事？"

我又一次不知道该怎么回答。

"你没有，"他又一次替我回答，"是吧。既然如此，你有什么可担心的？"托马斯的意思直接而明确。在他看来，我被截停只是小问题，附近社区的安危则是大事。如今，这类观点已愈加普遍，机场、学校和贫民区等地已例行配备金属探测器、搜身设备和缉毒犬。

"让我问你，"他接着说，"我们这里的一切暴力、残杀……诸如此类，你知道起因都是什么吗？不过是快克烟管这点事。'你敢拿我的烟管，我就得捅你一刀。'再看看你周围吧，就用你的眼睛看看。只要我在这里，事情一开始就不会发生。他们知道最好少惹事，我在这儿很久了，相信我。我的存在，我在这里，人们才会清醒一点。你可以问问任何和我打过交道的人，他们总是回来找我，包括被我逮捕过的人。他们对我说，'托马斯，你救过我的命。我之前吸毒上瘾，现在我的生活重新开始了。我找了一份真正的工作'。还有职业罪犯也来找过我，感谢我拯救了他们的人生。我想在这里创造一些活生生的例子，让他们知道还有别的路可走。"

与比特纳时代的巡警同样，今天的警察也认为需要保护居民免受自身与他人的不良影响。[26] 不过，托马斯的说辞也表明，如今洛杉矶贫民区警察的预防性保护措施主要是站在贫民区内部，而非外部民众的立场上。在这些警察看来，首要任务是预先阻止不良行为的产生，而非仅仅在贫民区范围内遏制麻烦事端。这就意味着，他们往往要纠正居民不合规范的生活方式。当代观念与过去进一步拉开了距离，正如托马斯所传达的信念：无论瘾君子还是"职业罪犯"，贫民区没有人是不可拯救的。

根据我对警民互动的观察，警察们为自己设想的新角色源自巨型庇护所构建的贫民区愿景。这种新理想淋漓尽致地体现在托马斯撰写的每月通讯里，在贫民区的大街小巷传阅。他的每月通讯可长达十页，通常包括他想对居民说的话、一首原创诗歌、一段祈祷文、一份犯罪报告、某一市政条例的节选、各巨型庇护所即将举办的活动、上个月做出特别贡献的组织和个人感谢名录，以及关于匿名举报犯罪活动的指南。其他巡警随身带着这些资料，将其分发给当班时遇到的人。

这些通讯的首要目的是让居民了解中央分局、巨型庇护所和市检察官办公室为贫民区形象重塑所做出的努力。以一份带插图的版本为例，托马斯的文章占据了四个版面，标题为《贫民区：我们对你们有信心，现在我们需要你们的信任》（"Skid Row: We Have Faith in You. It's Time You Have Faith in Us"），旨在教育居民了解社区的新身份、新功能，以及相应的行为规范：

中央城东（贫民区），让我再次向你们问好……

我和我的同事们已经用行动证明，我们希望将这个社区打造为百姓回归社会、安居乐业的安全港湾……我在贫民区行走了12年，发现了利于康复的迹象……现在我们把它叫作恢复区……

洛杉矶警察局中央分局认识到，大多数居民希望将贫民区打造成真正的社区，供所有因毒瘾、无家可归或精神疾病而挣扎的人太平生活……我们的目标是提高服务提供者的影响力，使其盖过那些毒品贩子和黑帮势力……

请你们想一想，如果你们喜欢的名流人士需要戒毒，会去夜总会寻求帮助吗？绝对不会……在贫民区，很多人根本没钱到马利布或山区里找一个与世隔绝的环境，改掉过去的习惯。但是，在各位的支持下，警察局与市检察官办公室可以让中央城东焕然一新，让人们更有可能从毒瘾的魔爪下夺回性命。

上帝保佑你们，
你们的高级警员安德烈·托马斯

在这篇文章中，我们可以看到贫民区概念的重建，从允许居民在无人管制的非公开场所酗酒和吸毒，转变为强制居民学会停止不良行为。如今，贫民区已与治疗和康复联系在一起，进而成为健康地理学家所称的"治疗景观"。[27] 为了让读者更好地理解这一概念，文章将贫民区与另一个更加成熟的治疗景观进行类比，那就是加利福尼亚州马利布。在许多南加州居民看来，海滨城市马利布已成为名流人士的专用戒毒诊所。[28] 警察将贫民区称为"穷人的马利布"，很像是将康复设施与重返社会训练所扩大到社区规模。

在观察警察工作的最初几个月里，我很难将他们口中促进治疗与康复的目标与空前飙升的处罚、逮捕与监禁率对应起来。我怀疑，这不过是他们事后找的借口，掩盖了背后真正的排斥性意图。然而，我与部分警察建立私交后，才发现事实并非如此。惩罚与同情之间看似存在的冲突被化解，在他们看来，二者是相互依存的。强制是他们表达关爱的方式。

这样的观点往往深藏在警察们对当地公共福利系统的指责中。据他们所说，正是州、县和市政府的不作为使得警方更有责任解决更广泛的社会问题（失业、无家可归、吸毒和精神疾病），而他们却只配备了强制性的法律工具（手铐、警棍和手枪）。一般来说，警察会根据自己的感受、价值取向和工作风格自行选择任职部门与单位，匹配相应的岗位职责与要求。因此，社会工作事实上已成了贫民区警务工作的主要吸引力之一。[29] 许多警察就像高级警员托马斯那样，特别要求在贫民区任职，并一再拒绝被调到其他部门的机会。

这里有一个典型的例子：曼努埃尔·罗德里格斯（熟人都叫他

"曼尼")从警校毕业后的第一份差事在中央分局，而他计划在部门的许可内，尽可能长时间留在这片区域。他对贫民区的钟情与履行社会工作职责的热忱主要源于此前的军队生活，他立志要帮助其他退伍军人。也正是因为这个背景，我们立刻成了朋友。曼尼听说我弟弟最近加入了海军陆战队，立即问起他所属的部队、军衔和调动情况。后来，得知我弟弟越发想要离开部队时，曼尼提议等他下班后一起喝一杯。他为我提供了一些建议，好让我弟弟能游刃有余地应对退伍军人事务部，在执法部门找一份好差事，还告诉我如何应对退伍军人普遍面临的其他问题。

后来，我和曼尼几乎周周相聚，在回声公园一家墨西哥餐厅昏暗的酒吧里聊天，那里位于贫民区以北3英里。我们第一次喝酒那天，曼尼像往常一样主导谈话，他似乎想要倾诉积压已久的愤恨。我则耐心倾听，做好记录。曼尼对退伍军人事务部持续控诉了将近20分钟，指责该部门对退伍军人的服务远远不够。

"事务部根本没能照顾好退伍老兵，"他抱怨道，"完全是让人自生自灭。那些人嘴上说着，'我们什么也帮不了你'。这简直是胡扯。还有谁比退伍老兵更需要帮助？他们为国家而战，他们患上了创伤后应激障碍，生活乱作一团。他们需要认真的咨询，也需要工作。退伍军人事务部却毫无作为。"说着，他往科罗娜酒瓶里塞进一块青柠。"每天我开车过去，看到有人被费卢杰（伊拉克城市）的简易爆炸装置炸伤了腿，一辈子只能一瘸一拐，我就想，'这也可能发生在我身上'。我很幸运，有的人噩梦不断，无法入眠，他们不相信自己能继续过正常的家庭生活，只能在贫民区自我治疗。"他举起酒杯敬自己，这表明也许他也曾为重新适应市民生活而历经艰辛。

"那要怎么解决呢？"我问道。曼尼大口地灌着酒。

他重重地叹了口气，将酒瓶放回吧台。"你应该问还有谁在帮助他们。我们总是被人痛批，但只有我们还在做这些事。"他的语气变得激动起来，"大家嘴上都说着要支持我们的军队，但据我所知，没人真的去解决我每天目睹的这些问题。我们是把这些退伍军人从阴沟里解救出来的人，我们是确保他们走出困境的人。如果真照某些人的说法，我们干脆撒手不管，任由他们烂醉到死。按那些人所说，即使看到老兵们在街头摇摇晃晃等着被车撞，也不能逮捕他们，可想而知他们脑袋里的想法多不现实。他们是我的兄弟，不是像你弟弟那样的亲兄弟，但你一旦走进他们的生活，就成了割舍不下的兄弟，你知道吧？不帮他们，我良心过不去。我发过誓的。"他又若有所思地抿了口酒："是这样的，我不是心理治疗师，也不在住房部和公共社会服务部工作。我是个警察，能做的就是这些。至少，我能通过逮捕把人送进系统，到这里就算是胜利。进到系统里，他会清醒得多。他终于有机会理理思路，睡在屋顶下的床铺上，可以按下重启键。离开看守所，他能进到某个教会的项目中。所以，这算得上完美吗？当然不完美。但我们现在必须这样做，直到华盛顿那些西装革履的政客决定关照为这个国家献出生命的人们。"

在曼尼这样的中央分局警察看来，对需要帮助的人实施逮捕，虽然肯定不算最理想的做法，但不失为一种"将人们纳入系统"的最有效手段。我不能确定这一想法的起源（它早在我开展调查前就已经存在），但从贫民区的历史来看，它很可能是2003年随着"街道或服务计划"和"无家可归者流落街头替代方案"的确立而出现的。[30] 这些项目将逮捕与违法处罚转化为一种官方的社会服务接收形式，为警察提供了制度基础，得以据此将激进执法重塑为善意的干预。

　　警察们很快（也很轻易）将最严厉的巡逻执法与惩戒重新表述为以治疗为本质的干预措施。再想想中央分局加大力度打击毒品——随着"安全城市计划"的启动，分局增派了25名便衣缉毒警员开展"钓鱼缉毒"行动，接近可疑的瘾君子，向他们求助获取毒品。警察们往往承诺比街头价格高出两倍的实物或金钱报偿，更容易引人上钩。一旦开启交易，警察便会以分销或有意销售而持有毒品的罪名将他们逮捕。如此一来，这些毒贩的刑期会比普通的非法持有毒品更长。上述计划成效显著。在"安全城市计划"实施的第一年，几乎有一半（47%）的毒品逮捕案皆为分销或有意销售而持有毒品罪。对比之下，同年，在全美毒品逮捕案中，这一比例低于18%。[31] 再者，根据与"安全城市计划"一起颁布的量刑改革，贫民区的被捕者失去了从轻判处的辩诉交易资格。另外，加州曾在2000年通过第36号提案，让因非暴力持有毒品获罪者获得缓刑和戒毒咨询，以替代监禁。然而，在贫民区的执法战略下，被捕者也不再适用于这一提案。在一个臭名昭著的案件中，无家可归的快克吸毒者因作为中间商出售0.006 7盎司可卡因而被判处三年监禁，于州立监狱服刑。[32]

　　看到事态如此发展，大多数人会认定这类警务政策是惩罚性的，但贫民区警察始终对高强度执法带来的康复良效大加称赞，坚信更严厉的处罚是改变居民生活方式的最可靠途径。一天下午，我与一位便衣缉毒警站在一起，他的搭档正将被捕者关进警车。事后汇报情况时，他嘟囔着仅这一次"钓鱼缉毒"行动就耗费了太多资源——四人缉毒小组、四位身穿警服的巡警，以及前前后后六辆警车。

"要不是有第36号提案这蠢东西，我们也不用费这个劲。"他抱怨道，"这种延期判决几乎就是没有处罚，法官无所作为，直接放他们走了，甚至都不检查这个人有没有出现在（康复）项目里。"面对警察认定的地方法院宽松执法的情况，"钓鱼缉毒"行动为加强问责与鼓励改变提供了必要手段。"如今他们才开始明白胡作非为的下场，他们亲眼看到，如果继续吸毒，总会被我们抓住。知道我们在监视他们，他们就会多收敛一段时间。"

在某些情况下，警察们会将"钓鱼缉毒"行动描述成一种治疗方式。中央分局队长曾在与社会服务供应方的每月例会上表示，这些行动能够让居民目睹或耳闻贩毒者被逮捕，促使他们重新选择当下与未来的生活方式。"这就和我们戒毒项目中说的一样，"他告诉与会者们，"匿名戒酒者协会、匿名戒麻醉品者协会（Narcotics Anonymous，NA）这类项目教给你的一个重要原则是，想要戒瘾，必须远离过去的狐朋狗友，把你拖下水的往往就是他们。"听到这里，巨型庇护所的代表们纷纷点头称是。"这就是我们真正要做的，"他继续说道，"如果你看到自己的朋友们三天两头被捕，你会怎么做？最终你会明白，离这些家伙越远越好，是不是？你会结交更正派的伙伴。"

惩罚措施的意义发生变化后，中央分局警察们的职业身份与内部沟通受到了深刻影响。据社会学家、警务民族志研究者彼得·莫斯科斯（Peter Moskos）观察，在警察局文化中，开罚单和逮捕次数是衡量警察工作能力与同情心的重要指标。[33]部门中的高层领导或许会奖励"数字指标"完成较好的警员，有时甚至会直接下达指令，但巡警一般会将数据高的同事认定为缺乏经验，激进冒失，既缺乏街头智慧，又没有同理心。莫斯科斯发现，警察们往往将狂热打击的做法视为草率怠惰。[34]尤其在暴民管理时代，这种看法相当普遍。据比特纳所说，"仅仅因轻微罪行就逮捕一个人，多少带有不公正的色彩"[35]。

然而，对于践行治疗性警务的警官而言，事情就截然相反了。法律制裁与社会服务的结合足以颠覆，或至少缓和此前警察们对同僚频开罚单或实行逮捕的负面判断。比起不公正倾向，不如说这些数据表现较好的警官更广泛地维护了社会公正。以曼尼警官为例，当他逮捕一位需要帮助的退伍老兵时，其实表现了他对同胞的深切关心，逮捕数字是他忠于战友的量化证明。曼尼与分局的其他同事一样，粗略计算了他的逮捕行动中有多少实现了街道或服务计划"转移"，即多少居民选择了参加康复项目，以避免入狱。警官们不仅仅是在与我对话时自豪地摆出数据，他们之间也会以自己的"转移"案例作为谈资。

逮捕违法者后，他们会立刻放松下来，互相调侃几句，这也是"证明"其恢复工作管理能力的绝佳时机。最初，我对警察们这类自我宣扬的微妙意义不甚理解。他们总是在将被捕者押入警车后粗鲁地打趣，那些调侃的语句似乎只为缓解气氛——每当警察制服了不守规矩或难对付的犯罪嫌疑人，形势难免有些紧张。举个例子，曾有警官在逮捕一名醉醺醺的风情女子后，指着她对自己的搭档说，"你女朋友饥渴了"。可以想见，他的搭档立刻反唇相讥，表示这名女子"非你不可"。有时候,警察之间还会戏称某被捕男子是对方的"甜心"、"哥们儿"或"爸爸"。我最初只把这些调侃当成男性主导环境中约定俗成的"阳刚测试"[36],但在不断温习调查笔记的过程中,我发现在嬉笑间,警察们也为彼此提供了证实各自社会工作者身份的机会。

一天清晨,我在中央分局警察局附近的街道上目睹了一场微妙而引人深思的交流。大约早上6时20分,警察们在人行道逮捕违反市政禁令的居民。该条例规定,早6点至晚9点,禁止在人行道上坐、躺或睡觉。这是他们每周的例行任务。很快,一名街道或服务计划社工赶到现场,将愿意参加康复项目的违法者送至合作机构之一。街道两旁,四辆警车停靠在路边,六位警官聚在一起,戴上黑色乳胶手套,抄起警棍敲打硬纸板披棚和露营帐篷,将里面的人叫醒。马丁警官把两个装睡的押上警车,等待同事们将人行道上的其他人清走,才好前往下一个街区。我站在马丁警官身旁,看着康纳警官将一个拉丁裔男子从临时铺的纸板床上拖下来,全身搜查后给他戴上手铐,关进警车后座。

康纳警官关上车门,朝我们走来,脸上带着打趣的微笑。他指着警车,拿马丁警官开玩笑:"那不是你上周带回来的墨西哥小伙儿吗?"

"什么?"马丁警官打着哈欠回应道。他眯着眼睛,望向30英尺外的车后窗。"啊,老兄。好像是啊。"

"别担心,"康纳警官轻佻地说道,笑容越发张扬,"下周还让你照顾他。"

马丁警官尖刻地回击道:"你要抓他没问题,但听着,上周我以 41.18（d）［人行道条例］逮捕了三个人，他们在垃圾箱后面乱晃，奇臭无比。整个车后座都没法闻了。我告诉他们，别让我再看见他们在那里晃悠，否则后果很严重。结果怎么着？他们现在乖乖地待在联合救济会，穿着新衣服，洗了澡，剪了头，改头换面。我可让你的工作好做多了。"

"让我的工作好做多了？"康纳警官一脸难以置信，"明明是没了我你很难做好吧？我刚在拉斯［一家分租房旅馆］门口逮捕了几个酗酒的家伙，差点把酒店经理一锅端了。他在那大喊大叫，就因为这些人对着墙撒尿。他妈的差点沾一身腥。前几天，我碰上了其中一个人，被立案审查没几天就加入就业项目，跟我说他正在烹饪行业，做食品安全这类工作，我敢肯定他现在都拿到资质证书了。"康纳警官露出满意的神情，最后挖苦了一句："看来这里的活都是我干的，不是吗？"

马丁警官漠然以对，一言不发地大步走向远处的警车。绕过后备厢时，他回头向康纳警官伸出三根手指。他默默地做出"三"的口型，也就是他最近成功转移的人数。而后，马丁警官以同样的姿态指了指醉醺醺瘫坐在警车后座的两名被捕者。"看清楚了，"他指示康纳道，"明天你去那边［联合救济会］，好好关心一下两个大宝贝。"

但事实上，他们谁也没真正到联合救济会检查被捕者的情况，也没有结束这场善意竞争。即使真的去了，也很难找到他们的目标。正如我在上一章提到的，近三分之一的街道或服务计划参与者会在最初的 24 小时内逃跑，而人们在机构内平均逗留时间仅有 3 天。[37] 即便如此，警官们仍坚信，他们正在促成一个意义重大且相对顺利的康复过程。怎会如此呢？主要原因在于，中央分局的警察独有一套衡量转移工作成效的统计数据，其计算标准不在于多少人完成了康复项目，而只是多少人被接受入内——这一数字在"安全城市计划"启动40个月后达到大约2 225人。[38]在田野调查过程中，我请警察们回忆那些成功转移案例。每当他们拿数据说话，引用的往往是参加项目的人数。

无论最终成效如何，这种相互竞争的家长式作风在暴民管理时代是闻所未闻的，当时的警察已明确摒弃了社会工作。[39]诚然，今天的巡警仍以维护社会安宁、保护非本地居民的利益为重（比如康纳警官口中那位愤怒的酒店经理），但对贫民区居民长期境况与未来生活机会的关注已或多或少遮掩了这些直接目的。在新的规范性地理环境、不断变化的组织规范以及同辈压力的推动下，现今警察将巡逻的主要精力放在了逮捕转移上。然而，将居民送进社会服务机构绝非易事，其成功取决于另外两个过程。首先，警察要能恰当地"诊断"个人及其问题；其次，警察还须采用最合适的干预措施。

## 阅读能力恢复计划

在当前的恢复管理时代，贫民区警务工作仍高度依赖警察对居民的直觉认知。但在将贫民区重新打造为恢复区的过程中，警察的认知模式主要围绕着居民是否有积极参与改造康复的决心，也就是个体能否恰当"使用"恢复区。

与暴民管理时代一样，空间在警察试图解读社会现状方面起到了重要作用。他们将贫民区重新构想为扩展至社区规模的重返社会训练所，对居民身份、倾向及未来行为的解释与康复机构工作人员的记录惊人相似。D. 劳伦斯·维德尔（D. Lawrence Wieder）以重返社会训练所为主题撰写的民族志在同类书籍中最负盛名。书中指出，工作人员会对某些物理空间，如隐蔽的浴室或地下室进行额外审查，他们认定这些区域容易让人再次犯错。[40] 贫民区警察的认知地图与此相似，他们会猜测各公共区域可能引发的行为，为这些区域贴上不同的标签。这就构成了我们所说的"恢复生态"——根据某地与巨型庇护所的实际及抽象距离，重新划分贫民区的空间。

在恢复生态下，警察们将贫民区划分为三个不同区域。首先是东半区的"底部区"，从圣佩德罗街到中央大道的东缘，包括五个街区。底部区主要汇集着轻工业厂房、海鲜仓库，以及足足占据一个街区的储料场，四周是高高的砖墙和铁丝网。这里有不少隐蔽的小巷和死角供人躲藏，避开沿附近街道或人行道巡查的警察。西半部则被称为"机构侧"或"头部区"，范围是圣佩德罗街与主街之间。正如其名称所示，这片区域是大多数社会服务机构和中央分局警察局的所在地。分租房旅馆与低价公寓则在两个区域内均有分布。恢复生态的最后一个分区，指的是巨型庇护所之内的空间。

警察们在构建贫民区合法行为时直接参考了上述生态。在他们看来，在贫民区居住的"正确"轨迹是沿着区域等级爬升——从底部区搬至头部区，途中经过某个巨型庇护所。一旦进入庇护所，认知地图便获得了地形属性，与巨型庇护所提供的"持续照护"服务模式相对应。当居民表现出严格律己、改善生活的决心时，他们会离开底部,或者说"毕业",进入头部的居住项目中。头部区代表了一个人准备脱离贫民区,进入主流社会前的最后一站。每当警察谈到"沦落到贫民区的生活方式"时,他们往往转过身,面朝底部区的方向。在分享有关贫民区居民的印象时,警察们有时会报告一些"接近"成功的故事。用一位资深巡警的话说,这些人"已经进行到第三级任务了",却还是"被卷回了底部"。

有时,警察们需要额外评估个体的康复信念,而区域的等级划分为他们提供了最直接的依据。某日下午,底部区的格拉迪斯公园外曾发生过极具代表性的事件。我坐在公园高高的绿色铁栅栏旁,和居民们聊得正欢,一辆警车忽然停在我们面前。两名警察迅速下车,铐住距我 30 英尺的一名男子。紧接着,第二辆警车也在附近停下,车上的警察刚好是熟人。寒暄间,他们走到我身前,距一旁的审讯现场 20 英尺,防止人群向那里聚集。他们显然不知道同事为何拦截该名男子,却根据目前所在的空间位置与此前对犯罪嫌疑人的认知拼凑出完整情节。

"哦,这不是那个矮子吗?"其中一位警官对他的搭档和我说道,"我知道这个人,人们都叫他矮子,之前去过午夜[传教会]。我们有时候到那里去,总是能见到他,好像是带着自己的所有行李参加康复项目。你知道吧?我感觉他很快就要挣脱泥潭了,但估计是没坚持下来,又回到这鬼地方了。旧瘾复发了,我估计是,真可惜啊。"

一番推测后,这位警官走上前去,与执法的警察们交谈起来。说明情况后,他们立即将矮子逮捕,押进了警车。这位熟悉矮子的警官回来告诉我们,是他建议将矮子逮捕起来的。

"看看这一次他能不能回到正轨，头脑清醒点。"他对我说，"我们从他身上没搜出什么，但他看着就像是要找机会搞点毒品。"

两名前来支援的警察瞬间构建出不容置疑的前因后果，却没提到刚刚该名男子为何被拦截。显然，既然矮子出现在底部区，就没必要进一步调查了。这里要指出，格拉迪斯公园与午夜传教会仅仅四个街区之隔，可想而知，在警察看来，贫民区的两个部分有怎样的霄壤之别。

贫民区警察将底部区与巨型庇护所视为恢复生态中的两端，因此，他们会根据居民出现的地点判断此人对恢复区的利用情况。在他们看来，居民只要出现在巨型庇护所之外，即便是头部区的过渡地带，也远远不够稳定。在临近午夜传教会庇护所的五六个街区中生活的人们，各自处于自我转变的不同阶段。据警察们观察，部分居民"尚在上升阶段"，最近刚刚下定决心离开底部区，而另一些人则"正在下坠"，参与社会服务项目后却迷失了自我。因此，他们往往对出现在头部区的居民采取更加谨慎的态度，不会轻易判定其行为倾向。

这种敏感的辨别意识体现在惯常的巡逻模式中：有一种巡逻方法被贫民区居民称为"潜行"，即缓慢驶过头部区的街道，用警车的大喇叭向附近行人发布指令。曾有一次，一位警官以每小时 5 英里的速度沿联合救济会门前的圣朱利安街行驶，对着噼啪作响的喇叭高声讲话。"女士们，先生们，请注意，"他说，"你们这儿有人是想得到午夜传教会的帮助。如果你需要帮助，那么非常欢迎。但如果不是，如果你想继续毒害自己，干一些违法犯罪的勾当，我劝你赶紧离开这个街区。我不会让你影响其他积极改变的人。等你决定开始更好的生活，欢迎回来。"车开到街区尽头便掉头返回，司机对着喇叭重复这段话。在这个过程中，部分群体彻底离开了这个街区，另一些人则去往巨型庇护所院内。驱车往复三次后，整个街区只剩下五个人。

  我也曾与警察们聊起这种巡逻方式。他们表示，该环节至关重要，可以识别出居民的"真实意图"，又相对简单，甚至不用下警车。这一策略的效用根植于警察们的一种观念，即在他们"评估"居民的过程中，居民也在密切关注他们。此种观点并非洛杉矶贫民区独有，据社会学家帕特里夏·帕佩曼（Patricia Paperman）所言，许多巡警会通过自身的存在感与能见度刺激嫌疑人，使其展现出与越界行为的联系。这种联系通常表现为对恐惧、紧张或惊讶的掩饰。[41] 在头部区巡逻时，贫民区警察会主动彰显存在感，以便区分"处于上升之途"与"正在坠落"的人们，并防止后者腐化前者。

  除了根据居民的空间位置，以及他们看到警察时的反应，警察们还会依照更直接的方式，辨别个体对贫民区新规范地理环境的威胁。随着洛杉矶市生活质量法的复兴，许多日常活动被禁止，警察的法律权威大大提升。他们将临时拘留与审讯作为一种诊断工具，从而更好地确认居民使用恢复区的意向。当警察面对面审讯贫民区居民时，他们运用的方法往往与康复机构和治疗性群体的工作人员如出一辙，这方面倒是与之前提到的间接调查手段相仿。举例而言，巴里·休格曼提到，重返社会训练所的许多工作人员会采取一种"动机测试"技术，从而确认此人对康复的接纳程度、旧瘾恶习的持续影响，以及他们是否能够适应项目的结构和要求。[42] 贫民区的警官们也会用相似的手法"测试"在街边与人行道上拦截

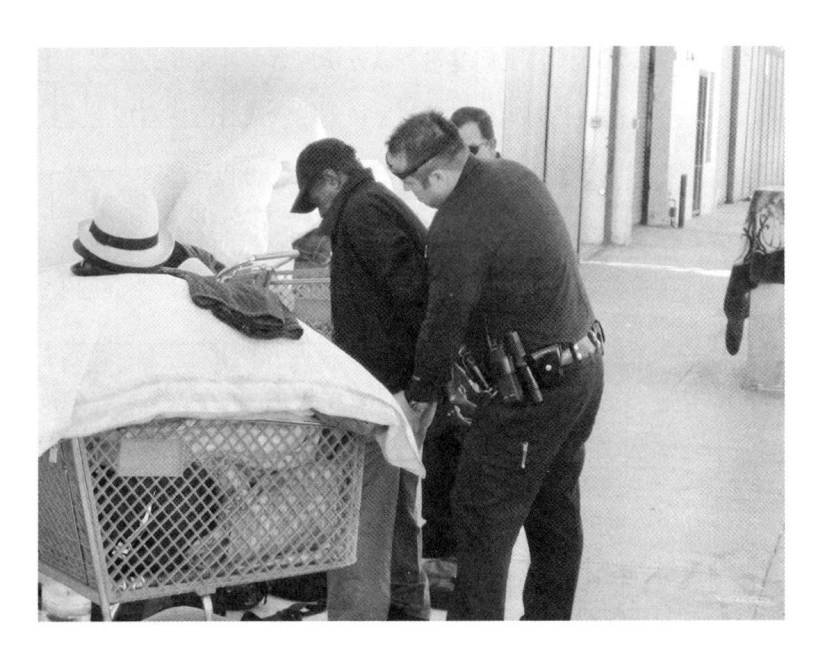

**一次例行拦截搜身**

的居民，围绕一个中心问题进行审讯："你为什么在这里？"事实上，在贫民区，很少有警察在将人拘留前，不过问对方现身此地的目的。

中央分局的领导层特别命令下属警员采取这类审讯方式，这也是我从一位日常统筹"安全城市计划"的警督处得知的。我曾向他请教，此种做法是否反映了背后更宏大的规划。"哦，没错，"警督不假思索地说道，"我们积极询问这些人待在这里的原因，有时候他们会直接承认是来喝酒或吸毒的，真的会说。还有些人嘛……他们会找个借口，比如'来看朋友'。"警督抬手比画了个引号，轻笑起来。"没错，当然，这里可不就是适合跟朋友出来鬼混吗？就好像全城都没有别的公园和地方可以逛了。这时你就能从他们的话里读出真实意图了。我们基本可以分辨出哪些人是真的在努力生活，他们待在这里是因为社会服务比较集中，或者有正当理由无家可归。这就与那些想要过流浪生活的人不同，也和外部区域的饿狼有本质上的不同。"

一位负责监督换班前"点名"的警察告诉我，在这个问题上，他都快把人说得耳朵起茧子了。"我知道他们都要听吐了，"他说着，嘲弄地一笑，"但在这个片区巡逻，最重要的工作之一就是盘问路上碰到的大部分人。不需要多久，你就能学会解读人们的反应，能看出来谁没想在这里干好事。"

结合此言论，我们注意到这样一个事实：当一个人出现在贫民区时，中央分局的警察会从其行为中解读出更多含义。若是在洛杉矶其他地区，"走亲访友""到公园游玩"等回答都是正当合理的，但到了贫民区，警察就会有所怀疑，将其视为进一步调查的依据。在警察们眼里，这些人不见得是贫民区的"居民"，而更像是"使用者"。

根据这些贫民区使用者对周边设施的运用情况，警察将他们分类排列在一段划分明确的道德坐标轴上。一端是所谓"非法使用者"，警察认为他们"固守旧的生活方式"，打算一辈子在贫民区苟活；另一端则是"合法使用者"，他们被判定怀有改善自身、最终脱离此地的真诚意图。居民若想证明自己属于后者，最直接的方式之一是向警方出示巨型庇护所的身份标识，这是他们渴望康复的有形物证。每一位康复项目的参与者都会得到自己的身份标识，上面附有机构名称、项目名称以及个人照片。身份标识的最初目的是管控巨型庇护所的人员出入，但当有证居民走出庇护所的大门，进入恢复生态中的其他空间时，他们相当于"随身携带"着经过批准的康复空间。

一天下午，我和加西亚警官站在第六大街与圣佩德罗街交叉口附近。加西亚警官正当壮年，经验丰富，与一位刚从警校毕业的瘦小的女警官搭档。在加西亚警官的指示下，两人驻守交通信号灯，专门拦截那些在信号灯倒计时开始、红灯闪烁时仍试图穿行马路的行人。[①] 他们几乎花了一小时审讯这些行人，并开具罚单。[43] 因为常在无关痛痒的小事上开罚单，加西亚警官被冠上了"罚单先生"的绰号。这会儿，他正将注意力放在信号灯倒计时开始后走上斑马线的三名男子身上。等他们走到这边，加西亚警官上前拦截，并查验身份证明。其中两名男子出示了驾照，第三名男子则递出联合救济会的身份标识。加西亚警官先是问了几个诸如"你们在这儿干什么？"的问题，对方说正打算到临近街区的小市场去。出示驾照的两名男子自称住在三个街区以西的分租房旅馆里，第三名男子则表示正在参加康复项目，住在巨型庇护所的宿舍里。加西亚警官问没有庇护所身份标识的两名男子是否也参加了康复项目。在得到否定的回答后，他写下了两张人行横道违法罚单。面对几人的抱怨，加西亚警官不为所动，威胁他们"再不走"就直接逮捕。

"为什么只对那个人网开一面呢？"他们走后，我轻声询问。

加西亚警官注视着几人离开的背影，沉吟了一会儿。"时不时也要留点儿余地。"他不容置疑地答道。似乎是为了给刚刚入职的搭档树立榜样，他的站姿更加挺拔。"刚才你起码看到有个人在努

---

[①] 美国部分地区的行人信号灯为白灯通行，红灯停止。白灯转红灯时，红灯会短暂闪烁，此时正在穿行马路的行人应加快脚步，尚未穿行的行人应在原地等候。——译者注

力改变,其他人就满嘴都是借口。你也听见了,他们使出浑身解数,就是想让我撕掉罚单。"他稍稍侧身,接下来的话更多的是说给同伴听。"如果你顺着他们,"他告诉她,"那他们有的是苦水可倒,'我的车坏了,我家老太太生病了,我的狗死了'。他们会说自己身无分文,根本交不了罚款。你也听到我说的,我跟他们说得存点儿钱!这事儿没有那么难。"他指着巨型庇护所的方向。"这里什么都有,可以拿到高中同等文凭,可以检查视力、配眼镜,还能分到几件工作服。甚至都能看牙,我的上帝啊。抑郁了,他们可以看咨询师,或者找牧师聊聊。这些都是免费的!他们还能有什么借口。这足以看出这些人对社会服务有多么抗拒。"

在加西亚等警官看来,巨型庇护所的身份标识充分证明,这名居民愿意为个人的康复负责。但若交不出这个标识,则赫然传达了相反的信息。正如加西亚警官解释的那样,身份标识之所以如此重要,是因为贫民区的康复机构提供了一系列愈加广泛的社会服务项目。就像他说的,"他们还能有什么借口"。通过这番人行横道上的警民互动,我们可以看到警察如何将非法使用者的标签从罪犯身上扩展至所有不积极利用康复资源的贫民区住户。

加西亚警官将分租房旅馆的两名住户描述为"抗拒服务者",这足以显现这种分类贴标签行为的普遍性。此类居民抗拒服务的观念在市政领导与专业执法人员间愈加盛行,他们希望将难以解决的贫困与无家可归问题归咎于个体的抗拒。正如贫困问题研究者所指出的,上述观念将结构性致因模糊化、边缘化,其中包括保障性住房匮乏、公共援助不足等,而反过来指责穷人缺乏自我管理的意愿。[44]

警官们的新看法是,巨型庇护所是解决一系列个人问题的灵丹妙药，从失业到教育水平低下，从身体疾病到精神障碍，再到最基本的贫困问题。因此，在他们看来，无论是否有住处，这些人一概抗拒社会服务，不愿意利用现有资源提升自我，离开贫民区。在此诊断下，一整套旨在培养新行为和新态度的强制举措随之产生。

## 解决问题：新型节俭干预模式

在暴民管理时代，警察倾向于用最小的努力换取最大的安宁，将贫民区的居民与外部隔离。相比之下，今天的警察们优先采用他们心目中最有利于居民康复，可以帮助居民最终摆脱贫民区的措施。由此看来，街道或服务计划是最直接有效的解决方案，可以立即将被捕者送入巨型庇护所。但这种干预方式只有在街道或服务计划社工值班时间方可实施。其他时候，警察们只得寻找替代方法，以达到相似的结果。

警察常常（对我，也对彼此）抱怨，种种实际问题与法律限制阻碍了他们带领居民进入康复环境。尽管警官们将巨型庇护所视为解决贫民区诸多问题的最佳方案，但依照规定，参与者必须是完全自愿的。警官会公开抱怨自己缺乏法律权威，无法直接将有问题的人塞进警车，然后把他们（甚至强迫）送去庇护所。2005 年，一项震惊美国的丑闻更是将中央分局推上了风口浪尖——贫民区执法机构直接将假释犯、瘾君子、精神障碍者和无家可归的流浪者一股脑儿"扔"在巨型庇护所门口。自此以后，中央分局受到了更加严格的审查。[45]

尽管警官们抱怨处处有限制，但他们已经从零容忍手段中获得了强大的资源支持。新颁布的市政条例以间接手段强迫居民改造自身，并长期坚持下去。警察会有选择地对轻微违规行为和常见活动实施市政禁令，以操纵贫民区的社会生态与奖励机制。在他们看来，过去正是这些因素导致人们抗拒服务，做出失败的决定。正如"安全城市计划"负责警督所言，"最终，制定标准是我们的工作，真的没别人干了。走上街看看，大多数人都明明白白地告诉我们，他们不愿意去做好的选择，所以我们的工作就是帮助他们做出正确选择。如果他们硬是不愿意，不想过好日子，离开这里，那我们必须介入"。

强迫个人"做出正确选择"的努力主要体现在四个干预措施上：1. 惩罚长期居住者；2. 强制永久流动；3. 限制替代资源的获取；4. 保护脆弱的潜在社会服务对象。通过这四种巡逻措施，警官们试图为贫民区的居民灌输自省、自律和未来导向的意识，最终使其走向康复。除此之外，警察在庇护所之外就开启了自我完善的过程，确保居民更容易适应未来的项目要求，从而提升康复信念和成功率。恢复管理固然为我们提供了一个理解洛杉矶贫民区、其居民以及警方在巡逻中的职责的组织视角，但警察个体之间仍然存在明显差异，各有其巡逻偏好。据我观察，每一位警官最终都会在巡逻中运用上述四种措施。然而，他们也会对其中一两种表现出偏爱，这主要与他们自身的背景、巡逻安排和对恢复管理的个人理解有关。

**惩罚长期居住者**

鉴于警察欲将贫民区打造为过渡性质的功能区域，那么长期居住于此就相当于不愿意认真康复。因此，合法使用贫民区就有了时间限制，尤其是在巨型庇护所大量涌入之后。一位警官曾告诉我："这里集中了那么多服务机构，我们意识到，真正想要生活变好的人很快就能得到帮助。他们可以充分利用社会服务，很快离开这里。也就是说，大部分留在这里的人都是自己选的。"警察们得出结论，认为人们在贫民区，尤其是底部区停留的时间越长，就越容易依恋这种"生活方式"。这就带来了一个严重的问题——长住于此的居民会削弱其他人的康复意愿。

为了消除这种影响，部分警官会有针对性地执行生活质量法，根据人们在贫民区的居住时长做分级处罚。最常使用这类手段的，是那些高度融入管辖社区的警官。他们会以说得出居民的名字与背景为荣，常常分发名片，鼓励居民有事就来找自己。深入接触以后，他们能更快区分新来者与长期居民，从而通过执法（作为威胁）防止前者变成后者。

马歇尔警官和迪亚兹警官就是其中的典型。在某次巡逻中，他们发现两名黑人男子正用棕色纸袋包住铝罐喝啤酒。马歇尔警官走过去，叫出了其中较年长者的名字。"真是见了鬼了，查理，"他摇着头说道，"又干这事？老规矩，把酒倒了。"那两个人漫不经心地窃笑着，却也立即将铝罐里剩下的都倒进了排水沟。马歇尔警官伸手指着年轻的那一位，对查理说道："又找了个人陪你喝酒，想让人家堕落成你这样吗？"

"哎哟，老兄，"查理醉醺醺地大笑道，"这可是我的老乡。"

马歇尔警官看向年轻小伙："我以前没见过你，以后最好也别让我碰上，好吗？相信我，当这家伙的'老乡'真不怎么样。"他顿了顿，望向西边的第六大街，继续对这名年轻男子说，"你走吧，把这个老乡交给我们处理"。马歇尔警官指向两个街区外午夜传教会的亮白色外墙。年轻人似乎很惊讶能够轻易脱身，但他没有迟疑，迅速穿过十字路口，向巨型庇护所的方向走去。马歇尔警官在背后喊道："别再让我见到你，听明白了吗？"而后，他转身走向查理，给他戴上手铐后进行搜身，开始训诫："这都多少次了，什么时候能长点记性？"而后，警察们花了几分钟与调度员沟通，确认查理身上是否有未执行的逮捕令。查理提供了一系列个人信息，包括他的现住址——主街上的一家住宅旅店。通过逮捕令检查后，查理被开了一张"持有打开的酒精饮品"罚单[《洛杉矶市政法》第41.27（d）条]。马歇尔警官在转身离开时对查理总结道："你得明白，要么改过自新，要么永远这样，全看你自己。"

马歇尔警官的干预方式与比特纳提到的大个子吉姆和达科塔案例有些相似。[46] 在比特纳的案例中，节俭干预模式要求警察只得对两人中的一人动用正式法律程序。[47] 然而，马歇尔警官的案例并非以选择性执法来防止犯罪，而是有意识地将现有的法律作为战略运用，教导两人以正确的方式"利用"贫民区的资源，引导他们走向理想的康复轨道。事后，马歇尔警官与迪亚兹警官对选择性执法的解释是，他们坚持认为，若提高查理长期居住的代价，最终会促使他倾向于康复，并离开此地。

**强制永久流动**

刚刚提到，部分警官采用分级处罚的方式阻止人们长期定居于此，但也有警官会直接利用生活质量法阻碍定居。这种做法来自中央分局常常阐述的一种观点，即当人们被允许在某个地方无所事事时，他们很容易染上问题行为，尤其是使用或售卖毒品和酒精。于是，警官们再次诉诸在人行道上禁止坐、躺或睡觉的市政条例，保证贫民区空间内的人员流动。他们经常将警车停在街道的一端，步行穿过整个街区，向遇到的人开罚单，或指示其"动起来"。在某次行动后，一名警官告诉我："忙着走路，就没空点燃快克烟管。"无论是否有人询问，警官们都会坦率地道明他们自由裁量执法的理由。

高级警员托马斯尤其倡导这种做法，甚至用整整一个版面的篇幅教导贫民区居民，开罚单和实施逮捕的一个重要目的是让他们保持流动：

> 我在这一片区执行人行道条例，其实和在人行道上坐着或睡觉本身的关系不大……在贫民区，人们坐着或睡觉并不是为了"维持生命"。白天他们坐着是在吸毒，睡觉很可能因为连嗑了四天药，或者因为海洛因摄入过量而不省人事。他们一旦坐下来，那些我们还没抓到的药贩子就会把人行道看作毒品交易的绝佳市场。贫民区有不少好项目……但一走出庇护所的大门口，就有药贩子等着你，很难……成功康复。

在这篇文章中，托马斯明确阐述了警察如何利用针对性的自由裁量执法手段来阻止涉毒行为，即使只有短期效果。在他们看来，上述与毒品有关的行为严重削弱了巨型庇护所的吸引力。这些瘾君子需要在相对舒适的环境中熬过毒品的副作用与戒断反应，警察们进而坚信，可以通过剥夺这类空间迫使人们反思自己的不良选择。于是，警官们对居民的错误决定反复说教，甚至被控诉为警察骚扰。正如一位高级警员解释的那样："想象一下，每当你打算一醉方休，都会被人叫醒，可能转天，你又动念头想喝酒了。慢慢地，你就想找一个温暖安全的地方，比如午夜传教会，在那里，你不用整天被警察盯着。"

**限制替代资源的获取**

为操控行为动机，最终促使人们离开贫民区，洛杉矶警方采取的第三种酌情干预措施是充分调动市政条例，以限制居民获得康复设施与项目范围外的关键资源。与上一章详述的禁止慈善食物分发的"供养条例"逻辑相似，中央分局的许多警官认为，居民之所以"抵制"社会服务，是因为他们反感巨型庇护所的严格规定。他们的逻辑是这样的：人们若想从巨型庇护所获取食物、衣服、床位或职业培训等资源，必须承诺持续改变个人的行为模式，包括彻底戒毒戒酒、愿意从事日常体力劳动，以及参加各种课程。居民更希望在不付出上述代价的情况下获取重要的生存资源，一旦能够达到目的，他们便无须遵从自我改善项目的要求。因此，部分警察为促使居民参与康复项目，会设法阻止其直接获取所需资源。

最常采取这种策略的警察，往往认为自己与贫民区居民有诸多共通之处。以曼尼为例，退伍老兵是他特别关心的群体；以部分拉丁裔警官为例，贫民区移民群体的困境会让他们想起同为移民的父母。同样，一些黑人警官回忆起自己在洛杉矶中南部的成长经历，以及家庭中父亲角色的缺失，也更容易在巡逻中产生共情。与曼尼

第五大街与圣佩德罗街拐角处"无所事事"的行人

相似，这些警察也会以监护人自居，认为自己有责任引导居民走向更好的未来。在该策略中，时间维度同样突出。每个星期日，各路独立慈善组织与宗教团体都会来到贫民区，提供各类慈善物资。午后，来自南加州各地的教堂会众集体出动，向居民分发食品、衣物和咖啡等援助物资。

随着"安全城市计划"落地，一些巡警会前去阻挠上述慈善之举，从而限制居民不参加康复项目而维持生计的渠道。某日下午，我目睹了曼尼与搭档阻止一个教会团体提供免费食物的全过程。分发食物的共有三名女士与两名男士，他们身着去做礼拜时穿的好衣服，在一张可折叠的小桌旁分发三明治。这是一条平日里通常无人经过的小路，这会儿却排起了长队——报告显示，贫民

某日清晨，人们排队领取天主教工人组织提供的燕麦片

区 60% 以上的人，无论是否有居所，都把领取免费食物当作日常食物来源。[48] 在折叠桌的另一边，大约有 20 个人排好队等待开饭。教会工作者们微笑着递上三明治，快速道出一句"上帝保佑你"。拿到食物的人们各自在路边或靠在附近的水泥墙上，开始享用三明治。

我紧跟在曼尼和他的搭档身后，快步走向桌边。几个正在吃饭的人迅速起身，向相反方向离开。我们走近后，一位女性教会成员微笑着对警官们说："下午好，警官，您要不要来一个火鸡三明治？"

曼尼堵在桌子前，将排队等候的人们隔在身后，以此回馈对方的礼貌寒暄："不用了，今天我们不吃三明治，谢谢。"

"那要不要来点水？"一位男士又说，拿起一小瓶箭头牌矿泉水。

"不了，水也不用，谢谢。"曼尼的搭档回答道。警官获悉这些慈善者来自洛杉矶中南部的一座非裔卫理公会圣公会教堂。经过几分钟的例行询问，他们将打断食品分发的真正原因告知对方。"所以，很可惜，今天我得请您收摊了。我们理解您是想来帮忙，很多教会都是抱着好意来，但你们没有意识到，只是在街上分发食物，其实会让事情变得更糟。"

"让事情变得更糟？"另一位女士满怀戒备地问道，"让饿肚子的人有饭吃怎么还有错了呢？"

"嗯，原因有很多。"曼尼依然平静，"当下你或许很难意识到，但等你们离开这里，我们才是留下来处理这一切的人。"

这名女士的情绪显然愈加激动："处理什么？"

"首先是垃圾，看到这个了吗？"曼尼从桌上拿起一只泡沫塑料盘子，"水沟里会扔得到处都是，招来老鼠和蟑螂，甚至疾病。这里有一群免疫系统受损的人。您也不想让他们生病，是不是？"

"我们走之前一定打扫干净，"一位男士说道，"我们保证。"

这时，曼尼的语气变得强硬起来："不只是垃圾和老鼠的问题，这里的人需要的是帮助，而不是食物。附近教会都能为他们提供食物，一日三餐，但你知道他们为什么不愿意在教会吃饭吗？因为在那里不能酗酒或嗑药，也不让打架。他们必须遵守规则，可很多人不愿意遵守，他们只想待在这里，继续做那些让他们沦落至此的事情。所以很多人自以为他们在帮忙，但其实是在伤害这些人。如果你真的想帮忙，我们这有很多机构缺志愿者，欢迎报名。请不

第二章 从暴民管理到恢复管理 　　113

要把时间花在奖励他们把生活搞得一团糟上面。"

面对如此强硬的解释，几人却毫无退缩之意。男人继续反驳道："我能理解，但我们不过是给这些人补充一点营养，为他们祈祷而已。我们没有违犯任何法律，警官。"

从理论上讲，他说的没错。由于洛杉矶市议会尚未通过禁止在街边分发食物的法令，这个教会的做法并不受本市法规约束。即便如此，警方仍有法律资源可以利用。洛杉矶市模糊不清的生活质量法，尤其是"不合理地干扰行人自由通行"这条禁令，为警官提供了实现其目的的替代手段。

"听着，"曼尼显然已被激怒，他向仍在排队的一小群人抬手示意，"你们现在堵着人行道，我立刻能给你们开罚单，如果这就是你们想要的结果。"随后，他又指了指教会团体停在几米外的那辆运动型多功能汽车说："这里是禁停区域。"

"不用，不用，不必这样做。"另一名男士立刻回应，让其他几位成员安静下来，"我这就挪车，没必要开罚单。可以等我们一分钟收拾东西吗？"

"可以，"曼尼答道，"别等我回来再啰唆一遍。"

"不会，肯定不会。"还是这个男人向他连连保证。

曼尼的搭档似乎接受了他的说辞，临走前提了几句建议："就像他说的，如果您真想帮助别人，可以打电话到局里，很多地方都需要志愿者。有很多更好的方式，相信我。"2009年，贫民区警官开始有规划地向慈善团体发出正式提议，为分发食物的团体派传单，上面印着经过批准的社会服务设施的名称、地址和电话号码。[49]

离开此地后，曼尼开始向我简述此次行动——这已成为我们的惯例。警察将街头做慈善的人统称为"施善者"。曼尼这样解释他对"施善者"的处置方式:"人们在这里不能像度假一样,在某种程度上,你可以说我们的一项重要工作就是尽可能让人们在这里过得不舒服,跌到谷底,最终进入一个传教会庇护所。"因此,禁止街边分发食物的实际目的就是要让贫民区的居民挨饿,从而迫使其寻求康复机构的帮助。[50]

**保护脆弱的潜在社会服务对象**

为了降低警务干预的经济成本,部分警官采用了一种特别手段,即辨别他们认为更可能进入康复项目的人,并主动出击。用一位高级警员的话说,这种工作方式"更聪明"。中央分局中有部分警官对女性实行特别干预,认为她们更易接受社会服务,并遵照要求改变自己的行为。这些警官会在巡逻过程中分发自制的洗漱用品,包括女性卫生用品、保湿霜和剃须刀,还会参加"女士之夜"之类的活动。"女士之夜"是一位高级警员创办的公益聚会,为女性居民讲授自我防卫知识,并针对家庭暴力与性侵犯的报案提供指导。曾有一位警官向我解释聚焦女性的意义。"对付女人就简单多了,"他说,"她们没有那种铁血硬汉的大男子主义作风,也没有帮派分子的心理问题,不会整天跟人打架。所以,一旦她们开始接受帮助,就会更快适应现状。"即便如此,警方依然时间紧迫,因为女性也更容易成为犯罪分子的目标。"女人在贫民区待的时间越长,"一位巡警告诉我,"受到的虐待也就越多,她们会对人失去信任,因为每个人都想占她们的便宜。"

为了防止女性滑入信任崩塌的深渊,警察们会抢先将她们逮捕，询问其人身安全现状，而后进行违法处罚，以便将其转移至社会服务机构。华莱士警官负责贫民区西部的巡逻工作，是上述策略的主要践行者。有一次，我和他站在第五大街和洛杉矶街交界的拐角处。我注意到他目不转睛地望着一行中年人——一名女子和三名男子——穿过十字路口向我们的方向走来。这名女子正和其中一名男子争执不休，相互漫骂，另外两名男子则时不时发表意见，以支持男方。马路过到一半，女子突然在男子的肋骨处推了一把。对方立刻提高了音量，气势汹汹，似乎随时准备动手。见状，女子加快了脚步，像是要远离他们。但当他们走到我们跟前时，男人已追上了她，在她耳边低声但强硬地说着什么。就在这时，华莱士警官拦住了这群人，要求每个人出示身份证件，并询问其目的地。他们都出示了庇护所的身份标识，说是要前往另一个街区的市场。华莱士警官没有深究下去，但没有放过那名女子。

"他们是你的朋友？"三名男子走后，他问道。

女人这时才慢慢冷静下来："谁？他们？哦，是啊。"

华莱士警官继续问道："你确认吗？看起来可不是这样啊。"

"他就是在犯浑，"她却不愿多说，叉腰站着，显然有些不耐烦，"我能走了吗？"

华莱士警官皱起眉："再等等，你确认没事吗？你真的没有什么危险情况要告诉我吗？"

"我跟你说了，"她回答道，"他就是脑子有点儿问题，我得走了，好吗？我能走了吧？"看到华莱士警官开始写罚单，她忍无可忍道："你要给我开罚单吗？现在？"

"你闯红灯了。"他埋头写着，头也不抬。

"你扯淡！"

"听着。"华莱士警官沉声道，用笔指着对面的女子。她愤愤不平地仰起头，脚点着地面，紧咬着下唇，像是在强压怒火。"听着。"华莱士警官提高音量重复道。女人看向他的眼睛，警官这才继续说下去。"我给你开罚单，但是，"他顿了顿，"你不用交罚款。"看到她不服气地昂着头，他又停了下来。"你在听吗？好好听着，"他命令道，"午夜传教会有个律所，你把罚单交给他们，他们会帮你解决的。你要做的只是找到他们，沟通几句，那里有咨询师和社工，你只需要做这么多，好吗？然后他们就会把单子撕掉。你能做到吗？"

这名女子表示抗议，于是华莱士警官将指示重复了一遍。两人持续争论了几分钟，直到她认识到华莱士警官不可能收回罚单，她只得将罚单一把塞进牛仔裤前面的口袋里，朝同伴离开的方向追过去。

在之后的田野调查中，我一直留意这个女人，但我和华莱士警官都再也没有见过她，也不知道她有没有带着罚单到律所去。不过，华莱士警官似乎没有感到困扰。"她很可能会回到那种不健康的关系中去，"他惋惜道，"但至少我让她知道，还有另一种出路。可能还需要点儿时间，但总有一天，事情会发展到临界点，她会准备改变自己的生活。"他与同事们一样，希望持续不断的警民互动能够让"另一种出路"变得明晰。此刻，他已经履行了自己的职责。

华莱士警官依循常规处理方法，将女子从伤害她的同伴身边拉开，并将她引向社会服务机构。这种做法与20世纪中后期流行的暴民管理模式截然不同，后者展现出明显的非康复性质。如果说暴民管理流派强调的是隔离和社会阻绝，那么恢复性管理则将贫民区视为具备康复功能的专用空间。[51] 今天的警察不再将贫民隔离在视线之外，而是希望改善他们的生活，帮助他们重返社会。为此，警方通过改良认知框架，对遇到的人、地点和情况进行解读，并赋予其意义。在评估特定情景时，警官也不再以其对贫民区遏制计划构成的潜在威胁为标准，而是关注该情景对居民康复造成的威胁。除此之外，当代警察明确采用了治疗性节俭干预模式。在重新界定洛杉矶贫民区的概念与警务责任后，他们会审慎衡量自己的干预措施能否高效地将居民引向自我改良的正确轨道。他们运用零容忍手段所赋予的自由裁量权，劝服居民做出更健康、更负责任的选择，提升自我管理能力。

尽管上述观念普遍盛行，但中央分局内部不止有一种声音。也就是说，警察个体间的差异不只体现在恢复管理具体措施的选用上。在田野调查中，我也遇到了一小部分警察，他们对治疗性警务的理想与任务不太热衷。尤其是希尔警官，他似乎根本不认为贫民区的居民还有被拯救的可能。无论是对我、对他的搭档，还是对居民，他从未在对话中表露出自己是为居民好的意图。他似乎只关心一个问题：是否触犯了法律。事实上，希尔警官对贫民区的人似乎只有厌恶。每次与居民打交道，他都会迅速套上黑色乳胶手套，还要在双手和前臂上涂满消毒剂，嘴上不停抱怨这些人有多"脏"。在我观察过的所有警官中，希尔警官没收财产的速度最快，经常从无家可归者的手中收走储物箱、毯子和背包，并将它们锁进警车的后备厢里。他还频繁给附近的商业改善区办公室打电话，请他们扣

贫穷有罪？：洛杉矶贫民区的治安与日常生活　　118

押警车带不走的购物车、大件行李和帐篷等。遇上希尔警官出警，无家可归的人很可能失去全部家当，只留下一张罚单和满肚子的困惑。

有趣的是，尽管希尔警官与曼尼警官对贫民区居民抱着截然相反的责任意识，但他们的干预措施却带来了高度相似的客观结果。曼尼常常满怀善意地说教或握手，但他也和希尔警官一样没收居民的财物，特别是针对退伍老兵。他的做法同样会导致人们的物质条件进一步恶化。也就是说，在对治疗的态度上，最积极与最消极的警官会采取惩罚性相当的巡逻措施，它们都会使贫民区居民的生活难以为继。

在中央分局日益倾向于恢复管理的背景下，希尔警官代表的少数群体也在缩减规模。随着托马斯、加西亚、罗德里戈斯等警官的资历不断提升，他们开始动员巡警分发关于贫民区新面貌的宣传文章，教导新警员利用违法处罚引导居民改善自我，以将居民从街头转移至巨型庇护所的能力作为评价其他警察的标准。他们积极地将恢复管理及相关措施确立为制度，使之成为中央分局组织文化的一部分。另外，由于警察可以自行选择分局委派的任务，相当一部分巡警将日常的巡逻工作视为外展社会工作的形式。以摩根警长为例，尽管他也对零容忍策略导致的自主权丧失心怀不满，但他认同沿街乞讨是一种逃避正规劳动力市场上的"真正工作"的做法，必须被废除。

从更加学术的视角来看，近年来对贫民区居民与其越轨及犯罪行为的新认知，代表着由"异类的犯罪学"到"同类的犯罪学"的转变。[52] 前者将差异视为本质性的，即任何违反社会正常秩序者，究其本质，都是异于"我们"的。或许有极少数人能通过改造重新融入社会，但大多数被认定为无药可救的人很快就会被集中隔离，放逐至洛杉矶贫民区等类似区域。与之相反，"同类的犯罪学"认为违反社会秩序的人本质上还是正常的理性消费者，"就像我们一样"。于是，重返社会就是唤醒（或恢复）他们"做出正确选择"（警督的原话）的能力的过程。因此，长期赤贫者会被视为有意贫困。他们仍在继续做出"错误"的选择，就应当受到严惩。

对于这种观点及其指导下的干预措施，需提出以下问题：巡逻措施是否有效？它们是否真正促使贫民区居民更加自律，并做出更好的决策？与那些接受警方惩处的居民共同生活一段时间后，我发现，警方规训带来的持续威胁，确实推动人们改变了生活方式。为减轻警察工作给日常生活带来的压力，贫民区的居民往往诉诸极端手段。他们做出了改变，但不是警察所期望的那种。相反，居民摸索出新的破坏性方法，以转移、操纵和阻挠警察执法及其家长式的命令。我将在第二卷对此进行详细介绍，说明无孔不入的侵扰性警务工作如何激化矛盾，催生出贫民区的日常抵抗文化。一方面，居民的各种抵抗方式为他们保住了自主权，使其免受警方干扰；另一方面，这些策略也可能会加剧社会分裂，让居民在社会交往、经济与道德方面更加边缘化。

# 第二卷

# "条子智慧"的进化

第三章

# 生存训练

那是 8 月的一个午后，酷热难耐，我站在午夜传教会外的圣朱利安街边。脚下的沥青路面反射着阳光，排水沟的浅洼里蒸腾出阵阵尿臊味。和往常一样，街边随处可见垃圾废品，人流络绎不绝，却有一人称"斯蒂尔"的彪形大汉，对熙攘喧闹的环境视若无睹，手握着沉甸甸的杠铃，身边摆放着各种样式的哑铃、PVC 管和其他自制的举重器械。每次将杠铃举至下颌，斯蒂尔都会发出一声闷哼，汗水顺着玉米辫的间隙淌下，消失在长袖牛仔布衬衫里。斯蒂尔已经 53 岁了，但我依然能够透过特大号衬衫看到他隆起的背部与肱二头肌。斯蒂尔重重呼出最后一口气，将杠铃递给了身边的男人，待其用完后依次传下去。

这个团体大约有 13 人，他们紧密地围成半圆形，每周一起锻炼三至四天。通过日常锻炼，他们在动荡的贫民区中组建起一个规模虽小却颇具凝聚力的团体。在体力消耗的呻吟声中，男人相互攀谈，边讲荤段子边讨论时事。今天的热门话题包括预测洛杉矶湖人队在即将到来的篮球赛季的表现，以及超模泰拉·班克斯的美貌不及当年。但就在嬉笑吵嚷十分钟后，他们突然陷入沉默——洛杉矶警察局的一辆警车正缓慢驶来。他们僵在原地,目光投向天空。等警车调转方向,从视线中消失后,他们才重新回到健身器材旁,有人嘟囔了一句:"他妈的蠢猪。"

身形健硕的托尼率先引出话题,事关他们的另一个成员。"你们听说了吗?萨米昨天进去了。"

"那个蠢货?"斯蒂尔应着话,弯腰拿起一对哑铃,"不奇怪,那傻子早晚被抓起来,凌晨两点钟还在街上乱晃,和那群可疑的女人泡在一起,还能有什么好下场?"

一个身形矮胖,人称"大罗恩"的男人表示同意:"我早就跟他讲了,他就是不听。我告诉他要认真锻炼,别整天喝酒,该撸铁了。男人得身体好了,脑子才能好。"

"他最好早点儿想清楚,"斯蒂尔不容置疑地补充道,"要不然就尽早习惯囚服吧。"

在之后的一个小时里,他们互通了贫民区警察活动的消息,这也是他们最常探讨的主题。他们会提到谁"被抓了",聊聊自己最近受到的违法处罚,并详细讲述近期听到、观察到或亲身经历的冲突事件。健身结束后,他们朝不同方向离开。大罗恩看到两名骑警正牵着马穿过十字路口。警官们盯着他们之中一位肤色较浅的黑人戴斯,此时他正向着警察的方向走去。大罗恩连忙喊道:"嘿,小伙子!"戴斯转过身来。"希望下周还能在这儿看见你,今天警察(此处使用的暗语)动作挺大的,"大罗恩指向两名警官,"学聪明点儿,乱搞的下场就是跟萨米在牢房里大眼瞪小眼。"戴斯点了点头,走开了。

但事实证明,戴斯还是不够"聪明"。他不顾大罗恩的警告,两天后在分租房旅馆外闲逛时被捕。他只在监狱里待了一晚，第二周如约参加了健身活动。大罗恩他们稍微骂了戴斯几句，随后开始就如何避免被捕给出了详细指导。男人们一边做着俯卧撑等体能锻炼，一边开展了另一种截然不同的训练。

治疗性警务以其无孔不入的监视与管制，深刻影响着贫民区的文化环境。自本章起，我将展示街头层面的贫困治理模式如何在贫民区激起回响，直至警察离开现场后也久久不能平息。面对警察介入、惩罚和规训的持续威胁，居民们制定了一系列周密的应对策略，以逃避、转移并破坏警察的强制性干预。这些"日常形式的抵抗"为贫民区的人们提供了一种衡量自身行为、解读个人经历的特别模式，从而在"共同意义、价值乃至文化生产与再生产的过程中发挥积极的作用"。[1] 居民们的策略与"日常生活的社会纹理"紧密交织在一起。在这种"富有生机却压迫十足的社会环境"中，人们逐渐了解自己、他人以及更广泛的社会。[2]

本章聚焦斯蒂尔与他的健身团体，为读者展现居民能够在多大程度上重新管理自己的日常生活、伙伴关系乃至身体状态，以应对无处不在的执法者。为减少与警察不必要的接触，避免牢狱之灾，斯蒂尔等人已钻研出一套复杂完善的技术。我在前面的章节阐述了警察如何利用法律改造洛杉矶贫民区的居民，本章则站在居民的角度，向读者展示他们抵制警务管制的各种做法，他们最终以本土化的方式努力改善自身，达到恢复的效果。整个过程是与治疗性警务截然对立的。本章还将探讨居民抵抗策略的矛盾本质，阐明这些手段如何进一步推动当地社会原子化。

## 欢迎来到炼狱

我和斯蒂尔的交往始于他主动向我提出忠告。现在回想起来,这个开场确实是他的风格。"你真想好好练?"他说这话时,正在格拉迪斯公园新建的单杠上做着引体向上,我也在旁边锻炼身体。"想练好这个,你两手之间的距离要远一点,像这样。"说着,他迅速做了五个引体向上,秀出那惊人的臂展。从单杠下来后,他自我介绍了一番,邀请我也尝试看看。我自然从善如流。在接下来的半个小时里,斯蒂尔依次向我展示了如何用一根单杠锻炼到几乎所有肌群。"很长一段时间以来,我就靠这个锻炼。"他自豪地指着那根细杆,"它就是我的健身房。在这个地方,你必须让手边的东西发挥最大的作用。"借着这个机会,我向他解释说,我想要了解贫民区的日常生活。他点了点头,算作认可。

但当我提到警务方面时,他迅速打断道:"你一直跟那些警察混在一起?"他的语气多少有点尖酸刻薄,我不知怎么回答。他再次向我提出忠告:"听我的,不要相信他们宣传的那些东西,知道吗?随便他们怎么抹黑,这里不是所有人都在违法犯罪,像我这样的黑人兄弟也有的是。他们都在拼命远离那些烂事,好好过日子。在这儿可没那么简单。"斯蒂尔邀请我两天后参加他们兄弟间的定期聚会。如今看来,他这是急于向我证明自己的观点。在之后的几个月里,我多次与他们一同健身,逐渐认识到他们在贫民区立足的核心要义是,将自己与"一般的"贫民区居民区别开来。

斯蒂尔作为团体内的灵魂人物,将健身技巧与生活经验一同传授给他的兄弟们。斯蒂尔从小生活在洛杉矶中南部的普韦布洛德里奥住房项目区，曾因多项抢劫罪入狱 7 年，近期才刑满释放。他的一生与快克可卡因和"普韦布洛主教血帮"交织在一起。自 21 岁首次被捕后，他多次获刑，累计达到 17 年。两次被判重罪后，斯蒂尔意识到，根据加利福尼亚州的"三振出局"法，若再有第三次，他将被判 25 年至终身监禁。为了改变命运，他发誓离开普韦布洛，再也不回去。出狱后，他来到洛杉矶贫民区，此地刚好位于洛杉矶庞大的监狱系统与他在中南部的老家之间（无论在地理上还是象征意义上）。

踏上这条迁移路线的显然不止斯蒂尔一人。自"安全城市计划"施行以来，前所未有的超高违法处罚和逮捕率让更多人在贫民区、双塔监狱、洛杉矶中央监狱与州内错综复杂的惩教机构内流转。因此，贫民区成了南加州地区刑满囚犯重返社会的集中过渡区。据估计，洛杉矶市三分之一的假释人员居住在这 50 个街区中。[3] 在狱友和监狱工作人员的建议下，斯蒂尔在洛杉矶传教会保留了一个床位。

然而，贫民区虽汇集了各种重返社会的资源，其生活环境却极易削弱人们的清醒意志，让他们忘记远离刑事司法系统的决心。斯蒂尔运用在监狱中学到的康复技术，为自己制订了一个"远离麻烦"的计划。在他最近的一次监禁期间，他把大部分时间都花在了"负重铁片"上，在许多监狱的训练场上都能看到这类器械。[4] 斯蒂尔有时会说，正是监狱里的这些负重铁片拯救了他的人生。"它让我逃离了身边的垃圾环境，"一天早上，他坐在长椅上为我讲述他的人生故事，"自从我开始和老大举铁，[5] 就不再和以前认识的那些蠢蛋混在一起了。我开始戒掉毒瘾。我意识到，只要我还在用毒品

第三章 生存训练

和酒精损害自己的肌肉,那么举多少铁都没用。想要变得强壮,必须照顾好自己的身体。"刑满释放时,斯蒂尔已经增加了25磅肌肉。

斯蒂尔说,出狱后保持锻炼习惯是"自然而然的"。每天早上,当庇护所给他们清理床铺时,斯蒂尔都会到格拉迪斯公园健身两个多小时。斯蒂尔时不时就会碰上之前在监狱里的朋友,这也证明贫民区汇集着大量有前科的人。他和大罗恩就是这样重逢的,大罗恩愿意让他睡在自己公寓的地板上。成为室友后,他们更加积极地践行从狱中学来的健身生活方式。他们到处捡拾举重器械,在圣朱利安街和格拉迪斯公园创建起"贫民区举重区",用一辆嘎吱作响的破烂红色购物车将器械在大罗恩的公寓与举重区之间运来运去。在接下来的几个月里,两个人在贫民区吸引了其他参与者,有几个人也有前科,同样希望戒掉缠身的毒瘾和酒瘾,远离牢狱之灾。

和这些人聊天时,我发现他们来到贫民区与加入这些健身团体的原因有些相似。当时的他们既无资源,又别无选择,贫民区似乎是最适合他们的去向。即便如此,他们心里并不情愿,为住在如此臭名昭著的区域而羞耻。这种情绪相当普遍。地理学家珍妮弗·沃尔奇和迈克尔·迪尔曾对洛杉矶地区住房不稳定的人展开调查,发现受访者们往往会避开贫民区的房源。[6]沃尔奇与迪尔的报告指出,"对他们而言,贫民区仿佛炼狱"[7]。这种厌恶不仅来自物质的匮乏,更是源于贫民区的负面形象,即它的"地域污名化"。社会学家卢瓦克·华康德表示,当这片孤立而界限分明的区域在经济和社会方面都被边缘化,它便成为"放逐者的居住区",被视为社会的垃圾站,只有被社会遗弃的废物才会沦落至此。[8]住在贫民区注定背上"地域污名化"的负面影响,这个地方往往与极端贫困、种族或犯

在格拉迪斯公园做引体向上的男子

罪记录联系在一起。由此一来，人们心中的自我认知与地域强加的身份之间便产生了矛盾。

聚集在斯蒂尔身边的人们往往受这种冲突感的困扰，特别是那些在洛杉矶中南部长大的男人，他们对贫民区有先入为主的成见。他们不甘心沦落至此——竟要与自己曾经轻视甚至压迫过的人们生活在一起。当我问大罗恩，入狱之前会不会来贫民区"玩"，他的反应简直像是听到了笑话。"老天，绝对不可能，"他激烈否认，"我们只有急着卖药的时候才到附近来。那些嗑药的一看见我们兄弟几个，就一窝蜂地拥上来。"他还用手指模仿着小昆虫跑来跑去的动作。"结果现在我走到哪儿都要和这帮浑蛋打交道,被他们包围了。他们还总想跟我说话,好像我们关系挺好似的,问我手上有没有药。"他的语气变得激烈,"他们凑过来的时候,我心想,'我看着像这破地方的人吗?'"他似乎是在问我,也可能是在质问一个想象中的对象。他扬起眉毛,张开双臂,做出欢迎检视的姿态。

大罗恩的言辞彰显出地域污名化的主要影响之一:突出"下层差异",并激化二次边缘化。华康德指出,背负骂名的贫民区居民为了挽救理想的自我认知,往往会互相谴责、疏远,强调只有身处底层才能感知到的微观等级之分。[9]他们也加入了讨伐的行列,将矛头对准熟悉的替罪羊——"流氓"、"福利骗子"以及大罗恩口中的"嗑药的"。[10]在贫民区举重区的人更是常常使用这类词语,解释他们如何被这个团体吸引而来。让我们以身材魁梧、温言细语的蒂雷尔为例。2006年,蒂雷尔离开贫民区以北200英里左右的加州男子殖民地监狱,用"释放费"①买了一张前往洛杉矶的巴士票。他听从狱友的建议,从灰狗巴士车站步行穿越两个街区,来到贫民区。"一到这里,我心里就想,'该死,以后我的生活就是这个鬼样子了'。但当我看到那些兄弟时,就不再感到孤独了。"他打了个响指,"我知道他们不会像其他人一样,整天无所事事,只会毒害自己。上帝指引我们相遇,我们是一类人。"

然而,地域污名化也带来了严重的实际影响。它重塑了居民与州立机关之间的互动,尤其是与警方的互动——警察们可能会根据"本能性的对异常,或者说犯罪行为的怀疑",调整他们在污名化

---

① 释放费(gate money),美国部分州(含加州)规定在服刑人员刑满释放时,给予其一定现金。——译者注

地域内的行为与工作程序。[11] 贫民区的居民很快就意识到，警察们不加甄别地怀疑每一个人，进行拦截和搜身。斯蒂尔的团队中有一名梳着脏辫的男人，名叫特克斯，他刚到贫民区附近不过几分钟时间，就被戴上了手铐。从男子中央监狱被释放后，他拖着破旧的绿色手提箱步行 1.5 英里来到贫民区。[12] 经历一番长途跋涉，他感到疲惫，于是放下行李，从路人那里买了一根烟，也就是当地人口中的"散售烟"（loosie）。但还没等他从口袋里掏出硬币，两名警察就骑着自行车前来将他拦截，给他戴上手铐，在附近的墙边搜查他身上是否藏毒。尽管没有发现任何违禁品，警察还是给他开了一张罚单，因为他行李摆放的位置触犯了《洛杉矶市政法》第 41.18（a）条，该条例禁止阻碍人行道。他那时的收入只有每个月 221 美元的一般救济，根本付不起这张将近 200 美元的罚单。因此，特克斯压根儿没有理会这张罚单。但他没想到，在接下来的 8 个月里——其间他住过分租房旅馆，也睡过大街——这个罚款已累积至 500 多美元，还附带了一张逮捕令。一天早上 6 点 15 分，他因违反《洛杉矶市政法》第 41.18（d）条而被赶出了帐篷。这项条例禁止早 6 点至晚 9 点在人行道上坐、躺或睡觉。警察根据他当下的违法行为、未执行的逮捕令和未偿清的罚款而将他逮捕。入狱三天后，法官判处特克斯缓刑 12 个月，追加 195 美元罚款，并警告他，今后任何罚单或逮捕都将导致更加严厉的判决。

诸如此类的警民互动让贫民区居民领会到最基本的生存教训："远离麻烦"或避免涉毒活动和犯罪行为本身不足以逃出反复拦截、开罚单、逮捕和法律纠纷的旋涡。为了应对这一困境，贫民区举重区的男人不仅努力改善自身，还制定了先发制人的策略，以避免不必要的警察接触。他们竭力突出自身的"下层差异",希望能摆脱警官对其做出的犯罪假设。具体而言,他们会通过拉大自身与他们认为"属于"贫民区的人之间的象征和物理距离,从而将自己受到审查与怀疑的概率降到最低。尽管这些努力确实达到了一定效果,也加强了举重区的治疗能力,但其代价是验证并加剧了压在他们身上的地域污名化。

## 掌握"条子智慧"

贫民区举重团体之所以采取这种避险之策,是因为要应对无孔不入的警务干预。然而,那些缺乏警务管制地区的居民也表现出相似的策略。40多年来,社会学家伊莱贾·安德森深入观察城市的街头生活。他发现,在缺乏警察保护的情况下,城市中心的居民会自行发展出一种策略,以保证个人安全。[13]他们会培养出安德森所说的"街头智慧",它是一种认知框架,可以"使人'看透'公共形势,根据收集得来的线索与信号预测即将发生之事"[14]。通过建立一个"街道及其他公共场所人群分类系统",个人会将注意力重新集中在"他人在日常生活中展示的一系列信号、标志和符号上"[15]。鉴于街头犯罪分子往往根据外在的脆弱程度与陌生程度挑选受害者,具有"街头智慧"的居民会学着展示"安全信号",例如穿特定服装或注意眼神交流,从而抵御危险,减少不必要的接触。但是,掌握街头智慧并非一蹴而就,"幕后"的准备工作与日常反思必不可少。

如今,贫民区的警察数量空前激增,居民们的应对方法是发展出"条子智慧",这是一种旨在减少与警察的不必要接触的认知框架。在举重团体中,有一位立场鲜明的黑人民族主义者,名叫丹蒂。他说话从不拐弯抹角,曾为"条子智慧"总结出一个简明的定义。那是一天下午,我们暂停了锻炼,去观看附近的一场警察逮捕行动。当警察为那名衣衫不整的黑人男子戴上手铐,并从他的口袋里掏出一个透明的塑料瓶时,丹蒂窃笑起来。他以食肉动物捕获猎物类比贫民区的警务手段:"生活在这里就像生活在非洲大草原,你能理解吗?在那片高高的草丛中,有一头狮子正等待时机跳到你的屁股上。如果你不想成为它的午餐,最好时刻保持警惕。很简单,那头狮子很懒,会盯准容易下手的目标,也就是兽群里最弱小的。记住,你不必一定跑过那头狮子。真他妈没人能跑得过。真正要努力的是跑过那些最慢的黑鬼。对付那些条子也是一样的,关键是要搞清楚他们的想法,比他们想得多,他们总不能把所有人都抓进去。"

因此,尽管随时面临"狮子"的威胁,举重团体的成员也认为,他们对自己的街头命运并非全无掌控之力。正如丹蒂所言,贫民区警察的行动有迹可循,他们受到一系列主客观限制的影响。尽管警力渗透至大街小巷,但警察的时间和资源毕竟有限,不可能介入每一起(疑似的)犯罪事件,必须将部分人群与行为划为重点关注对象。举重团体的成员有一套关于警察行为的理论,方方面面几乎都印证了上一章提到的经典警务民族志中的内容,这让我印象尤其深刻。这些男人既不可能采访警察,也没有对巡逻行动展开系统观察,他们完全是凭经验得出结论的。收集到这些"数据",他们会聚在一起,共同商讨得出我们今天所说的"民间警务民族志",

总结一套警察的"心理学"模型——警察行为背后的一般倾向和考量。在分享个人经验的过程中,他们建立了一个集体知识库,将更可能引起警察注意的特征收集进来。在交流过程中,这些人通常认为警察干预的主要依据是潜在嫌疑人的外在样貌,以及与他们相关的种种事物。

此前,巡警以阻碍人行道为名给特克斯开了罚单,让我们看看举重团体对此的看法。那是一个清晨,在一反常态连续缺席7天后,特克斯重新出现在锻炼场地。大罗恩走过去,询问他最近的行踪。"上周没看到你,兄弟。你到底去哪儿了?"

特克斯提起他之前的缓刑和法官的严厉警告。"我想低调一点,朋友,"他沮丧地低声说道,"我不想再上法庭了,但那些骑自行车的条子上周是集体出动了吗?就是他们给我开的该死的罚单,让我现在还没搞定。"[16]

大罗恩很快打消了特克斯的担忧。"嗨,老兄,别想那些蠢货了。相信我。他们根本就不会来烦我,知道为什么吗?因为我能管好我自己。关键就在这里。我问你,那些条子追在你屁股后面是为了什么?"

特克斯长叹一声:"他们说我阻碍人行道,想给我开罚单。他们根本就是在胡说八道,我只是想买根烟。我不过是……"

大罗恩打断了他:"不,不,朋友。我是在问,这些垃圾警察到底想要什么?他根本不关心你的行李,那只是烟幕弹罢了。他只是想弄清楚你嗑不嗑药,或者说你看起来像不像有毒瘾。"

"但我没嗑啊,"特克斯反驳说,"这帮浑蛋还是不让我好过。"

大罗恩毫不动摇:"我还是这个观点,你没想吸,但你的样子不对劲儿。"大罗恩着重强调最后几个字:"好好想想,你刚刚出狱,灰头土脸的,可能饿着肚子,瘦得脱了相。然后你还跟一个自己都不认识的人搭话,从口袋里往外掏钱。好家伙,你自己想想,假设你也是个警察,这些事实摆在一起,看着像什么?活脱脱一个瘾君子,而且感觉正在买毒品。他们不抓你抓谁?他们恨不得马上把你控制起来。"

特克斯点了点头,情绪似乎好了一点:"我明白你的意思了,我撞上枪口了。"

"你看,"大罗恩把手搭在特克斯肩膀上以表安慰,"现在你和我们一样,已经能管好自己了。你和以前完全是两样了,对不对?你现在强壮了不少,一直在撸铁,眼神和我刚见到你那会儿也不一样了。现在别人都能看出来,你是个有尊严的男人。"大罗恩开玩笑地推了特克斯一把,特克斯报以勉强的笑容。

大罗恩的民间分析展现出这些人如何彼此合作,将看似不可预测的警察干预解读清晰,以便应对。男人们会和警官换位思考,"像条子那样看待"贫民区和当地居民。这里包括两层解读:要想预测警官的行为方式,必须首先预测瘾君子的行为方式。他们通过这种思想实验——警察会如何理解某种行动——来调整自己的行为和外表,以避免被警察"误判为"重点目标。

## 清醒信号

正如具有街头智慧的居民懂得展示安全信号,斯蒂尔身边的人掌握了一种"清醒信号",从而降低了自己在警察眼中的相对可疑程度。清醒信号往往是以否定他者为基础的:为表明自己远远不如附近其他人值得警察关注,他们会对外证明自己未受毒品或酒精的影响。他们小心谨慎,避免卷进"瘾君子的烂事"里去。他们将长期滥用药物导致的无意识举动统称为"瘾君子的烂事"。

迈克曾是一名汽车修理工,吸食快克可卡因已超过十年,据他所说,"一旦嗑嗨了,你都想不到自己会做出什么蠢事。你看那些家伙一直挠自己的胳膊,还有不停舔嘴唇的。这都是因为身体非常亢奋"。说着,他给我模仿了无法自控的坐立不安状态:"我真嗑嗨了的时候,就老是揉自己的头顶,就像要把卷儿都捋直了。"他开始反复揉头顶,让卷发更服帖。"等我好不容易戒掉这个习惯,才发现我差点把自己揉秃了!"他微微向前倾,向我展示头顶薄薄的一层头发。

举重团体成员在回顾过去的生活时,往往将身体与思想对立起来,身体主要由感受驱动,需以思想的力量将其压制。他们常常谈起自己被"困"在毒瘾中的经历,好似受到身体的挟持,在上一次嗑药的迷乱体验与随后的戒断及毒瘾发作的痛苦间摇摆不定。[17]戴斯的叙述尤其惊心动魄。那天,他正在挑战一项难度较高的推举动作,我和大罗恩在一旁注视他肩膀猝然发力,向上举起沉重的杠铃,卸力后猛地砸向地面,然后心满意足地大声鼓掌。"成功!"他重重地呼出一口气。我和大罗恩一边说着夸奖的话,一边和戴斯来了个花式握手,这种握手方式在当地十分流行。"谢了,兄弟。我正在努力呢。"他回应道,"对于一个曾经满脑子只有快克的黑鬼来说,还算可以吧?"戴斯停下来歇口气,这才能继续把话说完。

他伸手指向街道另一边的三名男子，他们紧紧围成一圈，互相传递着一根玻璃管似的器具。"我之前在那儿可真不怎么样，兄弟，那根本就不叫生活……我就像坐在自动巡航控制的车里，做梦一样，随波逐流，什么都做不了。我对着自动驾驶仪犯蠢，一边已经被警察盯上了，一边还抽着快克。就好像存在两个我，真正的那个我只有旁观的分儿。"

对于举重团体成员来说，这种身心对立所带来的不只是自我伤害与痛苦折磨。在洛杉矶贫民区居住，就意味着每天的一举一动都被警察看在眼里，就连看似最无辜的举动也会被盯着不放。从大罗恩对特克斯的分析中可以看出，这些男人认为，一旦失去对身体状态的掌控，就会很快引起警察不必要的关注。好比扑克牌玩家眼中的"马脚"（tell），在他们看来，出卖吸毒者的正是不经意间的动作与习惯性的手势。"最疯狂的是，"迈克抱怨道，"他们在警校里就开始学这些。他们看过好多视频，所以一眼就能看出你嗑药了。他们在半个街区外恨不得就能盯上你！在你看见他们之前，他们早就看见你了。"

在我和他们一同锻炼的前几个月里，其中几位曾主动向我展示如何识别失去自我控制的人——那些"靠自动驾驶仪飞行"的瘾君子，很容易成为附近警察的目标。有时候，他们指出的行为特征确实相当明显。例如，某天早上，他们教我辨别"狂奔者"。当时我在格拉迪斯公园做引体向上，临近的角落里突然传来一声大叫。我转过身，正好看到一名男子从人行道边的人群中冲出来，在第六大街上横冲直撞，全力奔跑。我茫然地看着他以最快的速度沿第六大街向西狂奔，勉强躲开路边的行人与迎面而来的汽车。此时，我身后有人兴奋地喊道："这儿有一个狂奔者！"

斯蒂尔为我科普道："有的人嗑了药就会这样，你能理解吗？每个人的反应都不太一样，有的黑鬼会一直跑，停不下来。毒品一进入他们体内，腿就自动跑起来，想停也停不了。那个蠢蛋会一直跑到两条腿散架。"

"或者跑到警察把他抓起来为止。"拉沙安一脸厌恶地插话道，"现在你们知道我为什么不跑步了吧？除非我到春日街的另一头去（春日街将贫民区和市中心金融区分隔开）。我好好走路，姿势正常又放松。"他故意说得很慢，"这里的人要为冒失付出惨重的代价"。他将手放在嘴边，仿佛手持对讲机，模仿了一段无线电噪声，而后假装与警方调度中心通话："是。我们又发现了一个吸毒狂奔者。请求支援。所有单位请应答。"放下这想象中的对讲机，他接着说道："在这儿跑步，我干脆在屁股上画个靶心得了。"

但更多时候，他们会关注到更加微妙的行为。未受训练的人很容易无视这些细节，巡警却绝对不会放过。"看看那家伙，"斯蒂尔常提醒我注意街边的某个人，"简直就像求着那些蠢货警察把自己抓起来。"有一次，他指向在公园绿漆铁门外踱步的年轻拉丁裔女子，她正狠狠咀嚼着深红色卫衣的拉绳，每隔一会儿就怯生生地向路人搭话，却得不到什么回应。"看看吧，"斯蒂尔轻声说，似乎是不想被她察觉，"你看她一直在捜头发，她的情况很糟糕。她知道再不搞点儿药，这日子就没法过了。完全露馅儿了，你看。我敢打赌，等那帮警察转过街角，马上就会把她逮起来。"

这时，托尼突然从我肩膀上方探出头来，指着一名坐在路边的男子。"错啦，老兄。我赌这位洁癖哥。"我很快领会了这随口起的绰号——男人重复着擦脸的动作，在衣服上抠抠掸掸，似乎是在清除幻想中的小绒毛或灰尘。"肯定是，"托尼信心十足地补了一句，"洁癖哥今天肯定得进局子。"结果是，警察巡逻到这一带，既没有注意到那名年轻女子，也没盯上"洁癖哥"，反而逮捕了一名醉醺醺地从公园门口晃过的男子。斯蒂尔和托尼大失所望，互相打趣说大家都"输了"。

这种打赌游戏不仅是锻炼间歇的轻松娱乐，而且是一种颇具指导意义的交流方式。在探讨周围居民命运的过程中，斯蒂尔和托尼不断对躲避警察的行为守则进行补充和完善，包括不能行走过快，不能有一惊一乍的举动，手不能放在口袋里，最重要的是，千万不要做出梳理头发的动作！

"所以你现在基本不会看到我乱碰自己的头发，"迈克回想自己过去的癖好时说道，"妈的，现在要是我哪儿痒了，相信我，我得离开这个街区才敢挠一下！"他轻声笑着，伸手做出在右边脸颊挠痒的动作，又迅速把手臂收回身侧。他前后左右瞟了一圈，仿佛在确认有没有人盯上自己，脸上挂着玩味的微笑。"我的手永远这么摆着。"他直挺挺地站在那里，僵硬地转圈迈出三步，使人联想起怪物弗兰肯斯坦。而后，他放松身体，放声大笑起来。

迈克显然有些表演过头，但这场夸张的哑剧也向我展示出，抵抗和恢复是如何与举重训练结合在一起的。这些男人要从酒精与毒品的魔爪中夺回对自己身体的掌控权，从而向外发出清醒信号。对他们而言，参与这项集体活动是防止毒瘾复发的最有效方式，同时能向旁观的警察表现出自己的与众不同。但是，在贫民区的警务背景下，这些人构建的清醒生活新模式与警察要求的生活方式改变截然相反。他们越是对举重团体产生归属感，就越不愿意走向近在咫尺的巨型庇护所，参加正规的康复项目。

## "参加锻炼"与"参加项目"

尽管这些男人认同巨型庇护所是贫民区生活所必需且无法避开的机构，但他们希望尽量减少在这类正式恢复场所的停留时间。他们可能会求助于庇护所的紧急服务，但通常不会参加正式项目。[18] 在他们看来，巨型庇护所的服务既幼稚，又低劣。从举重团体元老成员詹姆斯的经历中，我们可以看出，他们对巨型庇护所项目进行了顽强的抵抗。某天傍晚，詹姆斯正坐在一个牛奶箱上，突然被洛杉矶警察局的几辆警车包围，随后因违反某条人行道禁令而被捕，被押送至中央分局。按照街道或服务计划（详见第一章），詹姆斯可以选择蹲几天监狱，也可以参加某个巨型庇护所的寄住康复项目。詹姆斯选择了后者。但在入住庇护所的第十天中午时分，他毅然走出机构的大门，决心再也不回来。他径直回到格拉迪斯公园参加锻炼，向大家吹嘘自己的"逃脱"。在随后的运动过程中，我和詹姆斯聊了聊他离开康复项目的原因。

"那不适合我，"他不屑道，一跃抓住单杠，"在那种地方，他们就把你当成弱智，当成小孩子。'到那里去，做这个，在某某时间前签到，在某某时间熄灯，在某某时间起床。'然后，他们还要对你的想法解读一番，就好像你不知道自己在想什么似的，哈？"他停了下来，保持下颌高于单杠的状态。"我他妈就是在浪费时间，我早就该说'去你妈的'，然后坐几天牢。用不了一两天也出来了。"

其他人也认同詹姆斯的观点，表示巨型庇护所不比监狱好到哪里去，有时候甚至更差劲。他们对严格死板的组织安排尤为不满——晚上 8 点就寝，早上 5 点起床，"工作细节"要求颇多，还要检查身上的虱子，承受类似狱警的工作人员的身体虐待（有时是性虐待）。[19] 大罗恩干脆把午夜传教会称为"第六大街封锁区"。

他们反感巨型庇护所还有一个原因，那就是这类设施拉近了他们与贫民区其他居民之间的物理与象征距离。马库斯也长期处于无家可归状态，他已经耗尽了巨型庇护所的紧急床位时限，却没有参加康复项目以获取有保障的住宿，而是选择继续睡在温斯顿街的一个硬纸板披棚里，距离洛杉矶传教会和联合救济会不过几英尺远。"住在那里的浑蛋们已经放弃了自己，"一天傍晚，我帮他在第四大街的店面收集纸箱用来铺床，他这样对我解释道，"我和他们不一样。我不想跟这帮蠢货交朋友，那我怎么能跟他们住在一起，整天听他们叽叽歪歪？所以我只能晚上去那里睡个觉，不能待更久了。"

若将这些人的看法和前两章提到的"抗拒服务"结合起来，斯蒂尔团体确实"抗拒"了巨型庇护所提供的服务，但原因并非不愿改变过去的生活方式，也不是面对脏乱邋遢的街道心生傲慢（警察这样认为）。相反，他们是觉得，庇护所提供的项目会损伤其对自我价值的认同。值得注意的是，詹姆斯和马库斯可以说是他们中最贫穷的，也是对巨型庇护所敌意最深的两位。在这群男人中，詹姆斯和马库斯拥有的物质与象征资源最有限，也就最无力抵抗巨型庇护所对他们理想化自我的侵犯。

## 众人皆醉我独醒

有关种族与阶级统治的研究表明，处于从属地位的群体往往会发展出独特的互动风格、空间与"秘籍"，以便有效传播和完善抵抗策略。[20] 黑人男性间流行的"脏抬杠"便是一个有名的例子：年轻的黑人男性换着花样和韵脚辱骂彼此的母亲和姐妹，战胜对方的标志绝对不是乱发脾气，而是讲出更聪明的脏话。[21] 正如斯科特所说，年轻黑人男子通过上述交流训练了自我控制与愤怒管理能力。在美国种族歧视的大环境中，这种能力相当必要。在与主导群体互动时，弱势群体往往面临着更高的风险，此类做法能够让他们做好准备。[22]

斯蒂尔和他的举重团体在日常锻炼中，也创造出一种类似的互动空间，磨炼彼此转移警察关注的技能，积累他们视为必需的资源。为强化身体的表达能力，他们通过锻炼将人们的目光吸引至自己发达的肌肉与健康的体魄上，从而向警察证明自己的"真正"身份。他们通过一种自创的"垃圾话"交流环节，攻击调侃彼此的肌肉和力量，模拟旁人对他们差异化生存主张的潜在威胁。

让我们来看一个典型场景。在圣朱利安街的一次日常锻炼中，他们在人行道边围成一圈，丹蒂站在中间。当他练完最后一组臂部弯曲动作，将哑铃放回脚边时，旁边的拉沙安大喊起来："你怎么了，丹蒂？做得这么费劲。掉肌肉了吧？"

"哎哟我操。"一边的蒂雷尔也来凑热闹，露出兴奋的笑容，又到了"垃圾话"交流的精彩环节。

"我是说，"拉沙安继续说道，向丹蒂那边走了几步，"从没见你这么费劲过，你脸上那表情，就跟吸玻璃鸡巴（快克烟管）似的！"

丹蒂仍站在原地没有移动，皮笑肉不笑地缓慢点着头，似乎在等待拉沙安把话说完。"哦，你说我掉肌肉了，是吧？"丹蒂冷静如常地将袖子撸到肩膀，绷紧肱二头肌，直视拉沙安的双眼，"往这儿看看，这像是一个被人追在屁股后面跑的黑鬼能有的吗？像是掉肌肉了吗？附近谁还能像我这样？我倒是你希望能练成我这样，那咱们就看看你袖子下面长什么样。"他指向拉沙安的左臂。既然丹蒂这么说了，拉沙安也撸起袖子，曲起手臂，但他的肱二头肌明显比丹蒂的小。两人抿着嘴相对而立，目不转睛地紧盯着彼此，而我们其他人开始发表各种评论。

"他可比你强啊。"蒂雷尔向拉沙安喊道。

"确实是这么回事。"马库斯也说。

过了几秒，丹蒂对拉沙安嗤笑一声："下次说那些废话之前，先看看你自己的胳膊。真有谁掉肌肉了，那也是你自己。想长这么大，你还得多练练。"他一边做着鬼脸，一边更加用力地绷紧二头肌。

"好吧，好吧，你是对的，你是对的，继续练吧，兄弟。"拉沙安主动走过去，两个人握手拥抱。在大家的欢声笑语中，丹蒂拾起哑铃开始下一组锻炼。拉沙安则微笑着耸耸肩膀，回到他靠墙的位置。

一般来说，互呛垃圾话的过程是相当固定的——由一个人挑头，对另一个人戒瘾的毅力提出疑问，不过话题很容易被带跑。在之后的几分钟里，大家会轮流对他们的手臂、胸部、肩膀或背部肌肉指指点点，含沙射影，他们则提供各种证据表明自己没有滥用药物或毒瘾复发。在此过程中，他们会将自己的身体特征，比如"鼓起的"肱二头肌或突出的静脉，与他们认定的瘾君子外在特征进行对比，后者往往表现为严重消瘦、静脉萎缩和皮肉肿胀。垃圾话环节开始的时机也让我十分惊讶，一般都是锻炼进行至少 20 分钟之后。他们似乎是特意给彼此留了"热身"时间，以抵御即将到来的各种攻击。他们没有其他强调差异性的办法，只能不断锻造自己的身体，创造出欧文·戈夫曼所说的"否定标识"——"一种倾向于打破原本和谐景象的标识，不论是否已经做到……朝着此人所期望的积极方向"。[23] 因此，被举重区的兄弟们"攻击"成了一种躲避警察"攻击"的手段。

## "你不是在吸毒，就是在贩毒"

  鉴于我花了大量时间记录拉沙安、丹蒂等人为回到贫民区街头承受警察审视而做出的努力，我不禁思考一个问题：这些印象管理手段的成效如何？这些表现清醒的方式是否能够转移警官的注意力？当然，我记录了许多"成功故事"，基本是某人自认为本可能被拘留，却顺利规避的经历。有些人声称警察从身边开车经过，根本没有注意自己；也有人说，警察因为选了其他人作为目标，所以放过了自己。然而，举重团体的几位成员也曾提到警察突如其来的严加审问。正是在这时，我的问题得到了最佳答案。根据他们的叙述，这剧增的审问率似乎并非由于他们的清醒信号不够可信有效，而正是由于他们表现得太有说服力了。

一天下午，雷吉突然冲进格拉迪斯公园，打断了大家的锻炼。刚进门口，他就猛踹了一脚高大的铁门。在附近打盹的公园维修工吓得差点从椅子上摔下来。雷吉没有理会维修工半梦半醒间的咒骂，径直向单杠这边走来。他明显情绪低落，外表看着也糟糕透了。他身上那件白色 T 恤，他几乎每天都要精心熨烫打理，现在却满是褶皱，沾着贫民区常见的污垢，衣领也被拉扯得看不出原样，低垂着露出胸膛。雷吉的额头处渗着点点血迹，就要形成一片淤青。

他一走近就大声咆哮起来："这帮该死的条子……我发誓……下次再……我发誓……"

大家一头雾水，几名成员安抚着雷吉，请他冷静下来，说说究竟发生了什么。但他只是更加激烈地咆哮着，直到斯蒂尔的声音突然响起。"你他妈的冷静点，"他命令道，罕见地面露沮丧，"别磨磨叽叽了，好好说话。"

雷吉这才深吸一口气，抚摩着手腕处一圈浅浅的红色伤痕。我们凑近他身边围成一圈，听他用一贯的语言天赋讲述他与警察的冲突。当时，他路过圣佩德罗街一家著名的社会服务机构，正想避开光天化日下吸食快克的一伙人，却意外被警察拦下。那警官将雷吉的脸狠狠撞在附近的水泥墙上，然后把他铐了起来。在审讯和搜查过程中，雷吉身上没有搜出任何违禁品，但其他几个人携带了打火机、烟管、抽吸器皿和好几瓶快克可卡因。20 分钟后，警官们将他释放了。

雷吉告诉我们，他在离开之前曾质问其中一位警官。"我对那个蠢货说：'你看这帮白痴，再看看我，我看着像和这群废物一起吸毒的人吗？'"在重述对话的过程中，雷吉抬起双臂放在胸前，转动手腕，弯曲手肘，显示出小臂结实的肌肉线条。"你知道这头蠢猪跟我说什么？他死死地盯着我的眼睛说：'不，先生，我不觉得。但这不是我们拦住你的理由。'你知道他所谓的理由是什么吗？真他妈的，他说：'我们没有以为你在购买毒品，而是以为你在卖毒品给这些人。'"

听到这里，其余的人无不发出痛苦的叹息。大罗恩看上去尤为沮丧。

雷吉继续面无表情地说道："你敢相信吗？人在那种地方根本活不下去。在他们眼里只有两种人，你不是在吸毒，就是在贩毒。"

雷吉的沮丧是很好理解的。此前，他颇为自豪地将锻炼身体的方法运用到日常生活中，包括每周两次到附近唯一的公共洗衣店洗衣服，每周一次去"街边理发师"那里剪头发。贫民区的一大特点就是缺乏资源和稳定性，所以保持这些习惯相当不易。从雷吉被警察审问的细节来看，他似乎已经成功在警察面前树立了勤奋和清醒的形象。但这样做的结果是，他无意间将自己归入了另一个类别——毒贩。而在警察眼里，毒贩也是重点打击对象。如今在警察看来，雷吉更像是专门来到贫民区贩毒，或是吸引绝望的瘾君子的望风者、中间商和"诱饵"。

## 穿过一条安全通道

当这些男人在展示与众不同的身体素质时遇到了困难时，他们也会用其他变量解释警察的误解，以及由此产生的警察接触。他们的分析从外表与行为问题转向了地点与时间问题。当周遭环境使警察尤为警惕，再好的清醒信号也失去了意义。

在格拉迪斯公园，雷吉继续讲述他被审问的细节，迪米特里厄斯中途将他打断，主动对这一事件进行分析。"你说这事儿发生在圣佩德罗街？"他将事实碎片拼凑在一起，"在魏因加特（一家著名社会服务机构）那儿？"

"对，就在那边的街角，"雷吉略显急躁地回答，"自行车架附近，有什么问题吗？"

迪米特里厄斯点了点头，沉吟了一会儿才发表自己的观点："嗯，那里是最近的毒品交易点。"

"哦，是这样吗？"雷吉沮丧地说道。

"是啊，你不知道吗？"迪米特里厄斯为他们更新情报，"听我说，几个星期前，我注意到几个年轻人在那里开了个店，有一阵子看着生意做得挺不错的，卖切达干酪什么的，直到警察发现不对劲。现在，秘密缉毒小队时不时就去捣他们的巢。"

"说得通，"斯蒂尔同意，"我每次去那边锻炼或者逛商店，都能看到有人被铐起来。"

"懂了吧，"迪米特里厄斯强调道，"所以我最近根本不往那边走，我只走克洛克街（西边的一条平行街道）。我就是不想像你一样，被那些意想不到的扫毒行动牵连。你必须预先规避风险，明白吗？克洛克街好得多，基本没人去，顾客太少，也就没法被当成贩毒点，他们也就不关注那里。没什么人一直站在附近，行人是流动的，但圣佩德罗街上干站着的人太多了，都和自己的小圈子待在一起，整个街区全是。最菜的警察都知道那片儿好做生意。我这么说吧,整条街就没什么好事儿。"

由此来看,像警察一样思考不仅鼓励男人们重新看待他们与自己身体的关系,也促使他们反思并修正自己与贫民区环境的关系。迪米特里厄斯对雷吉的忠告表明,男人们的规避行为可能会重塑他们的"日常活动"——城市社会学家用这个词语描述个人为满足各种需求而设计的每日例行活动。[24] 关于城市贫民日常活动的研究通常聚焦于贫民们遭遇的阻碍,而背后的原因则是警察保护缺失下的暴力与犯罪。[25] 举例而言,素德·文卡特斯(Sudhir Venkatesh)在描述20世纪90年代一个黑帮横行的社区时写道:"一旦居民被迫承认并接受街头黑帮的铭写,他们在此地和周围区域的活动方式都会被改变,包括可以去哪里,以及如何到达那里。"[26] 通过预测那些可能会带来伤害的人的行为,拥有街头智慧的居民会识别并避开"热点区域"、"无人区"和其他潜在风险地点。[27] 但在这样做的过程中,居民们认识新朋友、与同龄人互动、建立邻里关系与积累社交资本的机会受到了限制,而这些因素已被证明有助于缓解贫困、失业与缺乏合适住房造成的负面影响。[28]

在警察高度警觉的背景下,居民在重新解读自己的身体与社会环境时,不仅会考虑相关的犯罪风险,还会判断其招致不必要警察接触的可能性。近期的研究证实,这种策略绝不仅限于洛杉矶贫民区。有关普遍犯罪化区域生活经验的学术研究并不多见,爱丽丝·戈夫曼的费城贫民窟研究是其中之一。[29] 在书中,她详细描述了当地"通缉犯"的种种行为。她提到,这些人因有未执行的逮捕令在身,或是违反了假释和缓刑规定,只能脱离此前生活所依赖的诸多重要机构(包括医院、法院、学校和工作场所),因为他们推测在这些地方的被捕风险较高。与之相似,维克多·里奥斯也发现,一旦社区机构与刑事司法系统相结合,触犯刑法的青年就会"丧失社交能力",无法充分利用这些机构。[30]我自身的田野调查表明,随着警务工作日渐下沉至日常生活的细枝末节中,即便是那些"没有案底"的人,也会采取一定逃避手段,重新安排时间与空间。

斯蒂尔团体从警察的角度重新审视他们的日常活动,仔细评判他们所经过的特定街道、在公开环境中接触的每一个人,以及做每一件事的特定时间。当我开始在锻炼之外的时间与他们相处时,才第一次认识到上述心理模式。说来有些沮丧,尽管我们已在举重区建立起较为密切的联系,但在贫民区其他区域,他们对我的态度相当冷漠,甚至不愿多说几句。以蒂雷尔为例,无论在举重还是贫民区生活方面,他都是我的"导师",但每次我们在街上偶遇时,他都会匆匆结束我们之间的对话。曾有两次,我们在相距约 20 英尺的地方简短寒暄后,蒂雷尔转身就走,在人行道上步履如飞。我在撰写田野笔记时,曾把他描述为"一个快速移动的靶子",而我很快意识到,这正是他的目的所在。

当蒂雷尔再一次与我偶遇后快速离开时,我冒着被讨厌的风险追了上去。"对不起,兄弟,我急着赶 9 点 28 分的公交,"见我小跑到身边,他开口说道,"我要去趟杂货店。"蒂雷尔告诉我,他曾计算过,从自己的住处走到公交车站需花费 4.5 分钟。作为一个土生土长的洛杉矶人,我深知公交"时间表"在交通拥堵面前就是废纸一张。但让我惊讶的是,等我们到达公交站时,车正好停在路边。既然已经走到这里,我问蒂雷尔是否介意我再跟一段路。他有

第三章 生存训练　149

些惊讶，但显然很乐意，示意我一同上车。

等我们在车上坐好，他一改刚刚的紧绷生硬，恢复了平日的轻松状态。"在我看来，"他说道，"没必要浪费时间在街角站着。如果我真的想把时间花在和别人打交道上，我早他妈去圣佩德罗街等公交了。"我这才意识到，蒂雷尔上车的公交站比圣佩德罗车站离家更远。此刻，公交车正向我们来时的方向驶去，前方就是蒂雷尔走路时避开的十字路口。几分钟后，蒂雷尔点了点头，示意我向窗外看看，圣佩德罗街车站的混乱场景映入眼帘。一群衣衫褴褛的人躺在硬纸板上，其他人则三三两两聚在一起，聊天、抽烟，或是在街角的大型绿色公厕外排队等待。"从早到晚都是这样，"蒂雷尔抱怨道，又指了指我们刚刚来的方向，"现在这会儿，还是早上，街那边还算安静，我会尽量在中午前把事情处理完。"车子又向前行驶了不到一个街区的距离，蒂雷尔再次示意我看向窗外——两名警察正在审问一个戴着手铐的愤怒女人。"这个点儿值班的条子还不算多，要几个小时后才会加大力度治理这个街区。他们知道昨晚去嗨的人还没睡醒，等他们醒来，警察就会全员出动，到时候就等着被抓吧。"

斯蒂尔等人通过有目的的行动避免"被抓"。贫民区许多街道都相当拥堵，他们要么快速穿行而过，要么完全避开。其他成员有时会将这种做法称为"远离纷争"或"避免麻烦"。"你知道那句老话'两人成群'吗？"蒂雷尔问我，"在这里，倒不如说'两人成毒品买卖'。这些警察只要看到几个人凑在一块，就会觉得，'该死，他们准没干什么好事'。不管你是老乡、政府官员还是美国总统，通通给你堵住，挨个口袋翻开，看看是不是藏着什么东西。"

贫穷有罪？：洛杉矶贫民区的治安与日常生活　　150

在乘坐公交的一路上，蒂雷尔还和我分享了他曾"精确计时"的几条步行路径，包括从他的公寓到我们在圣朱利安街的锻炼场地，到格拉迪斯公园，再到贫民区其他几个地点的路线。"大多数时候，我只在自己的小三角区内活动。"他在空中画了一个三角，仿佛面前有一张想象的地图。有趣的是，蒂雷尔的日常路径几乎都在底部区，警察们恰恰认为生活在这里的人最抗拒康复，最不愿意进入巨型庇护所。

"我睡醒，把该做的事情做完，就去锻炼身体。然后，我一般会去工作。"蒂雷尔最近在贫民区四个街区以南的服装区仓库里清扫地面，这是一份不稳定的黑工。"然后我就直接回家，很简单。我走我的路……一旦在附近停留太久，跟有问题的人鬼扯几句，麻烦就会自己找上门来，不管你愿不愿意。我付出的代价还小吗？"蒂雷尔意味深长地笑着，露出下牙床的四个缺口。

15分钟后，我们到达目的地，这是一家位于市中心以西麦克阿瑟公园的折扣仓储式杂货店，那里属于拉丁裔聚集区。蒂雷尔刷EBT卡[①]买了几罐金枪鱼罐头和几包侧腹横肌牛排。"吃这些才能长肌肉。"走向收银台时，他指导我说。我帮蒂雷尔把买到的杂货搬上公交，一起回到他的住处，他和在楼前站着的几个男人打了招呼。虽然他以笑脸相迎，但根本没有停下脚步，短暂互动后头也不回地留下一句："再见，兄弟。"我松了一口气——原来他不只在遇见我的时候这么敷衍。

我问他是否和别人同住。"当然了，"他不假思索道，"我们这

---

① EBT卡的全称是"电子福利转账卡"（Electronic Benefits Transfer），国家用它来发放社会福利。

两栋楼里都是邻居。"他在口袋里翻了翻钥匙，而后继续说道："不过我们见面不多，我的意思是，有时候我会停下来和他们待一会儿，但每天都没什么两样，他们就是坐在那儿说废话。我太清楚他们怎么过日子了，总有人会拿出烟管或威士忌什么的。"此时已接近中午。蒂雷尔强调说，随着巡逻力度的增强，他与邻居在一起很可能会被警察拦截，一旦他们之中任何一人身藏违禁品，被捕的可能性会很大。他急着从街上消失，向我道别后就躲进屋内，度过这天余下的时间。

通过这种方式，这些人根据警务工作的节奏协调自己的日常生活，花大量时间拼凑出完整的巡逻时间表与工作安排，以确保他们与警察拉开距离的手段在正确的时间和地点发挥功效。他们严格限制自己在街上活动的时间，希望警察以符合预期的方式理解他们的外在表现。每当他们为特定目的前往贫民区某地，都会认真权衡此目的之重要程度，以及可能导致警察拦截的概率。

因此，他们大部分时间更愿意待在分租房旅馆和公寓房间里，不论白天还是黑夜。斯蒂尔和雷吉非常"嗜睡"，每次锻炼完直接回家"午睡"，两人有时还会互相攀比睡眠时长。蒂雷尔和丹蒂对视觉娱乐更感兴趣，他们会定期交换从街边小贩（我会在下一章介绍这一群体）那里买到的盗版DVD。二人每天都能用便携式播放器观看四五部"影片"，播放器则是从贫民区边界的折扣电子商店买来的。在负重的锻炼声中，经常能听到他们热火朝天地讨论电影。这些男人倡导回归私人空间，不仅仅是为了逃避警察的视线。它本身也是一种治疗方法，是集体康复项目的重要组成部分。把时间花在午睡和DVD上绝对不算浪费，也不是毫无收获的，相反，他们辩称这类行为是"积极的"追求。想要顺应身体的需求，他们需要充足的休息，从剧烈运动中恢复过来。根据贫民区住房单元的规章条例，访客必须支付拜访费用（通常为每次5美元），否则将面临被强制驱逐的风险，这进一步加深了他们与外界的隔离程度。

这种自我隔离不仅降低了他们对社会生活的参与度，也阻碍了他们彻底脱离监禁生活。有一年一月，连续多日天气寒冷，结束锻炼后，蒂雷尔把我带到他的分租房旅馆，用他的话说是"放松我们的肌肉"。推开安全门，我们沿着狭窄逼仄的楼梯向上爬，来到他那间15英尺×15英尺的房间。许多个下午，我们都窝在这间空空如也的屋子里看他收藏的经典黑帮电影。我们坐在地板上，背靠着单人床吃金枪鱼罐头，蒂雷尔为我讲述了他在查克沃拉山谷监狱的三年时光。DVD机安静地播放着《教父Ⅱ》，他回忆起在狱中的强烈孤独感，这种孤独感在他"出狱后"依然如影随形。这一刻，我突然意识到，蒂雷尔等人从监狱带出来的绝不仅仅是锻炼的习惯，他们在贫民区的生存策略就包括积极重建监禁的标志性条件——把自己关在分租房"牢房"里，只在前往举重区锻炼的几个小时中冒险进入外部世界。在逐渐养成锻炼习惯的过程中，团队中那些没有牢狱经历的少数人也显现出自我监禁的倾向。研究城市贫困问题的相关学者曾将这种机制表述为"贫民窟与监狱文化的日益融合"，由超高强度警务工作推动促成。[31] 矛盾的是，男人们在竭力避免与警察接触，从而逃离牢狱之灾的过程中，仿佛已将一只脚迈入了监狱。

然而，即使这些男人已从时间和空间上尽可能缩减了日常活动范围，他们仍无法完全逃脱警察的掌控。他们之中最小心谨慎、深居简出的成员也表示，自己偶尔会被警察拦下。当这种接触无法避免时，他们会采取一种"战术性服从"策略，以缓和负面影响。[32] 我们已经看到，这群人中的大部分人对巨型庇护所不屑一顾。但是，在对彼此与警察的互动进行集体分析后，部分成员得出结论：进入巨型庇护所，或者更准确地说，表面上进入巨型庇护所，就相当于拥有高额货币，可以购买长久的自由。为达成自身目的，举重区成员会利用警官对巨型庇护所参与者的特有宽容。事实证明，对于詹姆斯等缺少私人空间的成员，这种策略尤其具有吸引力。

詹姆斯曾讲述他与一群无家可归者坐在一起，而后被警察审讯的经历。当时警察要求每个人都出示身份证件。在惊慌之余，詹姆斯回想起自己从街道或服务计划逃离时，随身带走了巨型庇护所的身份标识。他在行李袋的底部找到了它，而让他惊讶的是，警察一看到它，就结束了对他的审问，命令他"向前走"。拉开一定安全距离后，詹姆斯转身回望，发现剩下的人都拿不出身份标识，很快被戴上手铐逮捕起来。自那天下午起，詹姆斯一直在衬衫外戴着身份标识。"印在这里的男人，"他自豪地指着挂在胸前的那张压模卡片，"就是我的通行证，是我的免罪金牌。"

在后续交谈中，詹姆斯表现出对此事的清晰认知：他之所以能与举重区的同伴进行自我主导的非正式康复，是因为他假装参与了警察强制的正式恢复项目。"在他们看来，这里的人不是犯罪分子，就是瘾君子。"詹姆斯抱怨道，"他们认为不参加正规项目就别想走上正道，但事实并非如此。所以我说，好吧，那就这样吧。我可以陪他们玩游戏，他们想听什么我就说什么。哦，他们还想看看证据？"他举起胸前的身份标识，"砰！这不就是证据吗？"据我所知，其他成员都没有如此明确地努力获取"免罪金牌"，但斯蒂尔、拉沙安和迪米特里厄斯都曾分别告诉我，他们经常对警官说自己正在"参加某项目"，或是在去见社工的路上。虽然到头来还是要被戴上手铐搜身，但他们都相信，这番假装有助于缩短审讯时间，降低警察在假释、缓刑和通缉令数据库中搜索其姓名的概率。拉沙安认为，这个方法起码为他免除了两张乱穿马路的罚单。[33]

男人们在贫民区单独行动时或许已找到成功策略，但当他们聚集在举重区时，上述方法基本没有效果。他们将举重器械分散放置在人行道上，很难借口说在转运途中，看起来也不像在参加正规项目。最终，在警察们看来，这个每天在同一地点聚集数个小时的团体，与他们在人行道上看到的其他"滞留"人员一样恶劣，甚至更加糟糕。不久后，该团体成了中央分局的重点关注对象。

## 贫民区举重区的终结

讽刺的是，正是这些人的规律生活和投入精神导致举重区最终在警察手中瓦解。事情发生在一个日常锻炼的午后，举重团体成员开始训练30分钟左右，四名身穿制服的警察——中央分局队长、一名警长和两名巡警——抵达圣朱利安街。据成员们说，警察在街道对面静静地观察了几分钟，而后来到举重区。队长表示，他已听说他们的日常聚集，此次前来当面传达解散之令。尽管斯蒂尔再三恳求，但队长表示，他不会再允许他们"将人行道变成监狱的院子"。他也不会允许他们继续"干扰"那些试图获得服务的人。他警告说，之后再有警察看到他们聚集，等待他们的就只有逮捕。

我与团队成员共同回顾了此次事件。在愤怒和困惑之余，他们比平时更加安静。

"啊，去他妈的。"长久的沉默后，丹蒂发出一声感叹。他开始提出自己的观点，认为他们应当无视队长的威胁。他再次强调斯蒂尔向队长提出的辩护理由之———他们没有伤害任何人。

斯蒂尔则以一如既往的平静语气将他回绝。"不是的，你也听到了那个人的话，他说，'我们这里开始变得像监狱的院子'。那时我就明白，他们没在胡闹，我也不想挑战他们。我的假释官就是个直性子的蠢货，我知道他就等着机会抓我回去，我绝对不会让他得逞。"

"但是，只要我们不违法，他们就不能怎样。"丹蒂争辩道。

迪米特里厄斯也插进话来："哎哟，那根本无所谓。我发誓，如果我只是在普通的缓刑期，我根本不会担心。我会想，这帮死条子想抓就抓吧。我以前的假释官顶多笑笑。但自从我因为手枪被判简易缓刑，一切都变了。我根本不知道如果再上法庭，法官会对我做什么，即使是因为这种毫无道理的事情。"[34]

"再看看吧。"斯蒂尔以不容置疑的语气结束了讨论，却没有宣布未来的行动方案。

事实证明，这是他们最后一次在圣朱利安街商议问题。他们向来努力强调承诺，防止人员流失。根据我原本的猜想，他们一定会在两天后按常规日程聚在一起。但当我来到老地方时，才终于意识到，这群人显然不会再以过去的形式组织起来。我看到了其中四个人，却不见斯蒂尔。蒂雷尔在我身边站了15分钟，而后匆匆返回住处。在随后的一个小时里，雷吉、詹姆斯和丹特都来到此处，却无人停留超过五分钟。一个半小时后，我也离开了圣朱利安街。格拉迪斯公园也是同样的情况，只是持续过程更长一些。我原本抱有期待，既然他们被逐出圣朱利安街，或许会将公园作为主要锻炼场所。[35] 但事实并非如此。两周后，参与者的数量开始减少，即使在公园中锻炼，他们也会分散开，彼此岔开时段。

由于没有稳定的住址、邮寄地址和电话号码，在举重区的定期社交活动结束后，这些人彼此失去了联系，我也很难找到他们。我常常在附近走动，希望有机会与他们偶遇。中央分局队长驱散举重区大约七个月后，我差点被睡在人行道上的詹姆斯绊倒。七个月间，他又经历了一次逮捕，曾短暂寄住在巨型庇护所，如今则睡在唐尼街与第六大街交叉口的一个帐篷里。詹姆斯曾是个大块头，身高约 1.93 米，体型壮硕。但此次见面，身穿背心的他明显比此前在公园里瘦了很多。我们坐下来叙旧，他表示，在举重区瓦解后的几周内，他又回到了此前无家可归的露营团体中，并重新染上海洛因。

"那段日子真的很难过，"他露出一副自暴自弃的表情，"我不知道，我只是觉得，'见鬼去吧'。警察随随便便就能命令大家做这做那，把一切都搅乱。我们没有伤害任何人，他妈的，本来以为，他们会支持我们继续那样生活，这一片只有我们在做正确的事。他们应该去解决真正的问题。"

我向他询问其他人的消息。詹姆斯告诉我，托尼被卧底缉毒警逮捕，拉沙安因违反假释条例被抓。后来我又从蒂雷尔那里得到了更多信息——再碰到他时，出乎意料地，他就站在一家社会服务机构的院内，而我曾听他批评过这家机构。原来，他此前与旅店经理发生争执后被驱逐，而后就一直住在这家机构里。他曾是斯蒂尔最亲密的朋友之一，但自从斯蒂尔搬回普韦布洛，回到从前的犯罪环境中，两人就彻底断了联系。

遇到詹姆斯后不久，我给曼努埃尔·罗德里格斯警官打了个电话。稍稍叙旧几分钟后，我将斯蒂尔团体的故事讲给他听，详细描述了我与这些人相处的时光，以及他们被驱散后的处境。在讲述过程中，我试图将自己的失落情绪掩盖起来——我已与团体中的许多人成为亲密朋友，如今却眼见它四分五裂。曼尼却没有展现出难过的情绪。相反，根据我对事情的描述，他完全同意队长的决定。

"在你还没察觉的时候，"刚刚听我讲完，他立刻说道，"这种团伙就会感染整个贫民区。"

"但他们没做什么坏事啊。"我为他们辩护道。

"他们当然做了。"曼尼立刻说道。

"何以见得？"

"首先，"他开始分析，"他们为其他人树立了坏榜样。想想看，要是你弟弟退伍回来加入他们，你会乐意吗？你想让他们跟一群刚从监狱里出来的大块头肌肉男在一起吗？"

我几乎难掩质疑之意。"我不在乎，"我答道，"他们又不是成天在外面打架，只是锻炼身体，做力量训练，保持身体健康。这不是什么坏事啊。"

曼尼保持平和的语调，仿佛在强调自己冷静理性的立场。"你不能只听他们跟你说的东西。这些人自以为在帮助身边的社区，帮助年轻人。实际上，他们在伤害这个社区。相信我，福里斯特，我见得多了。这就是所谓的拒绝接受现实,他们要是真的想健康生活,怎么还会在这里?因为他们只想住在这儿,按照自己的规则活着。所以,他们一开始才会进监狱,他们做的这些都是在找借口,以及教别人找借口。这可能刚开始看着很无辜,但随着规模越来越大,最终会变成一个党派,毒品贩子总会出现,然后我们所做的工作就都白费了。"

我们就此事又辩论了十分钟。自始至终,曼尼都拒绝承认斯蒂尔等人和他们的日常锻炼可能带来任何益处。相反,他认为这些人应受到警方的密切监督。他坚称中央分局的警官必须紧盯动向,以确保他们不会重新聚集。

举重团体的解散凸显了治疗性警务对居民日常生活的形塑作用。在很大程度上,贫民区的举重区构筑在参与者的共同心愿之上——避免被捕和(再度)监禁,重新开启人生新篇章。这些男人将有限的资源和共同的边缘化记忆重新利用起来,把锻炼当作一种自发自主的康复模式。通过举重区的日常锻炼,他们真正尝试控制纠缠不休的毒瘾,将自身与贫民区对清醒意志的种种威胁隔绝开。人们或许会说,这种努力是中央分局恢复管理方法取得成功的证据,持续的惩罚威胁确实促使这些居民改变过去的行为,去选择新的生活方式。但是,他们在街头发起的非正式自我救赎计划,并非洛杉矶警察局希望看到的。只要斯蒂尔和他团体中的成员拒绝参与受批准机构中的正式项目,他们就会不断被贫民区警察拦截。

在这场斗争中,成员们明显处于弱势,他们试图集体积累"条子智慧",以抵御警务管制。通过整理民间警务民族志,学会以警察的视角看待问题，这些人努力降低自身的可疑性，并尽量减少与警察的不良互动。这些规避技巧支配着他们白天的时间，渗透至团体的内部动态中，亦影响着他们与其他居民的交往，以及他们规划日常活动时对时间和空间的认知。[36] 举重团体的突然解体显示出本地自发康复项目的脆弱性。男人们听懂了中央分局队长的潜台词。"他们不会来了。"迈克对我说。那是一天下午，我们在格拉迪斯公园锻炼，已经连续五日不见其他人的身影。"队长盯上我们了，也就是说，所有条子都接到了命令。只要被他们发现，就都完了。没有别的出路，不论在哪儿都一样。他们给我们每个人都整了一个BOLO［警察调度代码，意思是'注意观察'］。"他们认为自己被盯上了，不仅是作为团体出现的时候，甚至独自穿行于贫民区时亦是如此。仅仅通过一次接触，队长就瓦解了该团体躲避策略所仰赖的基础。他们被警察盯上了，证明之前与警察拉开距离的手段已经过时，警察对他们和贫民区的所有居民一视同仁。

贫民区的举重区让我们得以反思超高强度警务工作、地域污名化与抵抗行为之间的关系。华康德指出，在推动贫民区部署这类无孔不入的激进执法的过程中，地域污名化起到了核心作用。[37] 而站在执法对象的角度审视警务工作时，我们可以清楚看到，超高强度执法又进一步导致某个社区遭到诋毁。我和斯蒂尔的团体共处的那段时光表明，居民为试图应对无处不在的警务管制，不断强调微观等级的重要性，从而加剧了地域污名化现象。在努力避免与警察接触的过程中，这些人将警察的注意力转移到他们认为更有问题的人身上，即那些真正"属于"贫民区的人。这些策略并不是为了减少贫民区居民被拦截、开罚单或逮捕的绝对数量，相反，斯蒂尔的团体认定他们被困在零和游戏中。若想拥有持续的自由，在贫民区穿行不受干扰，他们只能牺牲其他居民。

他们最终输掉了这场游戏，然而，自然有另一部分居民学会了新的玩法。这些人认识到，若想在公共区域活动，同时避免与警察的不必要接触，他们需要更积极地监测和管理附近的个体及其行为。在下一章中，我将详细介绍一个长期存在的贫民区街头小贩群体，他们采取了颠覆性策略，运用"条子智慧"，对整个十字路口严加控制。小贩们没有避开瘾君子与毒品贩子，而是主动对违法行为进行监督。不过，在这里，他们对"条子智慧"的运用也让其他居民和整个贫民区付出了更大的代价。

# 第四章

# 平复街区

　　杰克逊在第五大街与圣佩德罗街交叉口的人行道上摆摊时，显露出一如既往的紧张情绪。傍晚的斜阳令他举手投足间更有一种紧迫感。杰克逊在人行道上铺了一张磨破的蓝色油布，从一辆破旧的购物车中卸下货物——六罐有凹痕的辣椒罐头、一捆女性化妆品和一摞大学课本。仅仅相隔几英尺的近处，还有三个街头小贩，都在兜售同样拾荒而来的货品。杰克逊满意地点点头，从身后的铁丝围栏上取下一把快要散架的扫帚，将烟头、脏纸巾和其他破烂扫成小堆。他蹲得很低，因为扫把的手柄只剩下短短一截。每当路过的行人打扰到他的细心工作，他都会懊恼地嘟囔一句。

　　在忙碌中，杰克逊注意到街角聚集起一群醉汉，正从牛皮纸袋里拿出几大罐麦芽酒，他顿时提高了抱怨的音量。杰克逊向这群人的方向跑去，途中拐到另一个小贩那边，扯了扯对方的衬衫，后者二话不说跟了上去。这个小贩名叫拉里，是个光头，胡须也刮得干干净净。

　　"嘿，大伙儿，"杰克逊挤进人群，语气强硬，"到别的地方喝去，听见没？这儿不是你们聚众喝酒的地方。"

男人们吓了一跳，但并无惧色。从外形上看，杰克逊不算有威慑力，他身高只有 5 英尺 5 英寸[①]，声音高亢洪亮。一名男子喝了一口麦芽酒，步态已经有些踉跄，俯下身子吐出一句含糊的回应。话刚说出口，拉里低沉的声音从上方猝然响起。拉里几乎比杰克逊高 1 英尺，体重也比他多了至少 100 磅，如今正透过一副墨镜打量着这群醉汉。

"离开这儿，伙计们，我只说一次。我没跟你们开玩笑，别赌运气。"

男人们沉默下来。

四个人睁着布满血丝的眼睛，怯懦地望向彼此，没有动手的打算，于是重新将酒罐包进牛皮纸袋，离开了这个街角。

杰克逊双手叉腰，满意地看着四个人晃晃悠悠地沿圣佩德罗街离开。

杰克逊、拉里以及另外 14 名街头小贩曾沿着第五大街（洛杉矶贫民区的一条主干道）摆摊做生意。在此期间，我与他们共度了大约两年半的时光。正如上述场景所描绘的那样，他们的工作不仅是兜售商品，还包括清理人行道、制止纠纷，更重要的是阻止人们在此酗酒或吸毒。由此，这些小贩维系起一个机敏的非正式社会控制体系。小贩们对非法活动的积极阻止与前一章中斯蒂尔等人的含糊之举形成了鲜明对比——举重团体从未试图纠正团体之外任何人的行为。事实上，斯蒂尔等人经常利用他人的明显成瘾行为，以此

---

[①] 1 英寸 =2.54 厘米。——编者注

反衬自身的道德优越感，有时甚至会以此为乐。尽管两个群体立场不同，但它们都是在钻研当地警务政策的基础上，对周遭行为做出反应。在无孔不入的警察威胁下，小贩们对人行道的非正式管制是一种替代性策略。本章将聚焦街头小贩对贫民区人行道的日常管理，探讨贫民区居民在与警察反复互动的过程中，发展出的运用"条子智慧"的其他方式。在此过程中，我们可以进一步认清警察对贫民区文化环境的塑造作用。

人行道小贩们的经历也为"第三方警务"进程提供了启示。在过去30年里，这是刑事司法领域中最关键的发展之一。控制犯罪的责任不再局限于警方，而是延展至整个社会空间。[1]在推行零容忍警务政策和生活质量法的同时，城市日益向市民施压，促使人们在日常生活之外参与管制其他市民的行为。[2]如今，房东会因租户做出的妨害行为而受罚，当铺老板会因顾客的枪支暴力而遭起诉，家长则会因孩子逃课而被罚款。[3]小贩的自愿监管模式表明，像"安全城市计划"这类治疗性警务政策有能力将社会控制扩展至市民手中。可以说，贫民区警务已将第三方警务扩展至"大街小巷"，甚至迫使围观群众与路人对附近居民的行为负责，即使他们之间并无直接关系。本章将探讨这一过程是如何展开的，以及随之而来的种种结果，这些未曾预料的影响往往是彼此冲突的。治疗性警务迫使小贩们在人行道上建立并维持一个无毒品区域，但其背后的代价也是巨大的。警察干预的持续威胁迫使小贩们采用警察的视角，并扮演代理警察的角色，由此带来一种不正当的私人化执法模式，破坏了人们常用理论归纳的非正式管控的益处，削弱了康复的可能性，导致贫民区居民的社会经济边缘化更加严重。

## 第五大街的小贩

洛杉矶贫民区与美国许多非常贫困的区域一样，存在诸多非正式的街头经济活动。[4] 从食品到理发，再到现金贷款——这些重要商品与服务的私下交易是本地居民维持生计的核心。最初，我为了摸清地下商业的轮廓，并与参与者建立联系，曾从事一种常见的营生：按根兜售香烟。每天早上，我在前往贫民区的路上买几包红万宝路，而后沿第五大街叫卖，每根卖25美分，符合附近的标准价位。一般来说，我工作三到四个小时能收回成本。后来我得知，其他人卖的烟是从墨西哥走私来的便宜假货。姑且不提赚钱，我倒是得到了进入贫民区街头小贩社交圈的机会。

首先是杰克逊。在搬到贫民区之前，杰克逊成年后的大部分时间都在洛杉矶一度繁荣的航空航天行业做机械师。他的故事反映出南加州数十年的去工业化过程对人们的影响，许多半熟练的黑人工人因此失业。面对一系列裁员、解雇和驱逐，杰克逊只得不情愿地与妻子——一个名叫莱蒂西亚的娇小女子搬进贫民区西边的一家破旧的分租房旅馆。在那里，他们的处境变得越来越糟糕。

一天下午，我们在市中心一家嘈杂的餐馆里吃着薯条，杰克逊坦白道："我们就是在那时候沾上的快克。"夫妇二人虽然常常在工作闲暇去酒吧消遣，周末偶尔吸大麻，但在搬到洛杉矶贫民区之前，他们并未尝试效果更强的毒品。"在那种地方，一天到晚都有人在敲你的门，你很容易陷到毒品里去。"在随后的两年里，他们在毒瘾中越陷越深。为了凑钱买药，杰克逊开始挨家挨户推销他从市中心的小巷里搜刮来的"小玩意儿"。

我第一次遇见杰克逊时，他的毒瘾非常严重，每天至少要吸一次快克。当时我在附近卖烟，他用一贯的推销手法招呼我。他先是对我"机灵的模样"大加称赞，而后拿出自己从旁边南加利福尼亚大学"借出"的一小摞书。作为城市另一端加州大学洛杉矶分校的研究生，我和南加利福尼亚大学可谓冤家路窄，一看到赫尔曼·梅尔维尔《白鲸》的第一页上印的南加利福尼亚大学的标识就乐了。但我最后还是买下了这本小说，并借机和杰克逊说上话，解释我正在从事的研究。杰克逊的接受之快让我有些惊讶，他还邀请我在他那块油布旁边开店，并自愿为我"指点迷津"。他坚持认为我们能互利互惠：当行人停在我摊子前买烟时，可能也会被他兜售的小玩意吸引，反之亦然。我们的合作关系就这样开始了。傍晚时分，我帮杰克逊将剩下的货物装进一辆摇摇晃晃的婴儿车里，他邀请我第二天继续合作。我答应了他。在接下来的几个星期里，杰克逊把我介绍给了其他十几个小贩。

## 维持无毒品区域

我在街角做生意时，常常对小贩们在人行道上严格维护公共秩序的行为感到惊叹。在他们介入监管的所有附近活动中，没有什么比与毒品有关的行为更能激起全体一致的谴责。就在与杰克逊搭伙的第二天，我目睹了他们的反毒品行动。事实上，经过此次干预事件，我的角色转变成杰克逊的助手。那是一个午后，杰克逊正在婴儿车里一堆皱巴巴的衣服中翻找着，我看到最上面的夹克口袋里滑

**兜售小型电子产品的地摊**

出一只小号的玻璃快克管。基思注意到我的目光，语气平和地招呼杰克逊过去。他是个身宽体胖的男人，我们几分钟前刚刚认识。基思背过身去，不愿让我听到他们的谈话，但我能从他严厉的责令中了解当下的局面。

"你很清楚，这里不能出现这种东西。"基思低声斥责杰克逊，指着身后的烟管说，"在我们这儿不行。"在过去的一年里，基思一直在帮助杰克逊戒毒。他偶尔会在做生意时收走杰克逊的钱，不断提醒他"别把生意和娱乐混为一谈"。

听到基思的说教，杰克逊这才转身看到那只快客管。"哦，操！"他看起来十分羞愧，试图安抚基思，"我知道，我当然知道，我就是……啊……好……我现在就处理掉，你不要担心，这就好。"

杰克逊快步走回婴儿车旁，穿上夹克，一把将快克管塞进口袋，而后转向我。"我回趟家，很快，"他说道，"帮我看着点东西。"还没等我回答，杰克逊就迅速向自己的分租房走去。半个小时后，他回来了，没穿夹克，我猜他也没带着烟管。就这样，杰克逊开始玩起失踪。在每天工作时间，他都会让我帮忙看四小时的摊子，而自己不是"必须回家"，就是要"和莱蒂西亚谈谈"，或者"检查点东西"。很明显，他其实是去吸毒了。每次找借口溜走前，他都会变得易怒暴躁，无论对我、其他小贩还是顾客。回来时，他又总是精力充沛、滔滔不绝，急切地让我在田野笔记中记下他过去的故事。

一开始，我还担心自己是不是助长了他的毒瘾，帮他看摊子，让他有时间一边赚钱一边吸毒。但三个月后，杰克逊开始主动控制自己的毒瘾。接连几日，他一直没有找借口离开，我意识到自己在一定程度上促成了他的改变。虽然有我在可以让他放心吸毒，但也因为有我在，他才能够回来。回到街角摆摊，意味着杰克逊必须把毒品和烟管留在家里，也意味着他要把自己与分租房大楼里那些随处可见的毒贩和瘾君子分开，哪怕只是在白天。这意味着他周围的小贩不仅要求他在工作时绝对禁毒，更是一看到吸毒用具就要介入。

关于我起到的作用，与非正式经济相关的社会学研究倾向于刚刚提到的第二种解读。我帮助杰克逊守住街头的摊位，从而让他能够接触到米切尔·邓奈尔（Mitchell Duneier）在关于纽约市格林尼治村街头小贩的民族志中所说的"人行道上的康复力量"[5]。邓奈尔认为，街头小贩让最贫穷、最失败的瘾君子也有机会"成为创新者——赚钱谋生,自尊自立,建立良好关系,并相互支持"[6]。这些小贩独具创业精神,对彼此负责,因此创造出"一种独特的方式,让人们设立新的目标,在有限的范围内掌控局面,进而不断推及生活的其他方面"[7]。

在3 000英里外的人行道上,邓奈尔记录下地位同等的居民如何对彼此严加管理,而我也在洛杉矶贫民区持续观察到相似的现象。尽管如此,我发现这里与格林尼治村有一个明显区别。[8]在洛杉矶贫民区,小贩们似乎更积极地将人行道康复势力扩展到与其直接相关的居民之外。第五大街的小贩们严格禁止一切形式的毒品活动,不论是同行小贩,还是不认识的路人。我的田野笔记中满是这样的故事:某个小贩注意到附近的行人试图卷大麻烟或拿出快克管后,会迅速走向此人,对其加以斥责,然后将其赶走。

随着对这一带了解的增进,我意识到小贩们的高频干预在很大程度上归因于他们在本地毒品生态中的地理位置。虽然第五大街的人行道上人流量最大,但此地位于圣朱利安公园和克洛克街的一些仓库之间——当地媒体和洛杉矶警察局称之为全城最热闹的"露天毒品集市"。[9]那些"搞到"毒品的人会快步走到第五大街,尽量隐蔽地填满快克管或注射器。他们虽然会被小贩的训斥吓一跳,但通常会服从要求。基思或拉里会大喝一声,吓得他们赶紧穿过十字路口走远,脸上还带着困惑的表情。如果行人太过专注地摆弄用具,没有注意到小贩的提醒,其他摊主就会前来帮忙,围着这个瘾君子大加斥责。

而当毒品贩子试图在附近进行交易时,小贩们会迅速出动。有些贩毒者为掩人耳目,会与顾客一边走一边买卖。这些人往往在小贩干预前就完成了交易，但偶尔也有毒品贩子停在摊贩面前收钱交货。

我曾见过一名衣装整洁，穿着红色运动鞋的年轻黑人男子来到附近，身后跟着两名邋遢萎靡的瘾君子。他停下脚步，从口袋中掏出一个透明的小包，递给其中一个。

基思早就盯上他们，见状立即大喊起来。"喂，前面那个，"他恼怒道，"说你呢！你别想把毒品带到这儿来。这可不好玩。"

"呃，大爷，别多管闲事。"年轻人回答。

"你这家伙听好了，我就是要管。"基思向前走去，刻意挺起了胸膛。

我和克雷格站在附近。克雷格是一名40多岁的高大摊主，刚刚给买了两盘《星际迷航》录像带的顾客找零。我同往常一样不动声色，克雷格则立即开口支援。"我也非管不可。"他大力推开顾客，向毒品贩子走去，声音低沉有力。

小贩团体中最年长的斯利克也加入，一边抚摸着灰白的长胡子，一边走向对峙现场。"听到没有，赶紧走！"

拉里最后也加了进来，附和着斯利克的话。"我要是你，一定会听老爹的话。"他的摊子距离事发地最远，他只是待在原地大喊。

年轻的毒品贩子收起了轻蔑违抗的态度。"走吧，"他对急不可耐的买家说道，"别理这帮浑蛋。"而后带着两个男人转身向圣朱利安公园的方向走去。小贩们没再说话，各自回到常规工作中去。

事实证明，当口头冲突升级为肢体冲突时，集体的支援尤为重要。曾有一个毒品贩子正对着克雷格的摊子做买卖，惹得克雷格迅速起身，要求男人"到街区另一头卖去"。对方并未退缩，而是向前一步，直接将脸凑到克雷格面前。两个人谁也不说话，以目光对峙。突然，毒品贩子毫无预警地伸手推克雷格的肩膀，迫使他向后退了几步。

"该死的！"克雷格叫嚷着稳住身体，蓄力反击。得益于充分助跑，克雷格直接把对方推了一个踉跄，向着另一个小贩奇科的方向跌跌撞撞而去。奇科毫不手下留情，一把将他向街边搡去。只见那毒品贩子失去了平衡，被绊倒在地，手机从手中飞了出去，在人行道上摔成两半。奇科、拉里和另外两个小贩很快像人墙般堵在毒贩与克雷格之间，那毒贩只好一边捡起手机零件，一边大声咒骂。

"叫了这么多人来，算你走运。"他嚷道。

"我看你才是走运呢。"克雷格回击道。

"哦，是吗？你这人真是烂透了。等我抄上家伙，看你还敢叫嚣。"他撩起衬衫，露出腰部，表示暂时没带武器。"你给我等着，狗娘养的，"他还没停嘴，"你们都给我等死吧。"他直盯着克雷格："还有你，等着瞧。"他带着恶狠狠的笑容，故意放慢步速离开这里，眼睛始终盯着我们所有人，直到穿过十字路口后才慢跑起来。我对毒贩的威胁比较在意，但其他小贩似乎毫不慌乱。他们神色如常地回到自己的摊子，仍像以前那样竭力维护这危险重重的人行道管理系统。

## 第五大街之眼

在不断介入当地毒品经济的过程中，小贩们充当起城市理论家简·雅各布斯所说的"街道之眼"[10]。雅各布斯在《美国大城市的死与生》一书中写道，街道之眼是确保社会安全稳定、秩序良好的关键，特别是在警力较弱的弱势社区：

> 首先要弄明白的是，城市公共区域的安宁——人行道和街道的安宁——不是主要由警察来维持的，尽管这是警察的责任。它主要是由一个相互关联的非正式网络来维持的。这是一个有着自觉的控制手段和标准的网络，由人们自行产生，也由其强制执行。[11]

雅各布斯写道，公共区域的安宁通常是由生活于其中的个体来维护的，尽管这听起来有些不可思议。在她看来，街头小贩，比如洛杉矶贫民区第五大街的小贩团体，是"最有用的街道监视者和人行道护卫者"，即街道之眼最典型的代表。[12]

雅各布斯对非正式监管的推崇，反映出贯穿城市社会学思想史的主流思潮。从第一代芝加哥学派社会学家开始，研究人员不断注意到，贫困的城市社区难逃"社会解组"现象的困扰，即"某个社区的结构不足以使其居民共享同一套价值体系，维持有效的社会控制"[13]。鉴于社会解组与犯罪之间存在根深蒂固的联系，社会学家、犯罪学家与政府官员都在努力寻找某种方法，以加强对街道的监视，并提高警惕性。

说来或许有反直觉，但刑事司法学者和专业人士正是以雅各布斯的著作为基础，倡导起零容忍警务政策，就像目前在洛杉矶贫民区实施的政策一样。[14] 对雅各布斯观点最著名的借鉴无疑是威尔逊

**午后的棋局。摄影：内森·斯图尔特**

和克林的破窗理论。[15] 据其表述，警察对不良行为采取更积极的措施，将有助于减少居民对犯罪与罪犯的恐惧，也让他们更有勇气扮演街道之眼的角色。民众主动监管和监护的意愿提高，反过来将降低犯罪率，提高社区的稳定性。[16]

乍看之下，小贩们的行为似乎验证了威尔逊和克林的主张。[17] 他们建立的人行道管理系统是为应对强化执法而发展起来的，尤其是中央分局对毒品的打击。然而，经过细致观察，我发现小贩们的严格禁令的形成机制与威尔逊和克林所称的截然不同。小贩们对毒品活动的禁止并非因为对附近瘾君子、毒贩或其他罪犯的恐惧减弱，而是因为他们越来越害怕警察，越来越希望避免与警察接触。他们需要保护自己免受刑事司法纠葛的连带影响。

每当小贩们的非正式控制遭遇失败，未能成功破坏毒品买卖行动时，他们施加干预的基本动力便凸显出来。有一次，我与基思在他的分租房旅馆楼下相遇，一道走向第五大街。我们开始准备这天的货物，却惊讶地发现史蒂维已经到了。我们已经比平时来得早些，没料到这个镶着闪亮金门牙的瘦小摊主更早一步。但在我们走到史蒂维的摊位之前，基思停下脚步，与附近墙边的一小群朋友交谈起来。我静静地站在基思身旁，看着史蒂维向过往行人推销自己的商品，最终说服其中一人买了两包他自制的熏香。正当史蒂维将一叠皱巴巴的钞票塞进牛仔裤前面的口袋里时，有什么东西吸引了他的注意力。他用力吸了吸鼻子。一秒后，我闻到了淡淡的大麻味。

"我说，你们这些家伙。"随后，我听到史蒂维那略带南方口音的高喊。他坚定地走向街角的外卖餐厅，门口站着四个吞云吐雾的黑人青年。我走近了几步，但始终和他们保持距离。

这些人或许听到了史蒂维的警告，却没有表现出来。其中一名裹着丝质头巾的男子迅速将叠好的钞票递给身边一名头戴道奇队棒球帽的男子。

史蒂维一开口就表现出厌恶。"抽什么呢？在这儿贩毒？这儿不能干脏活儿，不知道吗？"

这一次，男人们显然不能无视史蒂维的存在。头戴道奇队帽子的那个人转过身来，自上而下地打量着史蒂维。"这位大哥，"他厉声道，"管好你自己，别管我们的事，好吗？"说完最后一句，他猛地向前逼近。史蒂维不禁后退一步，但还是站稳了脚跟。我回头看了看基思，发现他没注意到这边发生的事情，史蒂维孤立无援。

在争吵过程中，那伙人中有一个突然离开，匆匆走进附近的餐厅。一秒钟后，洛杉矶警察局的警车停在余下三人面前。

"现在知道了吧？"史蒂维以早有预料的语气感叹着，转身走回自己的摊位。

两名警官迅速走下警车，命令三人靠墙站好。不知他们把大麻藏在了哪里，警察一无所获。15分钟后，三人得到释放。但在返回警车之前，警官们却将注意力转向了史蒂维。基思走到我身边，一同在安全距离之外静观事态。

警官们语气强硬地对史蒂维说："这里不能卖东西，知道吗？你不能堵塞人行道。"

史蒂维为自己辩解："我没有，您看，我的货都是靠墙放着，这样就不碍事了。我绝对没想堵住人行道。"

警察们似乎不为所动。不论史蒂维如何哀求，他还是被开了罚单，警察们要求他收好自己的货物离开此地。他们看着他将货物装回行李袋，才继续开车上路。

没过多久，那个头戴道奇队帽子的男人从外卖餐厅里走出来。

"看到没有！"史蒂维喊道，愤怒地挥舞着手臂向他走去，"这就是我说的，我跟你们说了，不要在这儿干不干净的买卖！我饭碗都被你们弄没了。"他把一叠CD塞进包里，"看到那些条子了吧，不是因为你们的事，警车才不会停在这儿。结果是我被卷进来，他们本来可以直接开过去，是你们给了他们停车的理由。我本来好好的。"

戴道奇队棒球帽的男子却只是摇摇头："随你怎么说。"

我和基思走到史蒂维身边。他已经收好货物，口中埋怨不断。

"今天还是别干了，"看到我们还没开始卸货，他说道，"这里

贫穷有罪？：洛杉矶贫民区的治安与日常生活 176

买卖毒品的人太多了。"

"他们在这里多久招来的警察？"基思问道，显然还想保持乐观。

"也就几分钟，"史蒂维回答，"他们早就被盯上了。今天早上本来清净得很，结果他们一来，警车就停下了，让我收拾摊子滚蛋。"史蒂维大概讲了讲他如何试图支开这些人："这群浑蛋，他们招来的破事让整条街都不得安生。我就因为他们损失了两百块！"他在空中挥舞着罚单，"再加上我今天都没得赚，就应该把账单扔给这帮小混混！"说完这些，史蒂维费力地将行李袋扛上肩，一边抱怨一边穿过圣佩德罗街。

"可恶，"基思边骂边朝街角看去，"那些警车还会回来的，一般要绕上好几圈。要是他们联系调度中心，附近所有条子都会盯上这里，就算那些毒品贩子真的走了。现在太乱了，他们肯定也会给我开罚单。"他叹了口气。"走吧，等这里恢复平静再出摊。"我和基思只得屈服，决定傍晚再来，但愿那些毒品贩子已经散伙。那天早上，史蒂维和基思摆摊赚钱的愿望就这样破灭了。

## 平复街区

史蒂维、基思与同行小贩们正是在不断与警察接触的过程中，得到了宝贵的教训：只要街角处有明显的甚至是可疑的犯罪活动，路过的巡警必将提起注意，引发一连串恶果。警官们会立即走下警车，或是从自行车乃至马鞍上翻身而下，投入调查。结束调查后，警察们常常会环顾四周，将其他常被忽视的问题一道处理。小贩们由于存在感较强，常常成为二次干预的目标。由此，小贩们发现了一个长期被警务研究者忽视的规律："穿着制服的巡警……几乎一定会以某种方式介入附近的事务。"[18] 最好的情况是，警察简短地盘问几句，确认货物中没有毒品和武器，而后便放过他们。而最坏的情况是，警官们会命令他们收拾东西离开，开出阻塞人行道的罚单，没收存货，或者像我后期调查时发现的那样，以未清偿罚款或无证街头贩卖为由将他们逮捕。

小贩们的生计遭遇了新的威胁，这迫使他们改变自身与人行道周边环境的长期关系，尤其是环境中与毒品经济直接相关的部分。虽然他们严格禁止杰克逊与其他摊主在街角吸毒，但在"安全城市计划"启动之前，面对陌生路人的毒品相关行为，他们的态度其实较为模棱两可。有些小贩曾坦言，吸毒者和毒品贩子的交易得到了他们的"默许"。譬如，拉里就公开承认，毒品交易的存在能为他带来更高的营业额，因为街边小贩与毒品贩子的目标客户是相似的。"我们互不干涉。"他告诉我，"简单的道理：让自己活，也让别人活。说实在的，以前毒品贩子在这附近卖大麻，我赚得更多。人一嗑嗨了就想吃点儿什么，或者来点儿新音乐听听。这时候就轮到我了。"他指着一摞方便面和两个塞满盗版 CD 的笔记本说。

然而，一旦小贩们体会到洛杉矶警察局执法行动带来的威胁，这种心照不宣的和平共处就宣告破裂了。在一个寒风彻骨的傍晚，我向拉里、基思和一个名叫杰罗姆的矮胖的小贩了解"安全城市计划"启动前的日子，也就是他们口中的"过去的好日子"。而当他们回忆起日益频繁的警察接触时，这种怀旧很快变成了深深的沮丧。

"以前我们人可多了。"基思抱怨道。他戴着那标志性的棒球帽，几乎让帽檐挡住了眼睛。我们四个紧挨着彼此，捧着手掌吹热气，希望能暖和一点。"那时候这一带叫作'贫民区跳蚤市场'，街道两边全是人，每天从早到晚，挣得也多。"他沉吟片刻，摇了摇头，"但后来，一个个全被警察带走了。"

"他们怎么盯上你们的？"我问。

"因为他们没事找事！"拉里不留情面地回答，"就是纯种浑蛋。"而后，他背过身去，朝脚下啐了一口唾沫，以表达他的强烈态度。

"要我说，"基思深表赞同，但他的叙述更加复杂，"他们以前没那么浑，过去也不是没针对过我们，但和现在不一样，还记得吗？"拉里没有说话，点头示意基思继续。"我记得有一天，他们就像纳粹突击队一样冲过来，最开始只对付那些在光天化日下干违法勾当的蠢小子。但是，他们把那些家伙都赶走以后，就开始瞄向我们了。"问题是，他们现在不能偷懒了，如果他们真想抓住那些暗中交易的聪明人，就确实得做点警察该做的事情了。他们开始在大街小巷巡逻，就像《辩护律师》里演的那样，把每个人都卷进麻烦，一个口袋一个口袋地搜。

拉里插嘴说："他们收拾完这些人之后，就开始使劲往这边看。"他迅速后退几步，指着巡警经常去的十字路口："他们就坐在那里，总想找个理由跳出来，那架势好像是在说，'我想他马上要谈成一笔生意了'。他们想知道我是否参与其中，是否跟那些人合谋。比如，给他们做掩护、把包裹藏起来、给他们找钱，或者诸如

第四章 平复街区

此类的卑鄙行为。"

"所以就盯上了我们。"杰罗姆沮丧地说道,"明明追的是别人,结果倒是我们被包围了。"

拉里埋怨着:"说的就是。他们是真的浑蛋,对我们和那些家伙的差别视而不见。所以我才一直坚持让那些沾上麻烦事的年轻小伙子到别处去。想卖大麻?可以。去专门卖大麻的地方。想卖别的?都能找到专门买卖的街角。反正我只知道现在这里不能卖。"

"没错。"杰罗姆表示同意。

小贩们在日常交谈中提及的意外警察接触,反映着与斯蒂尔及其举重团体提供的民间分析的集体性成果。两个群体间没有接触,却对自己被定罪的原因给出了近乎相同的解释:之所以被迫与警方接触,是因为他们被卷入了洛杉矶警察局与毒品贩子和轻微犯罪者的交火之中,而发动这场战争的警官们无法或不愿承认街头小贩与毒品交易者之间的差别——但在居民看来,二者截然不同。虽然两个群体都承认无法完全避免与警察的接触(即使在启动"安全城市计划"之前,他们也偶尔会被警察拦截或罚款),但他们相信至少能对局势有一定的控制力。他们可以积极采取措施,减少警方的误判,从而减少与警察接触所带来的伤害。斯蒂尔等人采取的策略是频繁移动和自我展示,从身体特征与象征意义上与"真正的"目标保持距离,这些目标就是在他们看来,会让警察判定与犯罪有关的个人、场景和地点。第五大街的小贩们没有太多选择。沿街摆摊的经济活动性质决定了他们无法简单避开可能引起警方高度关注的人和地点。为了赚取利润,他们需要醒目地停留在一个能够提供稳定客户群体的地方,时间长达数小时。因此,他们会聚集在斯蒂尔的团体所竭力避开的街角，这并非巧合。

面对上述限制，小贩们采取的策略是预先阻止可能会引起警方关注的个人、行为和活动出现在附近地带，也就是他们口中的"乱子"和"破事"。正如拉里解释的那样，小贩们为"平复街区"所做出的努力要求他们重新解读街道上的景象以及他们与街道之间的关系，仿佛他们是执勤的警察。与斯蒂尔等人一样，小贩们将大量精力用来"像警察一样思考"。然而，与之不同的是，小贩们利用视角的反转不仅修饰了自己的外表，而且充当代理警察，做起了预先治理的工作，改变了周围公共空间与居民的面貌。他们在警察到达之前便筛选出潜在的目标，并加以管制，希望以此抵御警察的正式惩罚性举措——任何不幸站在附近的人都可能被波及。同样，由此产生的非正式管控体系与破窗理论支持者所预期的那种主动监管形成了鲜明对比。执法力度的增强确实让邻里对街道多加监管，但这种监管主要是为了降低警方活动的范围、影响力和效率。

## 当街道之眼像警察一样思考

在洛杉矶贫民区这类地区，人们很容易把自发的集体性监管视为一种巨大的进步，而不论其背后的动机为何。[19] 而从实际效果来看，小贩的行动也确实有效消除了（或至少转移了）毒品交易与其他非法行为。这为警察、市政官员以及所有关注改善贫困与边缘社区现状的人带来了一个重要的实际问题。当非正式管控来自对警察的密切研究，这里是否存在问题？或者说，如果管控的最终目的是破坏警务工作，这样也没问题吗？

当我继续观察与小贩发生冲突的人与行为，并对其进行分类时，问题的答案逐渐浮现。我发现，自愿监管的起因与目标是非常重要的。非正式社会控制的"原因"最终决定了何者被判定为"有问题"，以及他们如何解决这些问题。这在小贩们积极执行各项人行道禁令时一目了然，包括制止阻塞人行道或坐在人行道上的行为。他们知道这些违法行为会引起来往警察的注意，因此通过驱散成群的行人，阻止无家可归者坐下来休息，赶走任何可能阻塞人行道的人，以达到平复街道的目的。

一天下午，我看到基思赶走了路过他摊子前的三名行动迟缓的大龄黑人女性。她们显然对基思的打扰十分恼火，出口辱骂起来。双方快速争执了几句后，她们最终退让，快步走开了。

"我们不能让人行道流动受阻。"基思告诉我，心情还未从刚刚的交锋中平复下来。

我点头表示赞同。"这样你就不会因为堵住人行道而被开罚单，对吧？"

"嗯，是啊，"他答道，"路过的缉毒警如果看到人行道上堵着人，肯定会觉得至少有一个在贩毒。只要认定人群中有毒品贩子，他们就会把每个人都压在墙上搜身。"

可以预料，有些居民不太愿意或者不能够遵守小贩的命令快速离开。当他们不服从命令或进行抵抗时，小贩就会以对待毒贩那般凶狠的方式进行回应。例如，某天早上，一个有精神障碍的无家可归的男子坐在了路边，正对着小贩们的街摊。于是，他们立刻展开行动。杰罗姆率先走上前去，要求他换个地方休息。男子没有立即回答，于是杰罗姆提高音量，重申了命令。另外两名小贩注意到他们，立即一同责骂男人，一边走到杰罗姆身边，一边嘲笑那是个"懒汉"和"道德沦丧的浑蛋"。他们弯下腰，架起那人的胳膊，使其双脚离地数英尺。三人一路将他抬到街区的另一端，不顾他在空中猛烈挣扎，而后漠然将其靠墙放下。

小贩们对附近行人的严厉举措说明，在努力减轻零容忍警务政策对其生活的负面影响时，他们感到必须"把它传递下去"，也就是说，对日常且无害的公共举动严加管制。这是一种反常的非正式社会控制模式，超出了雅各布斯或威尔逊和克林的设想。[20] 在描述街道之眼的理想时，雅各布斯写道："通过监视和互相监督来确保安全听上去挺残酷，但在实际生活中并不残酷。""一条街道，当人们能自愿地使用并喜欢它，而且在正常情况下很少意识到它在起着监督作用，那么这里就是街道的安全工作做得最好、最不费心思、最不经常出现敌意或怀疑的地方。"[21] 显然，这种描述并不适用于小贩强力控制的第五大街人行道。面对任何威胁到本街区的人，小贩们都会组成敌对的统一战线。他们勤勉的禁毒行动看似有益，却伴随着对其他非犯罪居民的冷漠甚至残忍相待。在此过程中，他们已将自身的福祉凌驾于他人之上。

小贩们的严格监管不仅在贫民区的街道上制造了敌意与紧张的气氛，还在其他方面破坏了个人及社区的稳定，带来了更难解决的麻烦。当街道之眼被迫像警察一样思考，他们的行为就会削弱甚至抵消非正式社会控制理论上能带来的益处。事实上，小贩们试图预先阻止警察接触，却在无意间助长了犯罪，阻碍了康复与向上流动，并进一步加剧了压在贫民区居民身上的地域污名化。

## 街道闲言

雅各布斯认为,最有效的非正式社会控制是"通过一个由声誉、街谈巷议、赞许、反对和制止等行为构成的网络来运转的"[22]。街道之眼扮演着雅各布斯所说的"街头消息暗道"的节点与接力棒,为社会管控过程出力。[23] 通过在街头小巷散布"闲言",街道之眼为其他居民提供了预测、避免和平息潜在混乱所需的信息。雅各布斯在对纽约市下东区的研究中发现,居民通过汇集这些信息来了解诸如"贩毒者是不是到街区来了""一些捣乱分子要开始行动,得提防着他们一点""两个女孩正惹得一伙男孩争风吃醋,一场群架将要发生"等形势。[24] 雅各布斯警告,这类信息不会在缺乏街道之眼的社区流通。[25]

作为贫民区最热闹的街道上的监视之眼,小贩们建立起类似的信息传递网络,及时传播关于未来骚乱的警告。但与雅各布斯所颂扬的街道之眼不同,小贩们发挥的作用很少得到非正式社会控制相关研究的关注。[26] 由于他们将警务工作视为邻里生活最直接有害的干扰,他们的警告内容也主要是警察即将出现与实施干预的消息。在街头消息暗道的颠覆性运转中,小贩们传播的闲言基本就是"警察"。

为了更好地平复街区,这些人开发出一个简单有效的警报系统,只要在警察到来时出声提醒即可。每当小贩们发现有警察靠近时,他们会随意(但声音很大)地喊出"一次"——表示"警察"的俚语。这喊声被小贩们依次重复,常常传达到更远的地方。即使我在这附近待了很多年,依然对沿街摊贩靠声音传递的警告声深感敬畏。声音从最初喊出"一次"的地点，向街道两边持续蔓延，往往能到达几个街区之外，速度比洛杉矶警察局的警车还快。最初在距离小贩们两个街区处兜售散烟时，我就对街道上回荡的呼喊与回应现象感到惊叹。最终我了解到，这些呼喊声往往源于小贩。他们已经建立起一种默契，早到的小贩将摊子摆在距离路口最近的地方，获得最佳视野，每当看到警察靠近，便会率先发出警报。这些警报将为其他小贩争取关键的几秒钟处理时间，将附近最可能引起警察关注的行为解决干净。

根据我们目前的探讨，第五大街的街头消息暗道有两个方面特别值得注意。第一，虽然旨在保护彼此，但小贩们的"一次"呼喊实际上提醒了所有听到声音的人。这意味着，尽管小贩对附近的毒贩和瘾君子怀有敌意，但实际上却充当了为其望风的角色。警报系统为这些人提供了中止交易、藏匿货品，并提前撤离现场的时间窗口。这当然能够帮助小贩平复街区，却也同时保护了毒品经济，让交易双方不易被警察发现，削弱了洛杉矶警察局的执法效力。

第二，警报系统展示出居民如何运用"条子智慧"应对激进执法，这种策略又如何在社区的共同实践中得到巩固。我自己在加入小贩群体并了解警报系统的起源之前，就已经参与其中。现在回想起来，我很难确切解释当呼喊声从一个街区以外传来时，我为何也被卷入。我当时只觉得很"正常"，和所有人一样。我可能正在和买烟的顾客说话，谈到一半，对方却突然向后一仰，大喊"一次"。不论是好是坏，街头消息暗道似乎正将"条子智慧"的雏形传遍贫民区街道，让越来越多的居民——无论犯罪与否——能够更有效地预测警察的行动，避免与警察接触。

而有些小贩更加精明，他们最大限度地运用信息获取和传播渠道，预测并操纵警方未来的行为。其中就包括沃伦，一位颇有魅力的30多岁的黑人男性。沃伦2000年从北卡罗来纳州搬至洛杉矶贫民区，是个有着灿烂笑容与远大志向的男人。他以演艺事业为目标，有时会消失一整周，在市区拍摄的广告和电视节目中担任临时演员。他用"在片场"赚来的钱购买香熏蜡烛、精油和仿古龙水。这意味着，沃伦的存货成本远高于大多数小贩，一旦被警察没收，损失也更大。因此，他发明了一种创新策略，用他自己的话说是"驯服市场"。某日，沃伦决定与监督摊贩所在区域的高级警员交朋友。他在圣朱利安街等了两天，看到高级警员出现，立即上前做自我介绍，并就自己的演艺事业与对方攀谈起来。

"我们站在那里聊天的时候，他还挺和善的。"沃伦回忆说。

"你们谈了些什么？"我不大相信地问道。

"也不是，认真说来，"沃伦辩解道，"我只是跟他讲了讲我在做的事情，他真的在听。我只是告诉他我为什么搬过来，住在哪里，怎么拍广告，还在努力和一个经纪人打交道。他问我拍了什么电视节目。你知道，这里的很多人都讨厌他，但他不想抓你的时候，人真的很好。"

经过这场互动，沃伦更加不遗余力地与高级警员定期聊上几句。许多摊贩对他的方法表示怀疑，但令他们惊讶的是，这种关系确实有用。在某次交谈中，高级警员警告沃伦，在本月余下几天里，中央分局将在他的巡逻辖区内加大人行道条例执法力度。他谨慎地警告沃伦，如果他不更换街角摆摊，一定会收到罚单，甚至被逮捕。几天后，沃伦找到了充分利用这一情报的方法，他故意将自己认为惹事太多的小贩留在原地，以做惩戒。

一段时间以来，这些人对杰罗姆越来越不满，因为在杰罗姆认为相当无意义的一次逮捕后，他与警察之间的关系越发紧张，这严重影响到周边的其他小贩。一次，杰罗姆对两名开车经过的警察扬声辱骂，导致基思和一个名叫卡特的摊主收到了罚单，还差点被没收了货物。据他们所说，警察当即一脚踩下刹车，给他们三个戴上手铐，并全身搜查，然后命令他们收摊走人。

"杰罗姆太能惹事了。"基思抱怨道。

"他给我们所有人都带来了麻烦。"卡特也说。

他们一再要求杰罗姆跟大家一样，不要直接向警察表达不满，但杰罗姆置若罔闻。于是，他们决定给杰罗姆一个教训。报复行动巧妙地展开，在杰罗姆辱骂路过的警车三周以后，我和杰罗姆、卡特以及一个名叫特伦斯的络腮胡高个子小贩同往常一样，坐在放牛奶的板条箱上。不久后，沃伦也到了，但他没有像往常一样卸下背包。他将卡特拉到一边，分享了从高级警员那里听来的情报。他们低声交谈了15分钟，而后沃伦迅速走到街对面，靠在墙上。几分钟后，趁着杰罗姆在一旁玩手机，卡特悄悄地与特伦斯商量起来。两人随后安静地收拾摊子，向沃伦的方向走去。特伦斯向我轻轻点头，打了个手势示意我跟上。我领会了他们的意思，跟着他们一起过了街。

"我受不了那个蠢货。"走到对面街角后，特伦斯开口抱怨道。

沃伦的语气同样不屑一顾："这人太能惹事了，对我们大家都没好处。"他的观点在几分钟后得到了证实。一辆警车开进了第五大街，缓缓地从杰罗姆身边驶过。

"你看，"特伦斯走到我身边，低声说道，"沃伦说他们这周会在整个街区到处抓人，现在就缺一个借口。"

与他们预测的一样，警察将车停在路边，给杰罗姆戴上手铐，把他的货物扔进后备厢，而后向中央分局驶去。

沃伦满意地点点头："或许去趟局子能让他清醒一点。"

一个月后，杰罗姆出狱回到街区，沃伦的话似乎得到了证实——杰罗姆不再对警察出言不逊。

"进去待上几个星期，人的脑子自然就正常了。"在杰罗姆的摊子旁相安无事地度过一个下午后，沃伦说道，"他现在不算是麻烦了，在我这儿翻篇了。"只要杰罗姆保持冷静，与其他小贩一同为平复街区做出努力，沃伦就会心甘情愿地与之分享从高级警员那里获得的信息。而只要他认定某个小贩"太能惹事"，就会通过某种隐晦的威胁让对方遵守规矩。"你应该不想落得杰罗姆那样的下场吧。"他在解决纷争、强加个人意愿时不断重复这句话，很少遇到反对意见。

## 应付陌生人

在犯罪学文献中，陌生人与外来者是对社会稳定、安全和团结的主要威胁。威尔逊和克林曾将犯罪、危险和恐惧主要归咎于那些"入侵"某一社区，意图伤害"体面的常住者"的陌生人。[27] 雅各布斯也认同这一逻辑，她曾写道，街道之眼的首要责任之一是"应付陌生人"。[28] 正如雅各布斯指出的那样，街道之眼"注意着陌生人，注意着街上发生的一切。如果需要采取行动，不管是指引一个走错路的人，还是打电话给警察，他们都会去做的"[29]。她口中的"本地人"有责任对那些缺乏合法理由出现在此地的人保持警惕。

尽管威尔逊、克林以及雅各布斯都将对陌生人的监管视为重中之重，但他们并未对本地人如何判断谁是陌生人做过多解释。[30] 街道之眼怎么知道谁是外来者？确切地说，他们在警惕什么？我对小贩们的研究表明，在贫民区这样的超高强度执法地区，街道之眼会像警察一样思考。他们绝大多数采用并模仿警方的标准，以区分危险的外来者和"属于"本社区的人。这一点在个体的种族与性别方面尤其突出——警察们对白人和女性高度警觉，因此小贩在模仿过程中也会强行将这样的人逐出附近的公共空间。如此一来，他们维持着一种有害的种族及性别秩序，给周遭群体带来了可怕的影响。

在第二章中，我注意到中央分局的警察往往严加拦截和审讯那些为犯罪或剥削弱势居民而进入贫民区的嫌疑对象。除了专向弱小者下手的"掠夺者"与催生不良生活方式的"空想慈善家"以外，警察指出还有另一群外来者"入侵"了这个街区。随着市中心的重建与士绅化，居住在套房公寓中的体面白人明显开始涌入贫民区买卖毒品。警察们认为，这些人相对"容易被发现"。虽然白人占市中心人口的53%，但他们在贫民区人口中只占不到10%。[31] 用一名巡警的话说，"他们几乎找不到合法理由出现在这里"。

一如往常，贫民区居民很快认识到警察对非贫困白人的严厉审查。让我们以无家可归的白人男性萨姆为例：当萨姆试图摆脱酒精并远离贫民区的街道时,他却越发受到警方的怀疑,也因此受到街道之眼的特别关注。我在最初与小贩共同行动时便与萨姆成了朋友。刚见面时,他胡子拉碴,头顶乱糟糟的黑色卷发,已经有些灰白的痕迹。他身上酒气熏天,走起路来也不灵便。一年前,萨姆在经历一场严重的车祸后来到贫民区。这场事故导致他几根椎骨与肋骨断裂,膝盖粉碎性骨折,股骨受创。由于背部疼痛难忍,却买不到有效的止痛药,他开始酗酒。医疗费用越积越多,萨姆没有太多选择,最终搬到贫民区,在午夜传教会找到一张床位。然而,仅在第二晚,他就因酒后与传教会保安斗殴而被逐出此地。自那以后,他开始露宿街头,将自己的行李放入一辆购物车内,其中包括一顶小帐篷、一块油布、一只背包、几件裤子和衬衫。

  萨姆每周都要来小贩聚集的街角出售在附近巷子里搜刮来的物品,其他人似乎不怎么在意萨姆的肤色。即使谈到种族问题,也往往是在开玩笑的场合中。例如,杰克逊很喜欢搂着萨姆,声称他们是"同父异母的兄弟"。这体现着萨姆和小贩之间的轻松互动。小贩们不愿意离开自己的摊位"出去跑",因此依赖萨姆和其他贫民区拾荒者在工作期间帮他们补充存货。一般来说,萨姆每件物品收取 50 美分至 2 美元。有一次,我看到他卸下满满一购物车的小型电子产品、嘻哈 CD 和杂志,一共赚了 30 美元。

  拾荒为萨姆提供了足够吃饭和喝酒的钱,却让他的身体每况愈下。每次背痛,他都会买一瓶 40 盎司的麦芽酒,但长时间行走站立、翻找垃圾箱、拖动沉重的购物车,加重了他的伤势。最终,萨姆的行动越发困难,因为疼痛而不得不停止拾荒。由于手头拮据,他最终向烦琐的官僚程序屈服,开始申请领取社会安全生活补助

（Supplemental Security Income，SSI）。他用每月领到的938美元在第七大街的一家住宅旅店租了一个房间。

我大约有5个月没在第五大街见到萨姆（在附近的其他地方也没有）。再次偶然相遇时，如果不是注意到迎面走来的男人脚步蹒跚，我甚至认不出他。萨姆刚刚刮过胡子，头发也精心修剪打理过。他穿着一条干净的牛仔裤，上身是浅蓝色的短袖系扣衬衫。他脱下了那双白里透灰的斐乐网球鞋，换上崭新的黑色耐克鞋。我们拥抱问候，一起走到附近的赛百味吃午饭。在接下来的一个小时里，萨姆为我介绍了他领取的社会安全生活补助、他的旅店房间，以及他如何"振作起来"。萨姆自豪地告诉我，他已经一个多月滴酒不沾了。

此次重逢后一周，萨姆再次现身第五大街，携带一个牛奶箱和一个黑色大背包，包里装着一盒香烟和很多盗版DVD。他在为小贩供货的过程中熟悉了人行道上的销售流程，如今手头有些宽裕的资金，他决定试试自己在街边兜售商品。其他小贩热情地欢迎他，我站在斯利克和毕晓普（一名留着灰辫子的老小贩）身边，听他们和萨姆开玩笑。

"瞧瞧是谁来这儿做生意了。"毕晓普用开玩笑的语调喊道。萨姆满面笑容地点了点头。

"他现在是个做买卖的商人了。"斯利克补充了一句。

然而，这种友好很快烟消云散。一开始，我的感受不太明显，但小贩们确实开始对萨姆的重新出现表示不满。一天下午晚些时候，我和斯利克一起用他的便携式DVD播放器看盗版的《美国黑帮》。斯利克发现萨姆正在打包当天的货品。

第四章 平复街区　191

斯利克最初的接纳态度显然已经转变，他低声叹息："感谢上帝，这狗娘养的终于要走了。"

卡特是一个50多岁、拉直了头发的男人，他也表示赞同。"赶紧走吧。"

一直等到萨姆消失在拐角处，我才向他们发出疑问。"你在生萨姆的气还是怎么了？"

"我就是有点烦了，看他天天在这里。"卡特直截了当地答道。

"没错。"斯利克附和。

我对这个答案并不满意。想到斯利克之前的话，我猜测是萨姆带来了更多竞争，让他们不满。我继续问道："你们卖的东西差不多，是不是？他现在是不是搅乱了价格？你们是竞争关系？"

但他们的回答否定了我的假设。"不，朋友。根本不是你想的那样。"斯利克嗤笑一声，"这里生意很好，养得活我们所有人，根本不用担心这个，好得很。妈的，我挺喜欢这人的，他人不坏。有时候，我们还会交换电影来看。他从来不带蠢货来惹事，也不像其他几个浑蛋那样咄咄逼人。所以，他在我这儿还行。"斯利克停在这里不说了。

我更加一头雾水，继续询问："那问题到底是什么？"

卡特突然接话，似乎是为了让我别再打听。"又不是都由我们说的算。"他直言道，"如果我能决定一切，那情况肯定大不相同。那些浑蛋条子，他们就是问题所在。他们在这边巡逻速度很快，经过那边转角也就只看一眼。"他指向第五大街，也就是警察通常出现的方向。"一般来说，他们根本不会停留，但总有一些事情会让警察突然关注我们。萨姆太惹眼了！在贫民区，白人的处境就像别的地方的黑人一样,你能理解吗?那些条子坐在车里就会想,'嗯……这个白人和一群黑人混在一起干什么呢?肯定没好事,我们过去看看'。就因为这点事,你的东西可能会全被没收。这和你做了什么没关系,他们只需要一个由头。"

斯利克支持卡特的观点。"没错。萨姆搞得这里不得安宁。我觉得如果他每天还是这个时间出摊,我就晚点再来了。"

卡特和斯利克揭开了问题的本质。他们像警察那样思考问题,预见到萨姆的种族特征可能会带来与警察接触的糟糕后果。特别值得注意的是,当萨姆还是一个穷困潦倒的醉鬼时,他的种族并不是问题。只有在萨姆几乎与其他人一样获得了稳定居所、收入和体面衣装后,他的白人身份才变得惹眼。就好像萨姆通过清洗身体,除掉了身上掩盖种族身份的污垢。对于街头贩卖这项工作,他现在"不够黑"。

萨姆从无家可归的状态中走出来后,曾多次与贫民区警察发生冲突,这证实了小贩们的担忧。一次共进午餐时,萨姆向我抱怨道,在短短两周内,他被警察分别拦截和戴上手铐六次。"我现在剪了头发,"他咀嚼着三明治,"简直就像往脑门上盖了个戳:请逮捕我。"他还详细讲述了最近一次被警察拦下的情况,当时他正在公寓楼外与一名黑人邻居交谈。令他惊讶的是,警察竟然放走了那名黑人男子,给萨姆戴上手铐,询问他到底为什么来到贫民区。"我记得他们不停问我:'你来这里干什么?'我只能每次都回答:'我就住在这里。'但他们就是不相信我,最后我大喊:'我就住在这里啊!'"他为我表演了事件经过,双手背在身后,朝他的四层公寓努头。"他们不停问我是不是在找毒品贩子,就是不信我住在楼上。他们非要说：'行了，知道你肯定不住在这儿，你到底从哪儿来？'"萨姆难以置信地摇着头。"简直就像在拍《阴阳魔界》的一集。要不然怎么会出现警察放走黑人，却铐上白人的情况？"

萨姆对警察以种族判定问题的指控，我没有完全相信，但我确实也曾在贫民区被指"非法入内"，原因和萨姆的相似。鉴于我是个混血，肤色偏棕，我的种族身份并不明显。然而，作为贫民区种族分类的裁定者，中央分局的警察很快就做出定论。那是某个工作日晚上，将近 11 点，我与第五大街小贩一同活动后不久。我在基思和卡特旁边，有四名顾客正在翻看摊子上的 DVD。入夜后，街道上十分安静，偶尔有几位行人路过，基思的播放器里放着《黑帮之地》(*Gangland*)的剧集。这时，一辆闪着黄色副灯的警车停到路边，几位警察毫无预警地下了车，冲我而来。

"双手放在头上！双手放在头上！靠在护栏上不许动！"

不待我反应过来，第一位警察就冲上来压在我身上，推搡着我转了一圈。而后抓起我的背包，把我的脸按在铁丝网护栏上。我的背包被扔在地上，供他的搭档拉开拉链逐一检查。

当警察开始搜身时，我终于喊出了脑子里的第一个想法。"警官，我是加州大学洛杉矶分校的研究员！"我接连吐出一串行话，希望能缓和局势，"布拉顿局长。""无家可归。""评估。"那位警察松开了我的手腕，将我转了过来。另一位警官也将我的背包放回地上。

再开口时，他的语气已明显改变。"好吧。我们查你是因为接到举报电话，有一个符合你外形特征的人在这里贩毒。"

"啊？"我感到难以置信，"符合我的外形特征？真的吗？"

"一个身穿黑色运动衫，背着黑包的白人男性。"

"你看看，怎么可能是我。"我摇着头，恢复了一些信心，掌心向下伸出手，让他们检验我的肤色。在我看来，自己的肤色明显比两位白人警官黑得多。"我不是白人啊。"我说道。

但第一位抓住我的警官毫不迟疑。"在这里，你就是白人。"他语气平淡，指了指其他密切围观的小贩，"看看他们。相比之下，你绝对是白人。"

我一时不知如何回答，于是改变策略，反而询问起警官的姓名和警号。

"你对这里也算了解，对吧。"警官将名片递给我，一面戒备地说着，名片上写着他的警号、拦截原因，以及高级警员的联系方式，供我后期联系。"我们在这里是为了确保你不会受伤，"他提议，"我们是为了你好，赶紧回家吧，好吗？"为了尽快脱身，我听从了他们的命令。

两天后，我再次回到街角时，却意外地受到了欢迎。基思逢人便夸耀我如何迅速在警察面前摆脱了嫌疑，扭转了自身的处境。在之后的几个星期里，我总被问起这段经历，不断重述我如何"让警察了解事情的真相"。但与此同时，基思和卡特等小贩也告诉我，如果想要继续和他们待在一起，我必须想办法让自己不那么惹眼。虽然那一晚，警察没有审问或驱逐其他摊主，但基思认为，下一次再有警察认为我"符合外形特征"，可能就没有那么幸运了。

于是，他们共同努力"把我变黑"——用他们的玩笑话说。他们指示我不要再穿跑鞋和"包臀牛仔裤"出门，而且很显然，我的衬衫也太过合身。在他们的要求下，我穿上篮球鞋和宽松的裤子,帽子向后戴着。更神奇的是,基思还让我改变做田野笔记的方法。一开始,为了不那么显眼,我不再随身携带小线圈本,而是在报纸的填字游戏版面上涂涂写写。基思则表示,如果我想看起来"更黑",最好换个策略。

"谁都知道我们黑鬼不玩填字游戏,"他笑道,"算了吧!这简直是自掘坟墓,昭告你不是这里的人。你见到谁在这儿玩填字游戏了?"根据他对警察思维方式的理解,问题在于:填字游戏需要很高的文化水平,而"属于"贫民区的人是不具备这种能力的。

我将信将疑地听从了他们的指示。作为回报,他们允许我留在街角。但萨姆就没有那么幸运了,当他不再酗酒,保持个人卫生,他便滑向了种族谱系的另一端。在重新出现后的几个星期里,其他小贩对他的敌意愈加明显。他们采取了两个明显的策略,意图将萨姆赶出这个街区。首先,他们要求萨姆在一两百英尺之外摆摊,甚至干脆把他赶到第五大街的另一边,将萨姆引来的警察关注彻底隔绝。建立起缓冲区域后,这些人开始实行第二个策略——让警察更加关注萨姆。他们运用"条子智慧"让萨姆被逮捕,利用警察帮他们实现自己无法完成的任务。萨姆在附近时,他们会压低声音维系街头消息暗道,或者干脆停止警察警报。

在我最后一次见到萨姆的那天晚上,他如往常一样在人行道较远处独自摆摊,而我则离十字路口更近,挨着史蒂维、斯利克和卡特。突然,卡特伸手拍了拍斯利克的腿,朝十字路口方向点了点头。一辆警车正停在信号灯前,准备驶进第五大街。他们没有喊出"一次",而是一齐看向远处的萨姆,他正从包里拿出二三十张DVD依次摆好。史蒂维、斯利克和卡特只用几秒钟就收好自己的

在被判定犯罪频生的黑人聚集区中，白人的处境如图所示。摄影：内森·斯图尔特

货品，整个街区只剩下萨姆一个人在卖东西。变灯后，警车闪起警示灯，随后停在萨姆面前。警察在搜了萨姆的包后将其逮捕。[32] 其他人就在半个街区以外注视着一切，没有被警察发现。尽管当晚的生意做不成了，但小贩们显然对这个结果十分满意。萨姆入狱后，他们预计这片街角将清净许多。

小贩们的非正式管控体系同样影响着贫民区公共空间中的性别关系。正如第二章所述，警察拦截与询问女性的频率明显偏高。当小贩们认识到女性会招致更多警察接触，便会严格阻止女性在街角附近停留。正如他们观察到警察更常拦截和审讯贫民区附近的白人，他们也发现如果与女性调情时间过长，或仅仅是站得离她们太近，就会被警察怀疑为嫖客或皮条客。

我唯一一次看到小贩之间产生肢体冲突，就是因为他们拒绝让杰克逊的妻子莱蒂西亚帮他一起打理摊子。我在附近做田野调查时，莱蒂西亚出现的时间非常有限，即使她来给杰克逊送饭、送钱或是捎个消息，也只是简短交谈几句，就很快离开。然而，某次意外事件后，杰克逊被迫盯紧自己的妻子。几个月前，杰克逊试图从附近一所社区大学的书店偷取教材时被捕，他尽力将商业盗窃罪降为普通盗窃罪，最终在县监狱服刑93天。当时，他仍在与毒瘾抗争，入狱的最初几个星期饱受戒断反应折磨。而到服刑结束之时，他已经彻底清醒过来，决心和莱蒂西亚一起让生活走上正轨。这并不容易，他与妻子已经完全失去联系。况且他如今居无定所，物质财产也所剩无几。没有杰克逊的收入来源，莱蒂西亚根本无法支付他们的分租房旅馆的租金。管理人员将她强制驱逐，给他们的租房记录添上了一笔污点，导致他们未来更难获得住房。无处可去的莱蒂西亚在毒瘾的驱使下流落贫民区的街头。在出狱后的第一个月里，杰克逊一直在附近寻找妻子，每天花几个小时在街角赚些零钱。令他欣慰的是，朋友们很快为他带来了莱蒂西亚的消息，说她现在住在联合救济会。与相伴17年的妻子重逢后，杰克逊欣喜若狂。在接下来的几周里，两人形影不离。每次看到他，莱蒂西亚几乎都在他身旁。

然而，其他小贩对于二人的重逢并不那么看好。一天下午，他们的不满达到了极限。我来到街角时，他们正吵到一半。向夫妇二人打了招呼后，我注意到杰克逊紧盯着拉里、克雷格和特伦斯的方向——他们都把摊子摆在更远的角落。

"看什么看？"克雷格喊道。

杰克逊毫不犹豫地回答道："没什么。"但他没有直接迎上其他人的目光。

特伦斯也向杰克逊喊道:"怎么了,小东西?你刚说什么?"他挑衅的语气像是要发起一场争端。

杰克逊没有直接回应,而是转过身去。"这些浑蛋。"他低声骂道。

"发生什么了?"我轻声问道。

"他们就是浑蛋。"杰克逊的语气并不强硬,尽量做出漠然的态度,"我总是让莱蒂西亚来帮忙,他们不爽,说是我们这几天挨罚单都是因为她。"

越过杰克逊的肩膀,我看到克雷格在特伦斯的陪同下向我们快步走来。"还在说废话?敢不敢当面跟我说?"克雷格睨视着杰克逊,双拳紧握。

我竭力缓和气氛:"没事的,朋友。没说什么,一切都很好。"

"不,朋友,"他厉声道,"谁说没事了?这个小黑鬼把我们所有人搅得不得安宁。他明明知道不能让她整天在这里晃。"克雷格转头对杰克逊说,"上次就跟你说了,记不住吗?"

杰克逊昂首挺胸道:"只要我想,任何人……"

话刚说到一半,克雷格就一拳揍在他的肚子上。杰克逊被击倒在地,莱蒂西亚跑到他身边。

克雷格退后一步,转身面向我,似乎预期我会为杰克逊出拳。然而,我只是愣在原地,不知所措。

克雷格不情愿地继续说教起来,似乎自己也对这一拳有些惊讶。"我已经警告过你了,懒得跟你们折腾。赶紧带上你的婊子滚吧。"

"你叫谁婊子呢?"莱蒂西亚尖叫起来,冲克雷格挥起拳头。

杰克逊抓住她的另一只手臂拉回身边。"算了,宝贝。"

克雷格盯着我们站了一会儿,转身和特伦斯回到自己的摊子。我蹲下身帮杰克逊收拾货品,把它们装回他的行李袋中。莱蒂西亚在一旁帮忙,杰克逊则靠在护栏旁喘着气。我们三人一同向他们朋友的分租房旅馆走去,最近夫妻俩在那里的地板上过夜。他们这样做显然违反了旅馆的规定,但莱蒂西亚现在因吸毒而被传教会庇护所拒之门外。

莱蒂西亚沿途咆哮着走了两个街区,我终于将克雷格此次动手的细节拼凑完整。她一只手在空中挥舞着,另一只手却始终紧搂着杰克逊的腰。显然,正是这种行为引起了警官的关注。在过去一周里,莱蒂西亚和杰克逊曾两次在第五大街遭警察拦截。

"我们只是站在那忙自己的,"莱蒂西亚抱怨道,"两个警察走过来问我是不是在'工作'。一开始我还不理解他什么意思,以为他问我是不是在找工作。然后我才突然意识到,他们居然以为我在卖身!我说,'这是我丈夫'。搞得我像是在辩解一样。但他们竟然不相信,要看我们的身份证件是否同姓。然后他们又问我们是否在缓刑或者假释期,身上有没有通缉令,只因为我们站在那里说了一会儿话。经历这一遭,还是非要我们走开不可。"

"还把我们写进报告,"杰克逊补充道,"克雷格也被牵连了。"杰克逊的清醒与莱蒂西亚的躁动不安对比鲜明。

到达分租房旅馆后,莱蒂西亚跑进去上厕所,我和杰克逊靠在墙边。"那些人真让我难受,"聊天时,他沉默了一会儿后说道,望向外面的街道陷入沉思,"我的意思是,我知道她让我们的处境变得不太好，我能理解。但我也没办法啊，她是我老婆。"他的声音愈加微弱。"下周。我就完了。"

"为什么？下周怎么了？"我问。

"母亲节要到了。"他回答。

"母亲节不是已经过了吗？"我不禁笑出了声，但很快就忍住了。

"不是那个母亲节，大家一般把发支票的日子叫作母亲节，一般救济支票。她每月4号领救济金，那周绝对不能让她一个人待着。上次钱刚到手，她就都拿去吸毒了，还跟我吵架。我刚出来那会儿，她吸得更狠，也没法让她马上戒掉。她的意志力没那么强大。我跟她说，咱们用合理的方式慢慢戒，我太痛苦了，兄弟。那是我老婆，是我孩子的母亲。"他叹了口气，想要停止胡思乱想。"我得保证她不自杀，或者突然消失不见。福里斯特，我们穷得叮当响。我怎么保证老婆好好活着还赚到钱呢？我们不能再去住庇护所了！"

我提出了一个自己能想出的最佳方案："老兄，为什么不干脆离开这儿呢？换个地方摆摊，不就不用担心克雷格他们了？"

"是啊，是得走了。如果想带着她，就只能这么办。但这么好的地方真不多。我所有的老顾客有点钱都到这儿来。大家也不会想去别的地方买DVD看，万一放不出来呢？我们这行可没有退货退款之说。"有时候遇到怀疑光盘质量的顾客，杰克逊会借用其他小贩的播放器放一下看看，这也是他们乐于彼此分享的资源之一。"顾客不愿意冒险买可能播不了的光盘。所以我只能再卖便宜一点。可能要半价！本来值3美元的光盘最后可能只能到手1美元50美

第四章 平复街区

分，这还是幸运的情况。"

我们都沉默下来。杰克逊的处境确实艰难。若想回到第五大街，就只能留下莱蒂西亚一个人；而若是为了妻子离开第五大街，他们本就微薄的收入更要损失惨重。这也就意味着，他们在可预见的未来很难拥有自己的住房。正如对无家可归者的相关研究所表明的，如果杰克逊和莱蒂西亚仍找不到住处，他们就很难和快克以及瘾君子们保持距离。[33] 被逐出第五大街，夫妇俩的处境完全不会改善。

被克雷格揍出第五大街后，杰克逊和妻子来到贫民区另一端的第七大街。我于一周后到附近探访他们，眼看着杰克逊以一半的价格卖掉DVD，完全如他所料。他看了看我，露出被生活压垮的神色。"你想知道在贫民区生活是什么感受吗？"他问道，重提一年前我们之间的第一场对话，"在这里生活，承受克雷格和那些家伙对我做的一切，你知道是什么感觉吗？就是越努力反而过得越糟。"杰克逊这句话简明道出了小贩们暴力平复街区对周围人造成的影响：阻碍他们获得足够的收入、寻找稳定住房以及提升生活水平。

至少在最初阶段，小贩们的监管行动为杰克逊戒毒提供了一定的便利。但他们对莱蒂西亚寻求康复的敌意也说明，这种非正式管控体系的真正关注点只有躲避警察。小贩们的非正式管控虽然保护部分人免受警察伤害，却让其他人遭遇了更多痛苦。他们扮演着代理警察的角色，运用"条子智慧"来惩罚自己的同行。这种平复街区的方式为在他们保护网之外的居民带来了额外的焦虑、恐惧、暴力和边缘化。对于萨姆、杰克逊、莱蒂西亚和其他冒犯了小贩的人来说，第五大街之眼带来的损伤不亚于警察。无论小贩们对摊子周围的毒品贩子、瘾君子、无家可归者、白人、女性和其他人怀抱怎样的复杂情绪，警方的激进执法以及相应产生的非正式社会控制都加重了贫民区居民身上的地域污名化——甚至只要出现在贫民区，就会受到波及。小贩们的管制行为与正式的警务行为结合在一起，强化了只有贫穷的黑人男子和极端贫困的白人男子才属于贫民区的普遍观念，从而在城市内部维系着种族隔离的状态。[34]

小贩们平复街区的系统策略具有重要的理论意义。无数社会学和犯罪学研究都曾试图探究哪些因素和机制会增加或减少贫困社区的非正式管控。小贩对杰罗姆、萨姆、杰克逊和莱蒂西亚施加的惩罚与驱逐是研究此问题的合适案例。警务的加强不仅影响着居民自发管制邻里问题与骚乱的普遍性，也为其带来质的变化。它重塑了居民对问题或骚乱的定义。非正式管控或许增加了，但这类做法反而可能最终损害到周边社会。我们有了街道之眼，但这种眼睛真是我们想要的吗？

在第七大街上，杰克逊掏出钱包失望地算着当天的收入。我注意到钱包里塞满了未付的罚款单，于是向他提出了一个建议。杰克逊不再受到之前同伴们的保护，因此需要寻找新的方法应付警察。那时，我已经开始在洛杉矶社区行动网络办公室进行田野调查，该组织每周会为贫民区居民提供免费的法律援助。通过艰难的交涉，他们与当地法院达成协议，为那些经济上无法支付罚款的居民撤销罚单。我给杰克逊做了整整一个月的思想工作，才说服他向洛杉矶社区行动网络申请法律援助，帮助他撤销罚单。事实证明，这是他的生活重回正轨的第一步。在与洛杉矶社区行动网络的相处中，杰克逊结识了新的群体，这些人采取的抵抗策略与第五大街的小贩们截然不同。他们不仅试图转移、避免或预先阻止警察的干预,而且光明正大地运用"条子智慧",起到了削弱治疗性警务并改良警务政策的作用。我将在下一章中详述这种抵抗策略。

# 第五章

# 治理警察

黄昏时分，太阳逐渐落至市中心的天际线以下，我在洛杉矶贫民区第六大街上狂奔，追赶一名人称"马尔科姆长官"的男子。马尔科姆身着绿色军装，正对一辆驶向第六大街和圣朱利安街交叉口的洛杉矶警察局警车穷追不舍。他的手臂上挂着一台便携式摄像机，敏捷矫健地避开坐在路边的几个行人。我的身后传来微弱的脚步声与喘息声，那是马尔科姆的"社区守望"团队在奋力追赶。

待我们追到十字路口时，警笛声越来越响，红蓝色的灯光交替照亮整个路口。我跟在"社区守望"团队身后，从一群激动欢呼的围观者身边挤过。

"让一让！"一名男子命令道，"洛杉矶社区行动网络来了！"

"摄像机准备！"一位女子喊道，"别让他们逮捕那个人！"

几秒钟之内，我们已经挤到人群的最前方。马尔科姆一行人举起摄像机，对准围在戴手铐的黑人男子四周的六名洛杉矶警察。两名警察将该男子口袋里的东西一股脑儿倒在警车的引擎盖上。警察正要开始审问时，马尔科姆和另一名团队成员走了过去。其中一位警察注意到摄像机，停止了搜身，转向马尔科姆。

"瞧瞧，这不是长官嘛，"他嘲讽道，"还带着一支小军队呢。"

其他警察也跟着起哄，一人伸出舌头，另一人则开始用手机给马尔科姆拍照。"笑一个！"他大喊着。

如此对峙了一分钟左右，他们又转向那个戴着手铐的男子，查询了他的通缉令。认定这个人"没问题"后，他们最终解开手铐，放他离开了。

马尔科姆立刻走到警察们面前，开始一连串提问。其他人则用摄像机对准马尔科姆面前的警察。"请问您为何要给一个清白的人戴上手铐并进行搜身？"他问道，"您对市中心的每个人都这样做吗？"

其中一名警察毫不迟疑地回答："他在一个犯罪率这么高的地方乱穿马路，很可能是个毒品贩子，要么就是违反了假释规定。我们只有查了才能知道。"

听到这里，马尔科姆轻笑起来。他转身与团队中的其他人交换了满意的神色。"是这样吗？"他又回身向警察发问。"就是这样。"那名警察一边回答，一边动身回到车上。

我们沉默地注视着警车驶离边道。马尔科姆眯着眼，望着车子沿第六大街向前驶去。大约行驶了五个街区，警车突然停了下来。警察们猛地推开车门，立即将一名行人按在附近的墙上。马尔科姆二话不说立即跟上，一边走着一边设置摄像机，准备再次开始录像。

马尔科姆长官与中央分局警察之间的对峙已经成为贫民区一道

风景线。在他背后的正是旨在终结"安全城市计划"及相关政策的洛杉矶社区行动网络，一个主要由贫困的贫民区居民建立的基层社区组织。在马尔科姆的带领下，"社区守望"团队记录下警民互动，以强化问责机制，降低警察的攻击性，积累用于民事诉讼、刑事辩护和政治组织活动的证据。相较于富裕社区中协助执法并扩大警察影响力的"邻里守望"团队，贫民区的"社区守望"团队意在削弱执法力度，限制警察的影响力。

"社区守望"团队的运作目标及其同贫民区警察的互动模式，与前两章中介绍的群体形成了鲜明对比。斯蒂尔的举重团体和第五大街的小贩们采用的是回避、转移或阻止警察接触的策略，而马尔科姆及其团队则积极寻求更多警察接触。斯蒂尔的举重团体和第五大街的小贩们的首要目标是保护自己不受警察伤害，通常以牺牲他人利益为代价，而"社区守望"团队则是冒着自身被捕的风险，为保护他人而主动与警察接触。怎样解释这两种相反的反应模式？是什么让部分居民主动靠近附近的警察，又让另一些人费尽心机避免被警察盯上？这两种做法对警务工作造成了何种影响？

我跟随马尔科姆日常巡逻两年之久，发现当地民众对警务工作的不同反应，往往取决于他们如何看待，或者说"构建"贫民区的"框架"。社会学家欧文·戈夫曼将"框架"定义为支配我们为事件赋予之主观意义的阐释模式。[1] 城市社会学家最近将这一概念扩展至"社区框架"。社区框架专指我们对居住地附近区域的认知。[2] 我们不是"实事求是"地看待和体验社区，而是通过一个社区框架，重点关注附近区域的某些特征而忽视其他。因此，一个居民可能自豪地认为自己居住在美丽祥和的社区，附近的另一个居民则将这里看作破旧的贫民窟。[3] 通过塑造对特定区域的看法，社区框架制约着居民在其物理及社会环境中的行动方式。

在洛杉矶贫民区，差异性的社区框架带来了抵抗警务的多种形式与不同后果。斯蒂尔的举重团体和第五大街的小贩们都接受（甚至巩固）了贫民区的地域污名化，但马尔科姆和"社区守望"团队则拒绝这些恶名与刻板印象。因此，他们以一种完全不同的方式应用着"条子智慧"。"社区守望"团队的成员并未利用民间警务民族志来逃避和转移与警察的接触，而是充分运用本土知识构建起集体抵抗和正式反对的策略，从而推动重大的警务改革。

## 社区框架与公开集体抵抗的进展

我在田野工作开展一年多后与马尔科姆相识，当时我前去拜访洛杉矶社区行动网络位于第五大街和主街交叉口的办公室。在贫民区调查期间，我看过几份该组织印发的报纸《社区联系报》（*The Community Connection*），里面详细介绍了他们为缓和贫民区警务强度所做出的努力。随着时间的推移，我也与警方有过几次亲身接触，愈加希望听听洛杉矶社区行动网络对贫民区警务工作的看法。

在一个工作日的清晨，我来到洛杉矶社区行动网络办公室。那是一个狭小而杂乱的接待厅，前台坐着一位表情严肃的年迈黑人男子。听我说想谈谈警务问题，他让我等待"长官"到岗。于是，我坐在一张破旧的沙发上，翻开从家里带来的《把握时机》（*Seize the Time*），那是鲍比·西尔关于组建黑豹党的自传。我一边坐着看书，一边听那位前台工作人员与几个年龄相近的男人聊着橄榄球职业赛季的话题。

我始终没有出声，直到马尔科姆——一名高大壮硕、自信满满的男子大步流星地迈进办公室。他的脖颈、胳膊与双手上均文有"Black Power"（黑人力量）、"Caucazoid 187"（高加索人187）等字样，黑色贝雷帽下的头发显然刚刚打理过，帽子上用别针装饰着拳头图案与革命口号。他在胸前挂着一个红、黑、绿相间的非洲大陆形状的奖章，奖章随着他平稳的脚步来回摇摆。

走过门口时，他向空中挥舞起拳头，大喝一声："一切权力属于人民。"而后，在没有预先示意任何人的情况下，他向接待厅里的众人宣布，自己刚刚在洛杉矶警察局的月度委员会上发表了证词。用他的话说，他"把那群蠢条子骂了个遍"。

我站起身做自我介绍，希望尽快让他对我的研究产生信任。但还没等我说完，马尔科姆就低头看到了我手上的书。他热情地微笑起来。事实证明，这无心插柳之举还真帮了我大忙。"您在看黑豹党的书？"随后，他为我详细介绍了"社区守望"项目的运作模式。"您看，我们现在做的和黑豹党很像。我们得盯紧这群警察，免得他们无法无天。"他一边继续介绍，一边将我领到小隔间的办公室里，拿出他在加州北部参加黑豹党聚会时的照片。我们立即建立起联系。

尽管我们一见如故，马尔科姆也对我的研究很感兴趣，但他还是向我提出了要求：若想研究"社区守望"项目，必须做出自己的贡献。他们慢慢允许我参加该项目的培训课程，其中包括"了解你的权利"系列课程、军人健身操，以及模拟未来与警察接触的角色扮演练习。几个月后，我穿上深绿色的衬衫与军装，揣着写字夹板跟随"社区守望"团队第一次巡逻。在最初的"试用期"，马尔科姆仅让我提供"一般支持"，团队中的四类分工之一。一般支持包括记下警察们的警号、证人的名字以及警民互动的简单描述。我很乐意做记录员，这样就有机会完善自己的田野笔记。待我对贫民区的街道名称和地标建筑更加熟悉后，马尔科姆就让我担任"通讯员"，负责通过无线电持续向办公室成员进行汇报，更新我们的方位。我偶尔也会担任"摄影师"，录下团队与警察间的互动。然而，我从未做过四类工作中的最后一种，即"领头人"——这项任务仅由马尔科姆和另一位老队员承担。

我每天跟随马尔科姆巡逻三次，每次大约两个小时，花了大量时间加深对他的了解。我们一同走过贫民区的大街小巷，聊起他的往事。令人惊讶的是，他的经历与斯蒂尔的高度相似。马尔科姆也在洛杉矶中南部的普韦布洛德里约住房项目区附近长大。作为"丹佛巷血帮"成员，他曾在快克可卡因风靡全城时染上毒瘾，从事毒品交易。除此之外，他还抢过银行。在经历多次短期监禁后，马尔科姆在加州伯班克的一次抢劫中失了手。1991—2004年，马尔科姆因几项持械抢劫罪名成立，在监狱里待了十多年。与斯蒂尔相似，马尔科姆离开监狱时完全改过自新。斯蒂尔是通过举重健身摆脱了黑帮，马尔科姆则是从乔治·杰克逊黑色游击队家族的一名中尉那里获得了指引，黑色游击队家族是黑豹党在监狱中的分支。在服刑的大部分时间里，他都被关在单人牢房，阅读了大量关于埃及历史和黑人民族主义思想的书籍。回到普通监狱后，马尔科姆开始向其他狱友们讲述黑人革命的历史。他不再使用合法登记的名字，而是选用了一个能够反映自己思想观念的新名字，以彰显他远离黑帮、犯罪和毒品的决心，作为他转变的标志。

出狱后，斯蒂尔和马尔科姆都没有打算回到中南部，而是来到了洛杉矶贫民区。两个人都迅速感知到贫民区独特的警务运作模式。但在这里，两人产生了分歧。斯蒂尔通过与那些"属于"贫民区的人保持距离来减少与警察的接触，最终为躲避警察而逃离了贫民区。马尔科姆则接受了贫民区居民的身份，每次与警察接触后都更加坚定了进行集体抵抗的决心。

二人的不同立场不能仅用思想观念差异来解释，它其实反映出相互对立的社区框架，这是由社区在二人生活中扮演的不同角色决定的。斯蒂尔与举重团体中的大部分人在早年生活中都竭力避开贫民区，斯蒂尔始终不愿意承认自己是贫民区的居民。而马尔科姆却在贫民区如鱼得水。他经常开玩笑说，自己从母亲在附近的分租房旅馆受孕开始就是贫民区的人了。他的父母曾在贫民区相遇并相爱，当时两人都在第七大街与宽街交叉口的布洛克百货公司工作。虽然他们在马尔科姆年幼时就分开了，但马尔科姆每周都会从母亲在普韦布洛的房子来到市中心，与父亲共度美好时光，探索城市的街道。

"老爸会给我几块钱，或者一沓免费的剧院票。"马尔科姆在某个周六晚上聊天时说道。我们一同坐在洛杉矶社区行动网络空荡荡的办公室里，他身边是一辆购物车，装满了扬声器与其他汽车音响设备，他打算傍晚把它们拿去卖掉。"从小我就很喜欢市中心，白天总有人做各种生意，大家都上街购物，可有意思了。晚上，商店关了门，各种舞厅和酒吧开始营业，那灯光就像拉斯维加斯一样绚丽。这里有一种生机和能量，有独特的味道。在中南部，半夜两点出门是看不见人影的。而且市中心还有一点好，那就是永远不缺赚钱的机会。我总能找到活儿赚点钱。我12岁找到了第一份工作，就在圣佩德罗街的一家大玩具店。第一份工作，那对我来说可是件大事！"

马尔科姆在少年时代把"市中心"和"贫民区"等同起来，他和家人可以自由来去。在漫长的监禁后，他回到这里。在斯蒂尔等人眼中，这是一片遍布绝望的瘾君子的荒弃之地，但对马尔科姆来说，这片区域曾为他带来欢乐、工作，也曾是他的避风港。

"这是我的领地，"他自豪地宣称，"我一直把这儿当作避风港，可以保持低调地振作精神。每次抢劫完，或者有人要找我麻烦，我就躲在这里。每当我想要远离争端，我就躲在这里。出狱之后，我知道要想戒掉毒瘾，脱离过去的生活，我就只能待在这里。"

他曾报名参加一个贫民区康复项目，没过多久就逃了出来，住进主街一家有补贴的分租房旅馆。在那间屋子里，他终于清醒过来。马尔科姆开始注意到这片令他珍视的区域发生了重大变化，最明显的是他常常挂在嘴边的"军事化"。"我环顾四周，发现这些警察和商业改善区的保安到处拦截行人，把人抓进牢房。以前根本不是这样的。现在，在每个街角都能看见他们。他们根本就是附近最大的黑帮。"

马尔科姆意识到自己必须采取行动——军事化已经蔓延到他家门口，毫不夸张。那是一个星期日的下午，他正坐在分租房旅馆的公共休息室里看电视，突然听到外面传来尖叫声。他和其他几名住户一同冲出门外，发现商业改善区的保安正将一名女子的手臂扭到身后。在他们的干预下,保安被迫放开了这名女子,转身离去。显然,保安认为她在使用快克烟管,欲将其没收。而当她松开手,躺在手心的却只是一小只眼线笔。

"除了在这里,谁敢这样对待一位女士?"马尔科姆愤恨地说道,"看到那一幕,我就意识到,事情不能再这样下去了。我必须做点什么。我在监狱里学到了很多强大的方法,但出狱之后,我始终没能运用起来。看到那浑蛋对女士的所作所为后,我只知道必须看好这些可恶的家伙,以免更多人受委屈。"那时,马尔科姆还没想好具体怎样操作。但在隔周与前狱友讲述这个故事后,对方提议他去一趟洛杉矶社区行动网络。于是,他转天去了洛杉矶社区行动网络的办公室。

自"安全城市计划"启动以来,洛杉矶社区行动网络始终是最强势的反对方。两位创始人是长期在贫民区工作的社会组织者,由于对本地"社会服务"与"宣传"的主流模式——尤其是巨型庇护所——愈加不满,他们最终选择建立起洛杉矶社区行动网络。[4] 在他们看来,巨型庇护所等组织在代表贫民区居民进行决策和伸张诉求方面存在痼疾,虽然声称为居民们提供援助,却从不寻求居民的建议或协作。而洛杉矶社区行动网络与其说是代表贫民区居民,不如说是试图教会居民如何为自己与彼此发声和争取。为构建起这种由居民主导的组织模式,洛杉矶社区行动网络开始在民权、住房、健康、食物获取和性别平等议题上开展工作,并取得了可观的进展。

如今,洛杉矶社区行动网络由九名董事会成员领导约 700 名成员,这些成员几乎都是贫民区住户。除此之外,他们还雇用了四名全职及一名兼职组织者，外加两名实习生，他们也几乎都来自贫民区。成员们的组成如实反映着本地区的人口特征：大约70%是黑人，其中四分之三住在附近的分租房旅馆。他们中的许多人与其他居民一样，在我田野调查期间经历过居无定所、监禁、毒瘾发作等危机。

对洛杉矶社区行动网络的构成与工作方法有所了解后，马尔科姆立即产生了情感的归属感。他与组织者聊了几个小时，第二天再次登门拜访。洛杉矶社区行动网络的决策者们欣然接受了马尔科姆监督警务工作的想法。他们资助了一台一次性相机和一块写字夹板，让马尔科姆将警察的激进举动拍下来。在接下来的几个月里，马尔科姆与志同道合的居民组建了一个团队。2005年11月，团队规模已足够进行日常巡逻，洛杉矶社区行动网络正式宣布启动"社区守望"项目。马尔科姆的人生有了新目标，每天醒来便投入这项工作。一年后，他被聘为洛杉矶社区行动网络的全职组织者。

并非所有参与"社区守望"或洛杉矶社区行动网络的成员都认同马尔科姆激进的黑人政治观点。大家信奉的意识形态十分多样，马尔科姆的属于最激进的一类。然而，所有成员都认可同一个社区框架，即洛杉矶贫民区能够存续下去，是一个"真正的"社区。正如马尔科姆的经历所展现的那样，该框架源于某种"社区时刻"，也就是个体认识到自身与其他居民的相似性与凝聚力的关键节点。正是这些重要时刻让人们与贫民区及其居民建立起联系与共同利益关系。

赫布的故事便是一个缩影。这名性格顽固的70多岁白人男子每天都会来到洛杉矶社区行动网络办公室。他成年后的大部分时光都在洛杉矶度过,从前,他总对贫民区以黑人为主的贫困人口心怀敌意。有几次,他表示过去很难理解黑人为什么"总是怨天尤人"。但 2000 年,他的想法发生了变化。一场突如其来的昏迷将他置于身无分文、无家可归的境地。在他昏迷期间,过去的平稳生活彻底崩塌。由于无法偿还抵押贷款,他失去了自己的房子,他的妻子产生了自杀的念头,导致县政府带走了他们的孩子。住院治疗的费用耗尽了医疗保险金,他最终被赶出医院。捉襟见肘的赫布只能来到贫民区讨生活,在潘兴广场公园过夜。

"那段日子彻底颠覆了我的认知。"在一次疲惫的"社区守望"巡逻后,我们坐在沙发上休息,赫布哑着嗓子说道,"所有公园里的人,曾在那里居住和了解那里的人,我以前都是看不起的。但他们却成了我最好的朋友。他们照顾我,告诉我哪里可以睡觉,什么时间可以睡觉,还帮我弄来饭吃。我意识到他们真的是好人,和我没什么不同。警察不应该整天盯着广场公园,把大家都赶出去。"领到社会安全生活补助后,赫布住进了附近的分租房旅馆,但他并没有背弃这些新朋友,仍然每天在广场公园待上几个小时,带着三明治和其他食物,与大家分享。自"安全城市计划"实施以来,警察的干预持续升级,赫布加入洛杉矶社区行动网络,部分是为了更好地保护那些仍然睡在广场公园的人。

洛杉矶社区行动网络便是起源于这样的"社区时刻"。在我参与"社区守望"巡逻两个月后,一位创始成员陪我在贫民区的街边散步。走到第五大街与克洛克街交叉口时,他指向十字路口对面的一栋大楼,告诉我那里曾发生一起悲剧,改变了他的一生。

"很久以前,"他说道,"我有个表亲就在那里被人枪杀了。他和朋友刚从治疗中心出来，被两个抢匪盯上了。他们想要自卫，其中一个抢匪向我表亲开了几枪，然后转身想逃。他跑到这个街角的时候，附近的居民竟然追了一路把他制服了。明明他手上有枪，大家还是主动追上来捉住他，跳到他的身上死死按住，直到警察赶来。"我们一路走着，他将事件经过娓娓道来，"这印证了我一直在说的，保护他的是这个社区。市政府和洛杉矶警察局总是说得好像我们这里没有社区。但只要他们来到这里，从警车上走下来，和人们聊几句，就知道社区非常强大。它一直都在"。

在前两章所述的同伴群体眼中，社区是排他性的，是在与贫民区标志性特征的对抗中建立的。但洛杉矶社区行动网络则秉持着更具包容性的理想，将社区的纽带扩展至一般人可能视为违反秩序和犯罪的人群。马尔科姆和赫布等人拒绝主流观点中对贫民区的贬低。[5] "在他们看来，贫民区就是活生生的地狱。"马尔科姆曾抱怨道，但并非具体针对某人，"他们眼睛里就看不见一点好事，全是负面的。他们觉得这里的人不是假释就是缓刑，人人吸毒。"这句话确实说中了市政官员与中央分局警察们心中所想，也应了举重区的斯蒂尔和大罗恩等人的观点。

洛杉矶社区行动网络成员表示，对于贫民区的负面假设与当地的警务工作形成了相互促进的关系。正是这笼统的污名化让洛杉矶决定向贫民区注入大量警力，而超高的处罚与逮捕率又证实了外人对贫民区充斥违法犯罪行为的认知，这反过来又促使警务管制升级。马尔科姆将这种反馈循环描述为"自我实现的预言"。"你知道大家是怎么沾上毒品和酒精的吗？"在一次晚间巡逻时，我们路过一群互相分享威士忌的醉汉，他向我提出了这个问题，"因为他们无事可做，心情郁闷。他们找不到工作，就只能干坐着，或者落得无家可归的下场。但是！他们之所以没工作，就是因为总被逮捕！把我们拖入泥潭的正是他们。一群警察天天想把所有人关进监狱，谁还能过好日子？有犯罪记录还想找工作？就因为那些愚蠢的破事，就把人逮捕起来，然后喊'你看！果然是一群罪犯！跟动物没什么两样'！"

在流行认知里，贫民区是一片"无政府的丛林"。洛杉矶社区行动网络的成员对此绝不认同，他们将此地视为合法的住宅区。这里的居民收入微薄，教育水平低下，人生经历波折，因此贫民区——拥有大量保障性住房、廉价食物和应急资源——是他们唯一可能获得某种稳定生活的地方。当这种稳定受到新警务政策的威胁时，这些居民便像马尔科姆那样奋起反抗。

## 通过"社区守望"巡逻反抗犯罪化和污名化

当洛杉矶社区行动网络成员开始运用集体努力反抗无处不在的激进警务时，他们发现，阻碍行动的恰恰是这种地域污名化。最初开展活动时，他们试图向当地政治领袖说明普遍的犯罪化成见会带来怎样的恶劣影响。然而，他们的观点被完全无视了——最好的情况也是受人质疑。首先，成员们明显出身低微，这就减轻了他们发声的分量。显露贫穷的迹象包括残缺的牙齿、不合身的衣服、较低的受教育水平、较差的公共演讲能力，以及犯罪记录。这些本身就印证了听众对贫民区居民的预设。我曾目睹他们遭到的诋毁。在洛杉矶市议会和洛杉矶警察委员会听证会的公众评论环节，洛杉矶社区行动网络成员常常出席做证。成员们在"正常工作时间"来到听证会，不仅让他们的主张受人质疑，还招致了议会成员的公然嘲讽与说教：与向政府官员抱怨相比，找工作更有益于道德提升。

在某场充满敌意的市议会会议之后，我和马尔科姆走出市议会大楼。他哀叹着贫民区地域污名化的复杂影响。"那么多人为洛杉矶警察局的所作所为大声疾呼，"他愤懑道，"结果市政厅的伪君子只是看了一眼就说，'哦，你说什么？你是黑人？还住在贫民区？赶紧给我滚，一群吸毒的流浪汉'！"

"社区守望"项目就是为了应对这种怀疑态度，才决定将无根据的警察拦截与搜查、开罚单和逮捕行为全部拍摄下来。洛杉矶社区行动网络成员希望这种做法可以弥补可信度缺失的问题。但令他们沮丧的是，地域污名化的程度远远超出了想象。尽管已经拥有几百个小时的视频记录，尽管在洛杉矶社区行动网络看来，视频中的画面将警察的权力滥用与虐待行为暴露无遗，围绕贫民区及其居民的成见仍让这些证据失去了效力。

发生在2007年夏天的一件事将困境彻底暴露。洛杉矶社区行动网络成员录下了一段视频，在视频中，一个名为乔·纳尔逊的老年人被几名警察拳打脚踢，扑倒在地。纳尔逊的头部受到多次重击，失去知觉，最后被救护车运离现场。洛杉矶社区行动网络与纳尔逊的辩护律师合作，在纳尔逊的刑事审判过程中提供了这段视频。除此之外，他们还带来了几个目击者。但在实施逮捕的警察提供的反对叙述面前，所有这些视频与证词都无足轻重。这些警察辩称，纳尔逊主动与他们攀谈，然后突然精神疾病发作，将一小块快克可卡因扔进了嘴里。他们表示，使用武力是为了将毒品从纳尔逊嘴中取出来，不仅是为了他的生命安全，也是为了保存物证。因此，他们使用武力不仅是合理的，而且是从纳尔逊的自身利益出发。

由此可见，警察们给出了洛杉矶社区行动网络的视频无法反驳的关键背景信息。这意味着，尽管洛杉矶社区行动网络能够拍下画面残酷的视频，在面对争议时，双方的可信度仍然起到决定性作用。不出所料，警方的陈述取得了胜利。法院认为几位警察没有滥用武力，并以持有毒品罪判纳尔逊有罪，尽管多名目击证人声称纳尔逊往嘴里扔的只是葵花子，而非快克可卡因。

纳尔逊审判成了"社区守望"项目的关键转折点。自此以后，该团队认识到，仅仅被动记录违宪、无理或不正当的警方行为是不够的，无论那些动作看起来多么明显。为了提高视频的可信度，"社区守望"团队制定了两项新的巡逻措施，尽可能减少警察提出有效反驳的机会。首先，他们尽可能从头到尾完整记录警察的一举一动，也就是跟踪警察的整个巡逻过程，追赶驶向潜在犯罪现场的警车，预测可能出现警察拦截的地点，尽量"在对的时间出现在对的地点"。如此一来，团队更有机会了解警民互动的诱发事件和背景信息。"社区守望"成员认为，如果他们当时在纳尔逊案件中提前了解相关信息，就能证明纳尔逊并未同意与警方接触，也没有任何行为异常，只是在吃葵花子而已。其次，"社区守望"成员会在摄影机拍摄期间更积极地向警察提问，要求他们提供当时可能证明被拦截者有罪的叙述，这些说辞未来将很难更改。这样的视频才能从根本上弥补警察与居民在可信度上的差异。

这种举措对于中产阶级或上层社会的居民来说或许很难执行，或者说根本不可能执行，因为他们的日常生活中并没有无孔不入的警务管制和监视。记录背景信息与诱发事件的能力取决于对警民接触的时间和地点的预测。而若想迫使警察在镜头面前自我控告，则需要对警察的行动倾向与模式有深刻了解。但洛杉矶社区行动网络的成员们住在贫民区，他们与斯蒂尔的举重团体和第五大街的小贩们一样富有"条子智慧"。然而，"社区守望"的成员并没有利用对警务工作的民间分析来规避或阻止与警察的接触，而是通过"条子智慧"增强与警察的互动，获取所需。

在马尔科姆和赫布等居民手中，"条子智慧"成了社会运动学者所说的"战术创新"的基础。[6] 战术创新是社会运动的参与者与组织设计出的创造性策略，以"克服制度化政治无能带来的基本无力感"[7]。然而，正如"社区守望"项目所显示的那样，这种创新往往只能带来暂时的回报。中央分局警察如同下象棋一般采取了反制措施，即"战术性调整"，以抵消"社区守望"做出的努力，恢复到原来的实力差距。面对这种进一步退三步的态势，"社区守望"的最终成功在更大程度上取决于不断创新，并始终领先于警方的能力。

## 捕捉诱发事件和背景信息

一开始，"社区守望"团队记录警察拦截居民、开罚单和逮捕的全过程极为艰辛。他们在贫民区的 50 个街区徒步穿行，到达现场时，警察往往已将嫌疑人拦截。纳尔逊一案表明，没有背景信息的录像作用有限。[8]然而，仅在那场判决结束的几个月后，"社区守望"团队就在"条子智慧"的帮助下拍摄出更全面的录像。他们学会通过警察干预造成的破坏痕迹来解读街景，在贫民区内追踪警察——马尔科姆有时将这种活动称为"狩猎警察"。这种做法能够使团队更准确地预测未来与警察的接触，从而在对的时间出现在对的地点。

在某次下午巡逻期间，我和马尔科姆从位于主街的洛杉矶社区行动网络办公室出发，沿第五大街的常规路线向贫民区中心走去。另外两名"社区守望"成员身穿绿色T恤，速度较慢地跟在我们后方几米之处。越战退伍老兵马克是一位性情温和的黑人男子，每当他从邻近的市中心沿缓坡进入贫民区时，都会脚步微跛。他身边的帕蒂是一位年过六旬的黑人女性，总是很小心地走在街道阴凉的一侧，避开夏日灼热的阳光。像往常一样，面对马克、帕蒂等成员难以跟上自己脚步的问题，马尔科姆必须努力压抑怒火。我们两个走在前方，全神贯注地探讨着警务问题。

按照马尔科姆的习惯，我们走到第五大街和圣朱利安街交叉口时停下脚步。马尔科姆静静地站在原地，仔细地打量整个街区。我们身后的圣朱利安公园热闹非凡，传来玩多米诺骨牌与纸牌的激烈声响。外面的人行道本该是附近最繁华的街道之一，如今却空空如也。"看到了吗？"马尔科姆说道，同时继续盯着圣朱利安。

"刚才肯定有警察来过。"

"是啊，这也太安静了。"我回答。

"看到那面墙了吗？"他说着，指向距离联合救济会入口半个街区远的人行道，那里正被一栋高大的仓库建筑遮挡着。"现在这个时间，那里本该聚集着很多人，但现在一个都看不到。他们应该全到公园里去了。公园一般比较安全，因为那些警察把公园交给保安处理了。"

这时，马克赶到了我身边。"警察肯定刚来过。"他说道，并不知道马尔科姆刚刚提出了相同的看法。"知道我怎么看出来的吗？"他用指导的口吻说道。马尔科姆有些恼怒地叹了口气。马克很喜欢找机会证明自己的权威，无论是在警务、政治还是橄榄球方面。"你看到有多少人坐在街边？"

我左右巡视了一番，只看到一个孤零零的男人坐在路边，吃着旁边街区一家小餐馆的外卖。"只有一个。"我耸了耸肩。

马克继续说道："他肯定刚来。大家都在观望，害怕警察再回来。他们就是来警告所有人，命令大家站起来，然后围着街区转一圈，逮捕那些又坐回去的人。蒂姆〔马克的一个朋友〕就是这样被抓的。"马克观察着街上的情况，怀疑警察刚刚采取了"潜行"的做法（在第二章中介绍过）——驱车沿街发布指令，让所有人站起来，清空巨型庇护所附近的人行道。

马尔科姆也开始发表自己的看法，集体分析模式开始运作——这是每次"社区守望"巡逻几乎都会经历的过程。"不，"他确信不疑道，"我觉得不只是这样，应该是个大事。妈的，这条街就跟死了一样。知道他们可能干了什么吗？"他说道："估计是封锁了街道两端，方便他们调查取证，确保所有人都被清理出犯罪现场。所以大家都聚集在街道两头，绝不只是骚扰一下那么简单。"

恰好在这个时候，一名身穿白色长款T恤和宽松牛仔裤的年轻人从公园里走出来，向马尔科姆走近。"长官。"他来到马尔科姆身边轻声说道。

"最近好吗？"马尔科姆应了一声，不动声色地与他碰了碰拳头。

男人接下来的话印证了马尔科姆的猜想。"你们完全错过了啊，"他说，"不知从哪儿冒出来几个缉毒警，总共抓了大约八个黑鬼。老兄，他们从这群浑蛋身上搜出了不少东西。你真该看看他们口袋里都是什么。老天爷，都是些便宜卖的货。"我注意到他和马尔科姆肩并肩站着，说话时目视前方，他们似乎都有意掩盖这场对话。在我看来，这很像警察与秘密线人沟通时的举动。"我觉得他们肯定在买家里安插了卧底，"男人满意地总结道，"所以他们对应该搜查谁一清二楚。"

马尔科姆听到这话立刻兴奋起来。"卧底？"

"没错。"

"今天启动突击队了？"马尔科姆问道，他所指的是"安全城市计划"下开展的"钓鱼缉毒"行动（见第二章）。"你刚才说大概 10 分钟前？"

"不到 10 分钟，也就 5 分钟。"男人回答。

"该死。"马尔科姆走下路缘，快步沿着第五大街向东边的底部区走去。

我也赶紧追上他的脚步，内心还沉浸在惊叹之中。这个年轻人提供的信息表明，马尔科姆仅仅通过公共空间中的人员分布、行为模式和整体情况就能准确推测出警方活动的细节。在其他场合，我还曾目睹马尔科姆仅根据警察骑的马留下的粪便推断出他们的行

第五章 治理警察 223

动。马尔科姆常常根据粪便的新鲜程度跟踪骑警，在其察觉到摄像机存在之前拍摄他们与居民的互动。而马粪的间距则能帮助马尔科姆预测警察行动的目的。粪便越密集表明执法越积极，警察停下来拦截、审讯并惩罚行人的频率越高。

"如果我们走快点，还能赶得上。"马尔科姆对我说，又向后看了一眼，发现马克和帕蒂没能赶上来。"该死，总他妈拖后腿。"他怒骂道，"他们要是能走快一点，我们还能赶在那帮人钓鱼买毒之前。"

又走了大概五分钟，我们来到一个十字路口。马尔科姆压低声音对我说："看到那里了吗？"他示意我看向半个街区外的一辆警车，动作幅度很小，尽量不引起关注。从我们这里能看到前排坐着两名警察。"这是一辆追捕车，"马尔科姆说，"应该是突击队的一部分，会有警察打扮得像瘾君子一样去买毒品。等他买完毒品离开之后，再通过无线电联系追捕车。这时追捕车上的警察才开始展开搜查，不会暴露那些便衣的身份。这些警察假扮的买家就这样溜走，伺机寻找下一伙毒品贩子。既然那里停着一辆追捕车，就证明附近肯定开始行动了，就在某个街区。"他再次加快步伐。"抓紧吧。"他留下一句。

但走到下一个十字路口时，马尔科姆突然停下脚步，背靠着附近的砖墙环顾街角。"他们肯定在这里安插了卧底，"他低声说道，"看看吧。"我顺着他的指引，以墙体为掩护探头望向街角。在人行道上的各路行人中，我看到大约有20人聚集在背阴之处。"规模不小，"他说，"突击队就算还没来，也快了。"他从墙后走出来。"你等等帕蒂和马克，我先去侦察一下。准备好摄像机，他们可能突然行动。我负责拍摄近景。"我目视着马尔科姆走上人行道，不慌不忙地混入人群之中。

几个月来，马尔科姆对这类他口中的"反向骗局"干预越来越多，经常预先等候在卧底缉毒现场。"社区守望"团队融入街角的人群之中，如警察监视居民一样监视这些警察。几分钟后，帕蒂和马克赶到，二话不说与我一同等候在墙后。他们的相关经验极为丰富，无须询问马尔科姆的计划。

不到五分钟，马尔科姆的预言再次得到证实。两辆警车高鸣着警笛疾驶而来，另有两辆无明显标志的轿车尾随其后，车内坐着便衣警察。我们三个匆匆走上街，举着摄像机与马尔科姆会合。警车停到那伙人面前，几名警察立即跳下车，给四名男子戴上手铐。

"看到他了吗？"马尔科姆问道，目光一刻不离面前的骚乱。

"看到谁？"帕蒂回应。

"看到卧底了吗？"马尔科姆解释道，明显有些不耐烦。

"没有。"我回答。

马尔科姆沮丧地摇了摇头："可恶！该死，我也没找到。看着都不像条子，就是一群普通居民。所以，他们还没找到任何确凿的证据，就开始搜查。一定要把整个过程都录下来，能证明他们一看有人站在这里，就停车抓人。这种搜查和扣押根本毫无道理，先把人抓起来，再去想理由。"

虽然当时找不到确切证据，但我对马尔科姆的评估有一定信心。在过去几个月里，"社区守望"团队曾整理了所有卧底缉毒警与无标识警车的照片。随着警方队伍的不断扩大，资料也在持续更新。如果马尔科姆没有看到卧底，那可能是真的没有。

第五章　治理警察

在接下来的20分钟里,"社区守望"团队站在一旁录下了事件的完整经过,直到警察将嫌疑人押入警车后座,沿第五大街向西边中央分局的方向驶去。他们走后,整个街区与刚刚的圣朱利安街一样空荡荡,只有几名行人远远地围观警察的逮捕行动。"这些浑蛋终于被我们拍到了。"马尔科姆注视着最后一辆转过街角的警车说。团队似乎成功捕捉到了警方的无根据拦截画面,这让马尔科姆十分满意。他宣布此次巡逻结束,带我们回到办公室汇报情况。

在接下来的一年里,显然不只有"社区守望"团队在更改战略。随着"社区守望"团队预测警察行动的准确度不断提升,警方也对战术进行了调整。他们在常规行动中增加了不可预测的因素和更多恫吓之举。曾有一次,两名卧底警察开着无标识的轿车在底部区的街道上穿行,戏耍"社区守望"团队,让他们徒劳地尾随。事情的开始是团队成员在街角发现了一辆卧底缉毒车,马尔科姆查阅照片资料后确认了警车的身份。于是,成员们紧贴着墙壁排成一列,悄悄地接近这辆警车,希望能拍下警察与居民的下一次互动。团队成员到达警车附近半个街区处时,司机却突然踩下油门。他没有驶离这片地区,而是在附近的十字路口停下车。成员们十分困惑,于是慢慢转移至新的位置。这时,司机又是一脚油门,停在了下一个街区,还是在大家的视线范围之内。于是,成员们再次跟上前去,司机再次驶离原处。这个过程反反复复,足足持续了45分钟。就在大家准备放弃的时候,那辆车却突然掉头向我们驶来,猛停在几英尺之外。

两名警察坐在车里肆无忌惮地大笑。"哎哟,大伙儿,"驾驶座上的警察透过车窗喊道,"你们怎么不干脆坐上来?"他指了指留给被捕犯罪嫌疑人的后座,说:"肯定能拍下不少好东西,这样还更快,能少走好多路!"他咧嘴一笑,再次启动车子飞驰而去。

马尔科姆心灰意冷,当即宣布巡逻结束。在回到办公室的一路上,谁也没有说话。对于"社区守望"团队来说,这是一个憋屈的下午,以屈辱结束。但当我告诉他们已用摄像机将整个过程记录下来时,大家的精神显然振奋起来。我知道,"社区守望"团队一直在收集这类案例,以证实警察的反复恫吓。因此,虽然团队中没人会说喜欢上述交锋,但马尔科姆及其他成员实际上开始鼓励他们这样做。

## "抓住他们的漏洞"

"社区守望"团队对经停的警车进行摄录时,会采用特定的互动手法,目的是"抓住警察的漏洞"。基本来说,抓住警察的漏洞意味着与警察接触,迷惑对方,有时甚至做出挑衅之举,让他们说出自证有罪的言论与信息。讽刺的是,"社区守望"团队正是从警方那里学到了这种技术,他们已经开始模仿贫民区居民常常受到的审讯方式。

"社区守望"每月举办"了解你的权利"系列培训。在一次有六人参加的培训会上,杰拉尔德为大家讲述警察如何长期诱导他与邻居,试图找出他们的漏洞。杰拉尔德是一名为人低调的居民,30岁出头。他告诉洛杉矶社区行动网络办公室中的参会者们:"这里的警察有的是小把戏。我告诉楼里的每一个人，千万别跟那些警察废话。什么都不要说，最多讲一下名字，然后问警察自己是不是被逮捕了。如果警察说没有，那你完全可以自由行动！"他一边说着，一边伸出细长的手指。"现在，"他继续说道，"每个人都明白这个道理，一旦被警察围住，他们就知道要如何应对了。警察一开始只会问简单的问题，但事实上没有那么简单。他们是想要麻痹你，给你下套，然后趁机抓你的把柄。"他将音调降了一个八度，模仿警察提出一连串问题："你住在哪里？你现在要去哪里？你在假释期吗？有没有什么要对我说的？可以让我搜一下身吗？"杰拉尔德在复述最后一个问题后，伸手做出抹脖子的动作："一旦答应，你就完了！怎么说？你同意让他们搜身！然后他们就会发现你身份证件上的地址与你告诉他们的地址不一致，他们就会说你撒谎，然后就有理由把你带到警察局。于是你就被戴上手铐，等待登记。就因为你嘴欠。在整个过程中，他们就等你开口，然后抓住你的漏洞。"

"社区守望"团队成员自身也曾经历这样的审讯，于是反过来把它用在了警察身上。同警察问话一样，抓住警察的漏洞的过程也要循序渐进。首先，团队成员会将警察引入看似无害的话题中。一旦与警察充分接触，他们便推动对话升级，采用类似交叉询问的策略。他们会用出乎意料的问题与指控性的陈述向警察施压，得到符合洛杉矶社区行动网络一贯指控的答复。

当"社区守望"团队为中央分局持续违反近期法庭命令的指控收集视频证据时，他们开始更加积极地捕捉警察的漏洞。2008年，洛杉矶社区行动网络和美国公民自由联盟（American Civil

Liberties Union）曾争取到一项联邦禁令，即"菲茨杰拉德禁令"，禁止贫民区警察以乱穿马路和其他轻微违法举动为由给行人戴上手铐并进行搜身，同时禁止询问行人是否处于缓刑或假释期。[9]法院还要求中央分局就符合宪法的搜查与扣押形式进行培训。即便如此，居民们表示警察行事如故，戴手铐与搜身频率分毫未减。

在之后的一次巡逻中，我陪同马尔科姆和其他三名成员行动。大约半个小时后，我们遇到两名骑警，他们正在给一名男子开罚单并搜身，这明显违反了菲茨杰拉德禁令。待他们重新骑上马背，团队成员小心翼翼地启动摄像机，马尔科姆试图捕捉他们的漏洞。

"嘿，我能问您个问题吗？"他用毫无攻击性的礼貌口吻喊道。摄像机持续运转，马尔科姆努力表现得像是一个请求帮助与指示的路人。这个机智的开场方式不仅吸引了警察的注意力，更让他们在答应马尔科姆最初的请求后无路可退，不得不回答之后的尖锐问题。如果他们一开始就拒绝回答马尔科姆（认识马尔科姆的警察往往这样做），或者听到后面的问题便转身离开，那么就印证了洛杉矶社区行动网络关于警察蔑视及不尊重贫民区居民的说法。这种录像内容与中央分局希望构建的社区联络人形象大相径庭。

警察们点头应允后，马尔科姆开始提问。"那么，您难道不知道凭轻微犯罪行为展开搜查，询问别人是否在缓刑或假释期是违法的吗？"

警察们似乎真的有些困惑。他们在马鞍上不安地扭动了一下，望向彼此寻求帮助。沉默许久，两人都摇了摇头。"不知道。"其中一人最终答道。他们看向马尔科姆，似乎在等待他的解释。

马尔科姆却回以讥讽的笑。"所以你们的警长根本没给你们讲过菲茨杰拉德禁令,是吗?"他问道。

"没有。"那名警察回答,恢复了一些信心。但马尔科姆又将问题重复了一遍。"不……没有。"对方再次回答。

说完,警察们骑马离开了。待马蹄声逐渐消失在道路尽头,马尔科姆转向我,难掩笑容。"朋友,"他说道,"他们本应该接受相关培训!但显然,他们没有。我们拍下了他们承认此事的视频。"

在反复提问的过程中,马尔科姆不仅记录下中央分局警察违反禁令的情况,还以视频形式说明了原因。警察在录像中的反应表明,中央分局并未对警员进行培训,这直接违背了法庭指令。马尔科姆将这段视频保存起来,准备未来上交法庭,作为中央分局不遵从指令的证据。

虽然这种证据看似无足轻重,但它对于揭露警方的失职与暴行起到了重要作用。对于边缘组织而言,推动警务改革的努力面临着一个长期困境:警察们常常将失职与暴行归咎于个体执法人员,即"流氓警察"。[10] 流氓警察的说法将违宪的警务行为阐释为一种异常,可以通过常规的警察局申诉渠道解决,无须对政策或警察局文化进行大的结构性调整。马尔科姆引导警察承认他们缺乏相关培训,为"系统性问题"的主张提供了依据,表明警方的违宪之举是模式化问题,应归咎于中央分局的组织和管理失当。[11]

然而,随着"社区守望"团队预测和追踪警察的战术不断创新,中央分局的警察们也跟上了节奏,学会了避免被抓住漏洞。他们最直接公开的反击是以"干扰警方调查"为由逮捕"社区守望"团队成员,没收他们的摄像机与写字板,彻底限制他们对警察行为的记录。加州法律虽然允许公民在公开场合拍摄警察,却没有详细规定观察者要保持多远的距离。警察利用模糊的法条指控"社区守望"团队靠得太近，影响了警察的人身安全。面对被逮捕的威胁，"社区守望"团队被强制隔绝在能够收录声音的距离之外。

成员们如同行走在钢丝上，每次巡逻都可能将他们卷入牢房。在我参与"社区守望"团队工作期间，就有几名成员在巡逻时被捕。持续的逮捕威胁让气氛高度紧张，即使放下摄像机回到街上，他们的忧虑也无法消散。作为居民，他们在日常生活中面临着更加密切的监视与更加频繁的拦截。马尔科姆、马克和拍摄纳尔逊事件的成员都曾在与朋友和邻居外出时，以涉嫌分销毒品为由被逮捕。虽然这些指控最终被撤销，但在审判期间，执行逮捕的警察曾表示，他们最初认出马尔科姆等人，正是因为其"社区守望"团队成员的身份。

警察们进一步利用执法权恫吓团队成员，迫使他们放下摄像机。他们最常用的策略是"提醒""社区守望"巡逻者，警方已对其居住地、毒瘾史、犯罪记录和其他私人信息了如指掌。在马尔科姆某次被捕后的几个月里，与此案无关的几名警察曾多次接近"社区守望"团队，以马尔科姆的原名称呼他，大声宣扬他候审的各种私人信息。特别是有一次，我和马尔科姆及其他成员正沿着底部区一条安静的街道行走。三辆警车缓速跟在我们身后，而后依次从我们身旁开过。每辆车经过时，副驾驶座上的警察都会向我们大喊。

"嘿，约翰。"第一位的语气非常友好。

"早上好，华盛顿先生。"第二位笑着喊道。

"祝你庭审顺利啊，约翰。"最后一位模仿美国小姐的动作挥手致意。

尽管"社区守望"团队每周都会在巡逻中与警察互动,但这并不是警察获悉马尔科姆合法登记姓名的场合。他们相互配合的嘲讽问候显然是想告诉马尔科姆,中央分局的警察们已经将他的个人信息充分共享。[12]

虽然在马尔科姆看来,这类露骨的威胁反而证明了"社区守望"行动的效力以及警方的恐惧,但我也发现,有三名成员因害怕被报复而选择退出。而我本人在受到警察恫吓时,也曾想过中止田野调查。当我在田野早期阶段结识的几位警察朋友看到我与洛杉矶社区行动网络成员一同行动时,他们指责我"改变了立场"。此后,他们若在贫民区碰到我,尤其是在我身边没有"社区守望"团队成员时,常常会通过警车的扬声器喊出我的名字。有一次,我正在午夜传教会外与一个排队申请床位的男人聊天,突然一辆警车停了下来。驾驶座上的警察叫住我。"福里斯特,"他通过扬声器喊道,"是的,就是你,福里斯特。蓝色衣服的那个。福里斯特。你还在这儿呢?想了解真实的贫民区,你直接找我啊。"紧接着,一声短促尖锐的警笛声响起,警车扬长而去。等我再回过头想要继续谈话,那个男人明显不愿再说下去。警察对我的熟悉和敌意让他感到不适。

有时,警察甚至会更进一步,挑动其他居民对"社区守望"团队大打出手,迫使他们停止拍摄。那两名曾戏耍"社区守望"团队的卧底缉毒警尤其喜欢这样做。在某次晚间巡逻时,"社区守望"团队试图将这两名警察在联合救济会搜查一名男子口袋的过程拍摄下来。但他们刚刚打开摄像机,其中一名警察就走近嫌疑人,在他耳边低语。"笑一笑,"我听到他用录音设备无法捕捉的音量说道,

"之后你的视频就会挂在警察局官网，你的朋友和家人都看得到。"

那人立即瞪大了双眼。"别他妈录了！"他高声叫道，"听到没有！"他越说越气愤，警察们无声地笑起来。"把那该死的摄像机给我关了！滚开！""社区守望"团队立即停止录像。他们知道，居民出言斥责的场面会破坏他们站在民众立场开展工作的主张。对于"社区守望"团队来说，这段录像已经废了。

而当警察们无法强迫"社区守望"团队放下摄像机时，他们会采取更加微妙的反击方式，影响摄像成品。他们将关注点放在损毁洛杉矶社区行动网络信誉的特定个人、行为和情景上，以此夺回阵地。如此一来，双方将开展对话式的拉锯战，各自努力将视频中的叙述朝于己有利的方向扳去。

最典型的例子发生在"社区守望"团队与一对骑警之间。在我田野调查期间，洛杉矶社区行动网络始终将骑马巡逻视为"安全城市计划"背后虚伪的象征。市政府将其宣传为应对贫民区肮脏、无序和不健康环境的良方。但正如洛杉矶社区行动网络所言，警方从来不会清理马粪，贫民区的脏乱差也是拜他们所赐。那是一个午后，马尔科姆出发收集警方故意过失的案例。"社区守望"团队沿着马粪的痕迹从中央分局附近追踪至一个安静的街角，骑警正在缉查毒品。警察们戴上黑色乳胶手套，将被捕者关进厢式警车，再重新骑上马背，这时，马尔科姆向最近的一位喊道。

"警官，"他指着人行道上的马粪，"您要不要清理一下这些垃圾？"马尔科姆试图记录下警察对马粪漠不关心的瞬间。

那名警察犹豫了一下，瞥了一眼摄像机，进行了一番权衡。他

**警察清扫马粪的视频截图**

显然做出了决定，不情愿地叹了口气，而后下马用靴子内侧将棕色的马粪扫至附近的排水沟里。

如此清扫几遍后，这名警察抬头看了看马尔科姆。他并未做出对抗性回应，而是利用镜头的机会将新的背景信息记录下来。"你想让我在镜头前说错话，"他自信说道，"但你不会得偿所愿。"这一陈述让警察为刚刚发生的事件提供了替代性解释。他指出，马尔科姆的潜在动机并非改善社区卫生环境，而是诱使警察一反常态地回击。

这名警察随后将审视的目光投向"社区守望"团队，脚下继续清理着马粪。这时，他突然停下来望着马尔科姆，又回头看了看他的搭档。"你看到他身上的监狱文身了吗？"他大声喊道，将大家的注意力引至马尔科姆脖子上粗糙的监狱文身。"你喜欢这个吗？"他音量不减，"把'白人去死'文在脖子上？"通过这一举动，他不仅提醒未来的视频观众，马尔科姆有前科，还表明马尔科姆很可能是出于极端种族主义的欲望而羞辱一名白人警察。他将马尔科姆打造为侵犯者，暗示录像中的对立因素很可能来自马尔科姆的介入。这些可能性瓦解了洛杉矶社区行动网络代表贫民区居民行事的主张。从街头到法庭，洛杉矶警察局的工作人员及代表致力于指出该组织与贫民区的真正利益与需求脱节。他们一旦成功，视频证据就失去了代表性，警察在录像中对"社区守望"团队的敌意就不能说明他们对更广泛居民的态度。

对此，马尔科姆试图重新夺回叙述的控制权，再次强调他的动机以及与居民的密切联系。"谢谢你保证我的社区清洁。"他微笑道。

"什么？"那名警察厉声喝道，似乎不确定马尔科姆这句话是否具有攻击性。

"谢谢你保证我的社区清洁。"马尔科姆以更加亲切的语气重复道。马尔科姆代表整个社区向警察致谢，有效遏制了对方在他与其他居民间制造隔阂的企图。煽动种族仇恨的指控也不攻自破。那名警察显然措手不及，马尔科姆的礼貌让他无言以对。沉默片刻后，他向"社区守望"团队投去不满的目光，然后策马离开。

大家心情舒畅地回到办公室，添油加醋地将此事传播开来。摄像机的存在让警察被迫表现得尊重他们，这对他们而言是个稀罕事。"社区守望"团队成功改变了警方的行为。成员们看着警察用靴子清扫马粪，心里十分过瘾。然而，这并非毫无代价。虽然这名警察遵从了"社区守望"团队提出的尴尬要求，但他依然通过质疑团队的潜在动机削弱了视频的效力。因此，尽管大家接连几周兴致高昂，但这段视频始终没有被运用在公共讨论中。团队选择采用那些更"清晰明了"的录像，其中包含较少损害团队成员形象的内容。[13]

随着围绕摄像的拉锯战不断升级，"社区守望"团队与中央分局的警员将越来越多的嫌疑人与旁观者牵扯进来，将他们对事件的叙述展现在视频中。双方将附近的行人当作表演"道具"，以展现何为"真正的"贫民区，同时削弱对方的论点。"社区守望"团队的做法是寻求居民的善意反馈，将自身打造为社区的捍卫者。这自然并不困难。谁都不会喜欢被警察拦截、搜查、开罚单或监禁。[14]许多人选择大声反抗，对警察破口大骂。有些人甚至会做出肢体抵抗，拒绝分开双腿接受搜查，或者不停挥舞手臂躲避手铐。在田野调查过程中，我曾目睹五名被拦截者在警察回到警车上去警方数据库中搜索嫌疑人的名字时，趁机逃离现场。

随着洛杉矶社区行动网络和"社区守望"声名鹊起，大多数嫌疑人会在"社区守望"成员在场时变得更加大胆。他们有的会向成员求助，恳求被记录下来。嫌疑人和旁观者有时会帮助"社区守望"补充背景信息，提供其姓名与住址，以便公设辩护人办公室或美国公民自由联盟知悉。

为应对这种局面，警察往往会在"社区守望"成员与嫌疑人沟通时威胁将其逮捕。而当这种威胁不再有效，警察又将目光集中在那些一看到"社区守望"团队到来就激动过头的人身上，试图抓住他们的把柄。举例而言，在某次午后巡逻时，"社区守望"团队遇到一名骑警正在逮捕一名衣衫不整、无家可归的女子。该女子戴着手铐坐在一堆行李箱与包裹旁，看到团队成员的身影后打起了精神。

"嘿，"她轻声打着招呼，"嘿，你们好，告诉他，我什么也没做。嘿。"

警察听到她向我们求助时，正忙着用无线电呼叫厢式警车，将这名女子送至拘留所。"安静。"他严肃地命令道，从口袋里掏出苹果手机，将马尔科姆的团队拍摄下来。

在之后的几分钟里，双方在尴尬的氛围中互相录像。简短交流后，这名警察微微一笑，戴上黑色乳胶手套，拿起一直放在脚边的小型注射器。他将针头高高举起，好让我们看清楚，同时继续用手机录像。

一位成员在我身后气馁地叹了口气。"啊，真烦。"他低声抱怨道。

警察在半空中轻晃着注射器。"你们有好好地把这个拍下来吗？"他讽刺地喊道，"一定要认真拍啊，我知道你们这些家伙很喜欢在附近拍些真实的情况，可不能错过这个！"

通过不断展示这支注射器，并"提醒""社区守望"团队拍摄，警察有效地在视频中留下了对于此事的叙述，证明其行为的合理性。他提供的证据表明，自己没有像洛杉矶社区行动网络所言违宪拦截和逮捕无辜的居民，而是在维护法律，逮捕真正的违法者。他还暗示"社区守望"组织对视频做了手脚，以歪曲警方的实际举动。

在法庭听证会、市议会会议以及其他公开讨论场合中，警察们就常常争辩说洛杉矶社区行动网络通过"社区守望"巡逻纵容并积极保护吸毒者、贩毒者和其他罪犯。中央分局的部分警察还会在镜头前主动宣扬这一主张。有一次，我跟随团队成员拍摄警察的逮捕过程。这时，一位非常熟悉洛杉矶社区行动网络法律和政治活动的高级警员在我们身后下车，并迅速走近。他挡在镜头前，将我们与眼前执法的警察区隔开。他对身后的逮捕行为根本不感兴趣，目的就是要破坏此次录像。

"我能问您一个问题吗？"他对马尔科姆说道，模仿着"社区守望"团队的提问方式。在之前的几周里，该团队与警察们的沟通都是以这句话开始的。马尔科姆深深叹了口气，表示默认。于是，这位高级警员开始对摄像机提出一连串熟悉的问题。他的话里话外传达着一条清晰的信息——"社区守望"团队在为犯罪行为提供便利。"我的意思是，"警察大声说道，"你们扛着摄像机。你们有权力说，'嘿，看看街上发生了什么'。你们可以把我们拍到视频里。我是说，你们比我们在街上的时间还长，又能拍视频，你们应该很清楚谁是毒品贩子，也知道他们都干了什么。你们本可以帮助我们清理街道上的罪犯，结果却根本不想解决问题。"

"得了吧，大哥！"马尔科姆反感道，"没必要再说一遍吧！"

这位高级警员看出马尔科姆的挫败，继续说道："这个问题很重要。你们为什么不帮助我们？你们拍了那么多视频！"

马尔科姆没有回答这个问题，只是举起手转身离开。其他成员紧随其后。

那位警察微笑着站在原地。"那好吧，"他用嘲弄的语气喊道，"不想聊？上帝保佑你，长官，祝你一切顺利！"

马尔科姆始终一言不发，直到转过街角。"真受不了那个浑蛋，"他咬牙切齿地说，"他整天来搅局，每次都站在摄像机前，拿准了我们不可能动手把他推走。即使我拍上了，这段录像里也都是他在问,'为什么不去阻止毒品贩子呢?'。这种视频根本没法交给律师!怎么在法庭上播啊?陪审团肯定也会问我们为什么不去阻止犯罪。我们也想啊,但那不是警察的工作吗!等他们哪天不见个人就骚扰,没准就能阻止犯罪了!"[15]

虽然这名警察的巧妙反击让团队成员心生沮丧,但他们并没有退缩,反而寻求创新举措。为了解决警察阻碍摄影、影响录像成果等问题,"社区守望"团队出动时会多带一台(甚至两台)摄像机。两周后,当同一名警察再次打断小组的拍摄时,这个举措起到了预期的作用。一名团队成员没有像上次那样离开现场,而是心甘情愿地接受警察的辩论邀请。当谈话在"诱饵摄像机"面前越发热烈时,另一名成员悄悄从人群中溜走,用备用摄像机记录下逮捕过程,没有受到进一步的干扰。

在田野调查期间,我曾多次见证双方的交锋。显然,"社区守望"团队在力量上处于劣势,但他们更加灵活。每次巡逻后汇报情况时,这个富有凝聚力的团队都会先警方一步制定新的行动方案。如果某一周内贫民区巡警人数较多,他们还能针对刚来不久的新人或适应性相对较弱的警员。随着时间的推移,这种策略产生了切实的效果。

## "社区守望"团队促成重大改革,并制约治疗性警务措施

在积极运用集体"条子智慧"的过程中,"社区守望"团队成

功积累了诸多视频证据，克服了贫民区居民不受信任的困境，最终迫使洛杉矶警察局改变了警务实践。事实上，洛杉矶社区行动网络的第一个重大民权胜利就来自该团队对警察干预行动的准确预测与捕捉漏洞的能力。依靠这两项技术，"社区守望"团队录下了一系列内容极端恶劣的视频，清晰表明中央分局对居民的系统性违宪之举。

在贫民区日常巡逻时，"社区守望"团队注意到中央分局采取了一种侵扰性和破坏性极强的新举措，将贫民区的生活条件变得更差，从而把居民推向巨型庇护所和康复项目。通过与街道服务管理局（Bureau of Street Services，BSS）合作，中央分局的警察加大没收力度，将帐篷、衣服、包裹、自行车、购物车和牛奶箱统统收走。每天一早，由中央分局巡警、翻斗车、自卸货车和街道服务管理局员工组成的车队例行沿街巡查，先是在街区两侧各停一辆自卸货车，形成封锁，而后工作人员与警察下车沿着排水沟行走，手持耙状工具，从人行道上抓取各种物品，常常是直接从行人的手中夺走，再扔到街上。如果被没收财产的主人欲走上街将东西拿回，警察就会以开罚单和逮捕威胁他们。接下来，街道服务管理局将翻斗车开进来，一次性收走所有没收物品。结束后，整个车队便前往下一个街区。这一套流程相当高效，由于是突然袭击，居民往往毫无招架之力。工作人员可以在10分钟以内清理完整个街区。

"社区守望"团队对中央分局的没收行动追踪摄像长达数月。每次出动时，当地一位纪录片制作人和组织盟友会与团队同行，用他的专业设备录下高音质的警察陈述。其中，有一段录像极具说服力，被洛杉矶社区行动网络称为"桑福德父子视频"。该视频记录了几名警察不顾居民的呼救而强行扣押个人财产的行为，还记录了他们

**洛杉矶警察局和街道服务管理局组成的联合车队**

为自身辩护时自证有罪的言论。当警察和街道服务管理局员工将没收物品装入洛杉矶警察局的卡车时,"社区守望"团队走近警察,询问他们为何要没收牛奶箱,以及打算如何处置这些物品。最近的一名戴白色乳胶手套的警察迅速做出回应,他不带感情地说,自己和其他警察"会将这些东西存在临时仓库,而后物归原主"。他直视镜头表示,"已经和那些公司联系好了,他们希望收回这些东西"。

既然这名警察的话被记录在视频中,"社区守望"团队决定追踪警方是否履行了承诺。为此,他们一整天都在跟踪车队。临近傍晚,团队成员紧跟在车队之后,车队结束了贫民区全域的清扫工作,来到贫民区边界外第六大街桥下的一处荒僻的区域。录像显示,警察们用扬声器欢快地唱着20世纪70年代电视剧《桑福德父子》的主题曲。那是一部带有种族主义色彩的情景喜剧，描述了一个黑人拾荒者的嬉戏作乐。随后，警察们漠然地将一天中没收的所有物品倾倒在人行道上（很难说是"临时仓库"）。视频甚至拍到了警察们征用附近的无家可归者帮他们卸货，并拿些小礼物作为回报的画面（洛杉矶社区行动网络声称这些礼物要么是钱，要么是烟或者毒品）。这些无家可归的路人忙前忙后时，警察们就舒服地靠在警车上，抽着烟聊天。

"社区守望"团队再次介入，希望记录下警方工作的前后矛盾之处。纪录片制作人询问警察打算如何处置被没收的物品，得到的回答却让人震惊。对方没坚持物归原主的说法，而是将这些东西统称为"垃圾"。一名警察全然不顾白天时没收物品者的苦苦恳求，声称"人行道上的那些人又不想要这些东西，所以我们才把它们拉到这里"。说完，警察们各自驱车离开此地，显然是将没收物品丢弃不管了。

截至那时，在"社区守望"团队拍下的所有视频中，没有哪一段比"桑福德父子视频"暴露出更多的前后矛盾。视频录下不久后，洛杉矶社区行动网络与一个律师团队在新闻发布会上将其公布，并在会议上与市议会和市长办公室代表展开沟通。他们凭借此视频提出这一主张：中央分局长期采取违反宪法和残忍的警务举措。洛杉矶社区行动网络还指出，警察将没收的财物扔在另一个（但相对不远的）地方，便足以为将来的逮捕行动创造条件，让贫民区的声誉更加恶劣。过去，他们很难为此说法提供可靠的证据，而此次"桑福德父子视频"成功利用警察的言论一锤定音。通过记录这一常规行动所耗费的庞大资源与人力规模，"社区守望"团队也证明了这并非一颗老鼠屎坏了一锅汤。

观看这段录像后，市政府承诺对贫民区没收市民财物的做法进行改善。然而，令洛杉矶社区行动网络失望的是，这一承诺没过多久便失效了，中央分局暗自恢复了过去的做法。马尔科姆和洛杉矶社区行动网络的其他几名成员注意到，车队选择更早开始工作，那时"社区守望"团队还没有开始巡逻。为应对这一局面，"社区守望"团队也将巡逻时间提前，以收集中央分局违反规定的新证据。为协助此项工作，他们招募了杰夫·迪特里希、凯瑟琳·莫里斯与其他天主教工人组织成员，将嬉皮士厨房附近发生的一切事件拍摄下来。在天主教工人组织的帮助下，"社区守望"团队迅速收集了大量影像证据。该团队还加倍努力与被没收物品的居民联系，并录下他们的陈述。

在此过程中，团队接触到一个名叫托尼·拉万的流浪汉，他平时睡在联合救济会旁的人行道上。某日下午，托尼·拉万冒险溜进救济会冲澡，将自己的物品交给几个朋友保管。但在他洗澡期间，中央分局的一支车队恰好来附近清理行人与财物。他的朋友们抗议无果，眼睁睁看着一辆翻斗车将拉万的全部家当，包括医疗记录、处方药、衣服、手机、笔记本电脑、帐篷和其他贵重物品一并收走并销毁。拉万先生对"社区守望"团队的日常巡逻很熟悉，于是同意与其他七名相似的受害者共同参加联邦集体诉讼，即"托尼·拉万等人诉洛杉矶市案"。

我与一群居民一同前往联邦法院观看这场诉讼。显然，法院对洛杉矶社区行动网络的视频证据非常重视。"社区守望"团队采取的措施弥补了拉万及其他居民在社会经济地位方面的弱势。确切地说，他们拍摄视频的做法已经使天平向居民一方倾斜，让洛杉矶警察局的可信度受到怀疑。与纳尔逊案审判时一样，洛杉矶市检察官试图对"社区守望"团队的视频提出疑问。他声称，这些证据缺乏必要的背景信息，而只有警方能提供这些背景。

"这些照片的情况是这样的，"面对"社区守望"团队拍摄的一系列照片，那名市检察官争辩道，"要看整体情况……当你和警察交谈时……在那里的警察……和照片显示的完全不一样。故事还有另一面。"[16] 为了让法院对证据的完整性产生怀疑，市政府要求举行一场完整的证据听证会，这将迫使拉万先生、其他原告以及警察全部出席做证。这显然是在利用贫民区居民与巡警察之间不平等的社会地位。正如洛杉矶市检察官公开承认的那样，"现场听证会的证词将让法院有机会亲眼看到这些人，听到他们所说的话，对他们的可信度做出判断"。

而经过纳尔逊一案，洛杉矶社区行动网络早已预见到市政府的策略，预先调整了他们的录像方式。因此，法院史无前例地迅速（且严厉地）拒绝了市政府要求进行全面证据听证会的请求。法官宣称，"书面陈述、供述、以及［原告］供述所附的证据就足以让法庭听取意见，并做出裁决"，甚至进一步打破常规，反复谴责市检察官，称"社区守望"团队和天主教工人组织提供的影像与洛杉矶市的主张存在直接冲突。法官甚至质疑洛杉矶市在辩护过程中做了伪证。

法院聚焦于证据本身，而不去关注被污名化的提供证据者，最终判拉万先生与其他几名原告胜诉。此次裁决主要基于原告证明警察违反了美国宪法第四修正案中的禁止非法搜查和扣押的权利，以及第十四修正案中的正当程序保证。法院裁定中央分局的警察违背居民意愿没收私人财产，同时在居民试图取回其财物时威胁要逮捕他们，这确实侵犯了宪法赋予人们的权利。

作为强调，法院立即发布联邦禁令，禁止洛杉矶市继续没收公民财产。这条"拉万禁令"要求中央分局的警察与街道服务管理局员工遵循一系列准则。第一，禁令要求警察与街道服务管理局员工在清理物品时，必须保证居民有机会认领他们的所有物。第二，如果某件物品无人认领，警察与街道服务管理局员工必须在附近的墙壁、栅栏或者其他设施表面张贴通知，说明他们的行动，并提供领回财物的地点。第三，所有被没收的财物必须在附近的设施中存放至少 90 天，给居民预留充分的时间找回。尽管三年来，洛杉矶市屡次向第九巡回上诉法院甚至美国最高法院提出申请，但拉万禁令至今仍然有效。

## 贫民区治理新方法？

在拉万案裁决后的头几个月里，我一直跟随"社区守望"团队沿街巡逻。与其他居民一样，我也急切地想知道中央分局的警察是否会遵从法院的命令。考虑到警察与街道服务管理局员工之前没收居民财物的积极程度——实际上是从站在人行道上的居民手中抢走财物——中央分局此次认真执行禁令的举动让我惊诧万分。洛杉矶警察局和街道服务管理局再巡街时，只会带走那些明显已被丢弃的物品。我再也没有看到车队中的工作人员从人们手中夺走财物。事实上，他们甚至还会放过那些看起来（从我的角度看）像是被遗弃的物品，因为主人很可能只是暂时不在。[17]

洛杉矶内外的旁观者都和我一样，对中央分局的迅速转变感到惊讶，毕竟《纽约时报》将其过去的举动描述为"对最弱势人群采取无情的扣押和摧毁政策"[18]。自19世纪洛杉矶贫民区形成以来，《洛杉矶时报》就见证着此地的变迁。该报宣称拉万禁令标志着"贫民区治理新方法"的诞生，警察与城市工作者"在与贫民区居民沟通时将更加善解人意"[19]。

最近，洛杉矶市在加强警察问责制方面采取了更多意想不到的历史性新举措。2014年1月，洛杉矶警察局为中央分局的30名警察配备了执法记录仪，以更好地监测他们的巡逻行为与警民互动。此举在短暂的测试期间效果良好，于是洛杉矶市拨款120万美元另购置600台记录仪。虽然洛杉矶是最早为警察配备执法记录仪的城市之一，但这项技术当时已在其他城市进行试点，并取得了令人瞩目的成效。附近的加利福尼亚州里阿尔托警察局进行的一项为期12个月的随机对照实验表明，佩戴执法记录仪的警察动用武力的概率下降了60%，公民投诉率下降了80%。[20]在《纽约时报》看来，中央分局似乎正在与贫民区居民重新达成"几十年前那种休战，尽管仍然暗潮汹涌"——20世纪90年代初，休战的局面曾被"安全城市计划"打破。[21]

除了警务改革，市政府还为改善生活环境以及增加便民设施做出了努力。首先是一项耗资370万美元的计划，为贫民区建设了更多公共浴室、垃圾桶和储物设施，同时要求巨型庇护所为目前没有参与康复项目的人提供更多机会。[22]这些改变看起来并不明显，但对于大多数居民都在使用公共设施的贫民区而言，其重要性非同小可。很久之前，天主教工人组织曾成功地促使洛杉矶市安装这些设施（见第一章），但在20世纪90年代，许多设施遭到拆除，或是被重新安置在新建的巨型庇护所内。近年来，洛杉矶社区行动网络和天主教工人组织一再呼吁在公共区域重新安装这些设施。对于这两个组织而言，此类资源是他们将洛杉矶贫民区打造为贫苦百姓美好家园的第一步。

在天主教工人组织提出改善洛杉矶贫民区居住条件计划40年后，在他们的努力被激进警务政策颠覆20年后，贫民区的一小批进步组织开始扭转局面。他们在将贫民区打造为永久的"真正"社区方面取得了重大进展。虽然贫民区的主导理念仍是一个恢复区，但拉万事件后的种种转变表明，围绕贫民区之定义与管理模式的世纪之争远未结束。至少，近期的事件让许多团体结为联盟，越加有实力挑战巨型庇护所的惩罚性家长式作风。

媒体报道指出，拉万禁令是贫民区转变的主要催化剂。但是，根据我在"社区守望"巡逻中的观察，它只是长期斗争中的一个最明显成就。那些生活在贫民区以外的人很少注意到五年多来街道上的日常抵抗，但如果没有这些抵抗行动，转变是不可能实现的。

与大多数贫困地区的居民一样，洛杉矶贫民区百姓的弱势地位削弱了他们对不公正的控诉力与改变现状的可能性。他们往往背负着地域污名化，冒险进入各种权力机关，行使其作为公民的权利，而后发现自己作为被捕者、被告和前罪犯与警方的说辞相冲突时，处于信誉的劣势一方。纳尔逊案就是一个典型案例。与1992年的罗德尼·金案一样，纳尔逊案也并不缺乏揭示暴力的录像与几名目击者的证言。[23] 然而，尽管居民认为那些视频足以证明一切，但警方对事件经过的叙述最终赢得了信任。法庭只是放大并再现了城市贫民每天都能体会到的制度化的无力感。

然而，通过"社区守望"团队的运作，越来越多的贫民区居民掌握了有效的应对措施。在与中央分局警察的数千次互动中——无论是在"社区守望"巡逻中，还是在日常巡逻中——马尔科姆、帕蒂、马克和赫布等居民逐渐积累了必要的知识和技能，用以扭转边缘群体的不对等权力处境。这些居民利用"条子智慧"掌握了对警察互动的惊人控制力。通过系统性地预测并操纵与警方的交流，他们为居民遭遇的不公待遇提供了更可靠的新证据。他们克服了地域污名化的不利影响，重新打造出公平竞争的环境，剥夺了警方开展治疗性警务工作的资格。

与前几章中介绍的"条子智慧"运用方式不同，"社区守望"团队拒绝将贫民区视为霍布斯式的自我毁灭的世界。洛杉矶社区行动网络相关人员选择将本地区描绘为无私的、善于自我反省的良性社区。洛杉矶社区行动网络成员从不满足于牺牲邻人以谋求警察保护的个人主义策略，而是在其社区框架基础上制定出旨在保护整个贫民区的集体战略，往往以自我牺牲为代价。通过每天的"社区守望"巡逻，贫民区居民将这个社区框架变成了现实。在保护其他居民的过程中，他们证明，一个相互支持、相互负责的社区确实存在。通过他们的日常行动与波及甚广的法律胜利，他们开始争取到平等的宪法保护，同时逐步摘除贫民区居民面临的种种污名。除此之外，他们也为贫民区以外的其他社区提供了可供效仿的模式，自内而外、由下至上地实现社区变革。

# 结论

2010年9月一个温暖惬意的傍晚，我和大约500名洛杉矶居民一起挤进威斯敏斯特大道小学一个闷热的礼堂。这所小学位于加州波希米亚风情浓郁的威尼斯海滩，在贫民区以西约17英里处。虽然威尼斯海滩与贫民区无论在象征还是现实意义上都在城市的边缘相对而立，但这两个区域的贫困治理方式正日益趋同。那天晚上，我们聚在一起，聆听市议员比尔·罗森达尔宣布启动"车辆到家"项目。这是一项高度激进的警务及社会服务运动，针对的是大约300个独居者及家庭，他们几十年来一直住在威尼斯棕榈林立的街道上的房车里。近年来，附近企业与业主对房车区恶劣的卫生条件、噪声污染以及据称由房车居民造成的犯罪的抱怨已达到了白热化的程度。那天晚上，他们甚至在罗森达尔宣布会议开始前就发出了呼声。一名身穿蓝色polo衫和卡其裤的男人冲一个身穿扎染衬衫、脖子上挂着麻绳项链的大胡子房车居民大喊："找个工作吧！"两个小孩高举着手绘的牌子，上面写着："我们的街道不是厕所。"令业主们懊恼的是，房车居民及其盟友会利用自身阶级进行辱骂回击。一名身穿军装、头发花白的女子坐在礼堂正中,手中举着牌子,上面写道:"如果驱逐穷人,威尼斯精神将不复存在。"

在双方互斥将近15分钟后,墙边集结的大约30名洛杉矶警察来到人群中间,以逮捕威胁其中声音最大的人,要他们安静下来。趁着暂时的平静,罗森达尔走上讲台介绍了自己,并开始概述他的"搬迁和重新安置计划"。他坚持认为,这对所有相关方都有利。受"安全城市计划"的直接启发,罗森达尔详细介绍了应对威尼斯"房车问题"的双管齐下的解决方法。首先,一项新的市政条例(《洛杉矶市政法》第80.69.4条)将禁止任何高于7英尺或长于22英尺的车辆于凌晨2点至早上6点在威尼斯的街道上停放。洛杉矶市将在该地区增派21名警察,以确保严格执行新的超大型车辆法。其次,一系列"安全地段"将被划定,以容纳那些从威尼斯街道上被清理出来的房车。然而,要进入这些地段,房车居住者必须遵守一些规定:他们需要提供"经济困难"的证明,签署约束行为的合同,定期与社工见面,并同意遵守重新安置协议,直至最终搬出房车,搬进常规住房。

尽管这一计划具有惩罚性,但罗森达尔整晚的口吻始终如父亲一般循循善诱。他说,他是为了房车居民的"自身利益"。罗森达尔呼应了警方、政府官员和贫民区服务供应者的观点,将住在房车里描述为一种"生活方式的选择"。"在海滩房车与帐篷里的许多人拒绝外界的帮助,"他在演讲中指出,"但对于那些想要得到帮助的人,我们希望能够帮到他们。"几名房车居民发出一阵嘘声,罗森达尔仍坚定地传递他那严厉的爱。"如果你想要得到帮助,"他重复说,"那么我们会帮助你。如果不需要,那就滚出这里!"

# 21 世纪的警务和贫困治理

威尼斯海滩当然不是唯一采取这种新举措的区域。从圣巴巴拉到圣路易斯-奥比斯波，加州海岸上下越来越多的城市推出了几乎相同的计划，向最弱势的居民发了同样的强制性最后通牒：改变你的行为，改变你的态度，进入服务机构，学会自律，否则将面临严厉的刑事处罚。2009 年，当中央分局队长查理·贝克取代威廉·布拉顿成为洛杉矶警察局局长时，他巩固了最后通牒的地位，使其成为美国这座最具影响力的大都市之一的警务工作的核心原则。洛杉矶贫民区作为一切的开端，曾亲历这种规训式执法原则最赤裸裸的表现形式，因此最能揭示出在洛杉矶和其他地区蔓延的家长式监管的原因和后果。本书聚焦于"安全城市计划"及相关政策和项目，从多个角度深入展现我们对美国最弱势群体逐步采用的（但肯定不是唯一的）贫困治理模式。

要理解这种新兴的社会控制模式，我们需要重新思考城市警务工作。许多刑事司法学者提出，我们正在目睹一种"新惩罚性"的兴起。其中康复和重返社会的理想已被惩罚、重组和驱逐的目标取代。[1] 这些说法倾向于将惩罚和康复强烈对立起来，将它们视为相互排斥的目标。它们的广泛流传并不让人意外，特别是考虑到探讨刑事司法系统在管理边缘人口方面的作用时，监狱体系长期制造的负面阴影。在过去的 40 年里，研究者们认为，监狱内的条件越来越严酷，包括刑期的延长、单独监禁的使用增加、镣铐的回归，以及教育和咨询项目的取消。这些都证明，监狱正在转向破坏性和非康复性的惩罚形式。正如犯罪学家约翰·普拉特（John Pratt）及其同事所言，如今的惩罚措施表明："体制不再寻求或期待囚犯自我改进，监狱从以改良为目的的社会实验室，被重塑为人类商品的容器。"[2] 华康德得出了相似的结论：就算刑事司法系统中还有支持康复者，"他们也肯定不是受雇于惩戒部门"[3]。

今天，我们关于刑事司法系统几乎每一个方面的探讨——警察、法院、监狱、缓刑或假释——几乎都习惯于从"大规模监禁"及美国惊人的监禁统计数据展开。这已经成为惯常的出发点。然而，"大规模监禁"一词和这些数字（230万名囚犯）严重低估了刑事司法系统的覆盖范围，并歪曲了刑事司法的典型模式。[4] 事实上，监禁只不过是冰山一角。在这表面之下是数百万名警察的街头拦截、违法处罚和低级别的逮捕。仅在2008年，就有4 000万人与警察有过面对面接触。除例行的交通拦截外，警方不知不觉间拦截了550万人，其中大多数人未受指控而被释放。[5] 不幸的是，我们对监狱的沉迷导致学者们将这些警务统计数据以及警察与城市贫民之间日益频繁的接触解释为偏离康复目标的更直接的证据。由此得出的结论是，城市贫民与刑事司法系统的接触，以及日益残酷的长期监禁条件，是出于相似的推动力与逻辑。

然而，监禁与警务不同。虽然两者之间的关联不可否认——警察为监狱带来"新囚犯"——但我们绝对不能混淆这两个管制机制及其构成过程。地方警察部门本身就是政治行为者，在特定的政治环境以及贫困治理的组织场域中与其他行为者一起行事。警察面临着特殊的市政要求、公众影响和社区伙伴关系，这些都与惩戒部门不同。[6] 若进一步区分警务和监禁，则警察是街头官僚的典型代表。[7] 也就是说，警察在巡逻时拥有相当大的自由裁量权和自主权。

警察如何具体执行政策并与公民互动，必然取决于他们如何理解其与日常工作要求有关的更大权限、他们巡逻地区的态势，以及他们经常接触的人的特点。这时，他们并没有过多考虑到监狱内发生的事情。

在此背景下，本书从全新的角度，摆脱监狱的阴影，重新审视了严苛的生活质量法和零容忍执法政策的兴起，以及拘留、违法处罚和逮捕率的攀升。而研究结果表明，"新惩罚性"的概念建立在对惩罚性和康复的过于狭隘的定义之上，因此，它模糊了当代贫困治理的复杂性和协作性。事实上，惩罚和康复并不是对立的。在某些情况下，它们是相互依赖的。例如，在洛杉矶贫民区，当警察最希望穷人重返社会时，警务工作的惩罚力度也最强。华康德所说的康复支持者可能不在监狱的大厅里踱步，但他们显然已经开始在贫困的城市社区的街道上巡逻。[8] 矫正和重返社会的干预措施并没有消失，相反，它们越来越多地被在刑事司法系统前端运作的组织和执行者所采用。

明确而言，这本书不单是在描述某个地区内发生的变化，康复理念也并不是简单地转移到刑事司法系统的另一个部门。其实，治疗性警务代表着政府试图将边缘人群重新纳入社会和经济领域时所信奉的理论和技术的重要转变。新形式的贫困治理牢牢扎根于一个更庞大的新自由主义项目，主要强调在由潜在行动构成的市场中，个体自我管理所起到的作用。在这种规则下，穷人和所有公民一样，能够而且应该做出"理性的选择"，并且必须为这些决定承担个人责任。[9] 如此看来，迫使穷人"恢复"权衡未来行为之利弊的必要技能、能力和态度，应当是缓解贫困的最有效方法。

结论　　253

说起警务工作将个人选择作为城市贫困的首要原因与解决方案，只需要回溯"安全城市计划"时期贫民区各项目的名称就可发现端倪——"街道或服务计划""无家可归者流落街头替代方案"等等。贫民区警务工作将这些项目与长期激进的细微执法行动结合起来，以调整居民的潜在决策范围，抑制其被判定为不负责任的行为，并迫使居民重新自律起来（他们被认为是故意逃避自律）。具有讽刺意味的是，这种社会控制模式试图将贫困居民作为自由和负责任的主体来管理，同时也限制了他们的行为选择，强行将他们引向更受认可的生活方式。

这种意识形态的转变是历史上各方之间具体斗争的偶然结果。20世纪下半叶，新自由主义的福利改革不仅减少了城市贫民可获得的社会支持的数量，同时还从质的方面改变了项目与服务管理方式，旨在引导穷人做出更好的市场决策。无论从设计上还是实际操作来看，重要社会服务的私有化都加强了非营利组织、志愿组织、宗教组织和其他"影子组织"在监督边缘人口方面的作用和影响力。[10]

面对各项新的合同规定和日益激烈的资金竞争，这些组织已经放弃了20世纪中叶较为宽容的贫困救济模式。相比之前任何历史时期，组织的长期延续都更多取决于其控制周边环境的能力，如此才能确保服务对象（以及这些对象所代表的资金）源源不断地输入。这些组织明确呼吁警察——作为当地空间秩序的卓越维护者——协助减少存在于其设施门外的"诱惑"。[11]作为对警方输送服务对象的回报，这些组织作为所谓的贫民代表，为警察提供了相当可观的合法性和政治支持。因此，尽管警方在20世纪的大部分时间里站在本地社会福利组织的对立面,但如今却开始与其建立起密切的共生关系。

虽然本书中的讨论素材来自我在洛杉矶贫民区的实地考察,但这种强制性慈善的合作项目其实已在加州和全国的许多城市中牢牢扎根。在撰写本书时,加州 58 个县中至少有 14 个县的地方警察部门和检察官曾与私营组织展开合作,启动了与中央分局的街道或服务计划高度相似的预登记和预审讯的轻罪转移计划。[12] 例如,在圣巴巴拉,符合条件的轻罪犯可以选择参加由非营利性组织太平洋教育服务(Pacific Education Services)开办的愤怒管理、生活技能或毒品和酒精滥用课程,以避免入狱。除此之外,还有亚特兰大的"抓住机会并明智生活"(Gaining Opportunities and Living Smarter, GOALS)计划、马里兰州怀科米科县的"不死鸟"(Phoenix)计划,以及图森市的"转移与生活技能"(diversion and life skills)计划。它们均向低级别(主要是贫困的)罪犯发出了同样的最后通牒:要么开始做出更好的生活选择,要么进监狱。

而由于惩罚和康复经常被错误地对立起来,左派和右派始终对警察与社会服务机构的合作关系大加赞扬,由此产生的转移项目也往往被积极看待,将其当作一种更具成本效益并富有同情心的方案,替代了激进的零容忍警务政策(或至少是同时存在)。[13] 而我对洛杉矶警察局进行的田野调查则展现出更复杂的社会图景,该图景在我看来更加令人不安。洛杉矶警察局和巨型庇护所展开密切合作,最终导致警方的日常巡逻比历史上任何时候都更加具有压迫性。通过将惩罚性执法与康复项目相结合,"安全城市计划"将街头的警民接触转变为正式形式的社会服务。这种事态发展不仅从根本上改变了街头警察对其日常工作的理解和执行，也影响着他们对（潜在）罪犯的看法，以及与之互动时的态度与方法。洛杉矶贫民区的警察如今认为，他们在履行外展社会工作的一种形式，不仅代表合作伙伴组织，也是为贫民区居民着想。在他们看来，这些居民迫切需要他们的权威指导。这让事情的发展愈加扭曲：最致力于使人康复和重返社会的警察，无论是出于个人经历还是对受压迫者的更普遍的同情，往往对居民采取最严厉的惩罚措施。[14] 当刑事司法接触被重新规划为一种治疗性的干预措施时，强制性措施，有时甚至是暴力措施就会成为一种反常的关怀方式。

这种讽刺的现象是本书的核心发现之一。到目前为止，尽管社会愈加关注大规模监禁、惩罚性转向和零容忍警务政策的扩张，但很少有人去努力倾听每天执行这些政策和举措的那些人。也许更糟糕的是，一些流行观点甚至仅凭被执法者的经验与言论推测警察的潜在动机。与此相反，我曾与执行零容忍警务政策的警察们深入交流，了解到当下美国最贫困社区街头所展现的高度惩罚性行为背后有着不容小觑的感性因素。至少，部分警察希望通过严厉的惩罚来实现更广泛的社会正义承诺。通过减少社区内免费食物的供应，强制将弱势妇女与可能伤害她们的伴侣拆开，或逮捕坐在路边的无家可归者，中央分局的警察们认为，他们正在尽力解决贫困及其相关问题，不放弃任何一个居民。

警察们利用违法处罚、逮捕和监禁作为威胁，要求居民（重新）进入正规的劳动力市场，获得正常的长期住房，获得必要的医疗保障，尽管这些"选择"只是镜中花水中月。与警察、治疗性组织、商业利益集团和地方官员的说法相反，真正的问题在于供应,而不是需求。不幸的是,这些刑事司法干预所带来的诸多法律纠纷,只会导致居民更"不愿意"做出警察所要求的生活方式选择。在相对富裕的社区,堵塞人行道或乱扔垃圾的罚单可能只会让居民感到一时沮丧,但对于城市贫民来说,这往往会导致他们无法偿还罚款,而后丢掉工作、住房和获取服务的资格,同时一直担心下一次与警察的冲突可能会以锒铛入狱告终。

## 条子知识

本书所讨论的激进规训警务工作形式不仅带来了严重的物质影响,还产生了不容忽视的社会学影响。作为社会秩序的重要守护者,警方拥有大量的象征权力,可以对社区、社区居民和他们的问题进行诊断、分类和授权。[15] 警察不仅为我们的社会提供了有关犯罪和执法的数据,还为我们预先构建了许多关于贫困、犯罪与混乱的惯性认知。[16] 如今,警察与城市贫民的互动日益密切,干预愈加频繁,就好像贫穷是由不恰当的行为和生活方式造成的。由此一来,他们便制造出一种影响甚广的刻板印象,即穷人应该为他们面临的困境负责。这些关于贫民的观念实际上减轻了非贫困群体照顾社会最弱势群体的责任,甚至会使贫困社区内部的居民相互敌视。

隐含的和广泛存在的刻板印象(比如穷人不配得到更好生活的说法)不仅会改变社会主流人士的判断,也能够改变作为刻板印象对象自身的判断。[17] 在整个 20 世纪,贫困问题研究者记录了被污名化的社区的居民互相诋毁的做法——人们拼命地将自己与被污名化的社区和"典型"的居民拉开距离。这些城市地区长期以来的入侵性警力部署，也让人们在证明自身差异和体面性的过程中面临更多风险。在洛杉矶贫民区，以治疗为目的的警察试图区分和改造不负责任、自毁前程的居民，使其成为自律而有生产力的公民。于是，部分居民认为，他们必须加倍努力，与他们认知中的前者保持距离。在竭力避免警察干预的过程中，居民最终被迫接受、实现并强化了他们试图逃避的刻板印象。

这种象征性权力的威力巨大，我们有必要重新思考激进警务工作所造成的附带损害。在讨论边缘化社区的执法问题时，我们经常把注意力放在警察瓦解事物的能力上，也就是警察清除大量人口（通常是年轻的黑人男子）和重要资源（收入、社会资本和家庭支持）的能力。然而，警察同样扮演着创造事物的角色。也就是说，他们在创造文化框架方面发挥着积极的作用。居民正是通过这些文化框架理解并生活在他们直接接触的社会环境中的。经常与不受欢迎的警察接触的威胁迫使居民不断发展和完善自身的"条子智慧"——一种新的阐释模式，让居民从旁观的警察的角度重新解读贫民区中各色各样的人、行为和空间。在贫民区，警察们扮演着康复管理者的角色，于是大多数居民躲避警察的具体策略集中于向外传达他们的康复决心（如詹姆斯亮出他的巨型庇护所身份标识）、他们的清醒状态（如蒂雷尔调整后的日常巡逻），或证明他们没有参与毒品销售（如街头小贩不断攻击毒品贩子）。与此同时，居民逃避警察的策略也有可能给个人和社区带来危害。它们往往导致个体被孤立，社会资本被侵蚀，以及明显不友好的公共秩序。

虽然警察在洛杉矶贫民区的全方位渗透与激进的举措无疑促进

了当地居民对"条子智慧"的积累，但这种反应并非这片区域所独有的。其他区域与城市的居民具体如何调动他们的"条子智慧"，在很大程度上取决于他们面临着怎样的警务管制，以及警察认为哪些特定的外表和行为是可疑而且值得干预的。这最终是一个需要进一步调查的经验性问题。根据我的田野调查，我预测在其他实施治疗性警务的地区——威尼斯和圣巴巴拉等——其居民会以与洛杉矶贫民区居民非常相似的方式运用"条子智慧"。尽管我们仍需进一步观察布朗克斯、东圣路易斯或底特律等地的日常生活，以了解警察目标在这些地方发展出的具体抵抗策略，但我们几乎肯定会发现，被警察盯上的威胁会严重影响到居民对邻人与社区的看法，以及他们的行动。我们还可能发现，"条子智慧"会限制某些社会关系和活动，而对其他的予以鼓励。

我在芝加哥收集的初步数据便证明了这一点。在完成洛杉矶贫民区的田野调查后，我进入芝加哥大学执教。芝加哥大学位于芝加哥南区，毗邻伍德朗社区——芝加哥市较为贫困而警力部署密集的区域之一。自我第一次进出校园开始，我就被无处不在的芝加哥警察局以及芝加哥大学警察局所震撼。伍德朗街道上随处可见警察在缓步巡视、拦截、审讯和搜查年轻的黑人行人。我很好奇自己在贫民区的发现是否在其他地方依然成立，于是组建起一个由研究生和本科生组成的小团队，采访该地区的青少年，了解他们与警察打交道的经历。在无数次采访中，这些青少年表示，由于担心被警察拦截，他们改变了自己的着装、发型、活动的街道以及在公共场合的交往对象。与洛杉矶贫民区一样，伍德朗的青少年已经学会通过巡警的视角重新审视自己的外表、行为和伙伴，希望巧妙地传达他们无须警察进一步审查的信号。但与洛杉矶贫民区的居民不同，伍德朗的青少年不一定会动用他们的"条子智慧"来证明自己的康复信念。相反，他们制定了一套具体的策略，旨在让警察相信他们没有参与帮派活动。这些策略直接反映了他们所对应的警务模式。

在芝加哥南区，"超级帮派"的分裂曾导致街区级帮派之间争夺领地的暴力纷争。巡警和各个帮派主要利用街头拦截和审讯来搜查枪支，收集有关冲突升级的信息，在报复性暴力发生之前进行干预，并检查该行人是否违反了假释和缓刑规定。[18] 伍德朗的年轻人充分了解当地警方的优先事项，因此利用一些"道具"来强调他们的清白。许多男性受访者表示，他们会有意识地，有时甚至是费尽心机地招募女伴，在他们每天往返学校、橄榄球训练、街角商店和其他社区场所的一路上陪伴同行。

安托万是一个魅力四射、广受欢迎的年轻男子，他解释了为什么年轻女性在转移警察关注方面如此卓有成效。"他们（警察）认为，女孩子一般不会参与帮派。"安托万说道，"他们认为，她们不像我们［男人］那样好斗。所以说，如果我和女孩在一起，他们不会把我拦下问问题，而是会认为我只是在和女朋友约会之类的。尤其是在晚上，他们会觉得我们正打算干点什么。也就是说，女孩是绝对安全的，你能理解吗？"

年轻女性受访者也证实了这种策略的普遍性。她们说，在某些情况下，若是看到警车驶来，年轻的男性熟人（甚至在某些情况下是陌生人）会把他们的手臂搭在年轻女性的肩膀上，暗示他们有恋爱关系。巡警离开后，他们就会回到之前的活动中去，重新和男性同伴在一起，或者干脆沉默地离开。

而在洛杉矶贫民区，鉴于警方对卖淫和吸毒的警惕，治疗性警务模式导致居民在公共场所避免与女性接触（有时甚至表现出敌意），而伍德朗以打击帮派为目标的警务巡逻似乎对性别关系产生了相反的影响。伍德朗的年轻男性并未将女性视为一种负担，而是与同龄女子保持较为密切的往来。然而，有一个相似的情况同时出现在这两个区域：居民为性别赋予的意义，随着警方的认知与处理方式而不断转变。

在芝加哥南区之外，最近发生的全国性事件进一步证明了"条子智慧"的普遍性。在过去的几年里，美国民众已经充分认识到，在警方例行调查拦截中，被杀害的年轻黑人男子的数量十分惊人。他们包括加州奥克兰的奥斯卡·格兰特、俄亥俄州克利夫兰的塔米尔·赖斯和纽约市的埃里克·加纳等。2014年8月，密苏里州弗格森市的一名警察在街头拦截过程中向手无寸铁的18岁黑人男子迈克尔·布朗开了至少六枪。1992年，一个名叫罗德尼·金的洛杉矶司机被警察殴打后，街头曾爆发公众骚乱。与之相似，弗格森的居民也因此走上街头，展开抗议行动，抢劫商店，并与身穿防暴装备的警察对峙数周。随着街头的紧张局势日益升级，美国各地的黑人领袖与居民公开回溯着自己在被警察随意拦截时遭到的虐待。

这种公开讨论中另一种值得注意的观点来自黑人父母，他们每天都在担心自己的儿子会成为下一个迈克尔·布朗。为了避免这种厄运，黑人父母不得不定期与儿子展开"谈话"。[19] 与其他父母对孩子进行的常规教育不同，这类谈话既非关于小鸟与蜜蜂，也不是为了强调吸毒的危险。相反，黑人父母所传授的是一套具体的行动指南，告诉儿子当警察在打量自己时应该如何表现，而警察只是在附近巡查时又该如何自处。就像斯蒂尔的举重团体编制的"瘾君子"行为目录一样，这些谈话为男性黑人青年列出了在这个世界上生存的"禁忌"：不要在日落后穿过未知的住宅区。不要携带任何可能被误认为是刀或枪的深色或金属物品。不要不拿收据离开任何商店。不要把手插在口袋里乱动。不要戴上连帽衫的帽子。也许最重要的是，不要跑。

在警告这些潜在的危险行为时，黑人父母会告诉他们的孩子如何最大限度防止被警察误认为罪犯。家长们往往通过亲身经历了解到，这些行为最有可能让警方认为一个年轻的黑人男子有犯罪倾向，因此应该被拦截、审讯，甚至更糟。当他们与自己的孩子展开谈话时，就会像洛杉矶贫民区街头的居民一样，努力以警察的视角重新解释日常的表现和行为。在这样做的过程中，他们不仅要像警察那样看待自己的儿子，还必须注意到并要求儿子经受住警察可能拥有的种族主义与阶级主义的刻板印象。当他们告诉孩子要避免表现得像"真正的"罪犯那样时，便不自觉地在孩子心中播下了侧面诋毁和疏远的种子。这种亲子谈话在全国范围内无处不在，这提醒我们，美国人口的一个重要组成部分已经被迫将"条子智慧"（包括其带来的优点和缺点）当作进入成年的仪式。毫不夸张地说，"条子智慧"往往决定了他们的生死。这些美国公民知道，他们居住的社区、他们的肤色和他们的阶级背景，会让警方默认他们的儿子有罪，直到他们能够证明（或至少表现出）自己的清白。

通过"条子智慧"的代际社会化，边缘社区的居民发展出生存所需的理解技能，以应对新的城市生活现实。每当他们踏入公共空间时，面临的考验总是愈加复杂的。在某种程度上，这是街头智慧的当代变种——不到一代人之前，居民曾用街头智慧这种文化框架来对抗生活环境中普遍存在的系统性缺乏警戒问题。那时，贫困的城市居民长期寻求更充分的警察保护，希望在呼救（和拨打911）时能更快得到帮助。由于缺乏这种保护，他们不得不自力更生。街头智慧提供了安全穿过社区街道的行动指南。以潜在袭击者的视角重新解释这个世界，有街头智慧的居民得以更好地预测犯罪行为，从而规避未来伤害。然而，当大量警察真正涌入这些地区，他们只是改变而非消除了上述民间犯罪学的作用，又添上了民间警务民族志的迫切需求。有时，两者是相辅相成的：预测罪犯在特定情况下可能采取的行动，可以帮助贫民区居民更好地预测巡警的对策。然而，也有些时候，街头智慧和"条子智慧"似乎相互抵触。以莱蒂西亚为例，当她在杰克逊的陪同下穿行于贫民区的街道时，就会引起警察不必要的关注，但如果她独来独往，没有丈夫的保护，则会面临更大的犯罪风险。在这样的情况下，居民被迫面临着要么成为受害者，要么成为罪犯的两难局面。

尽管莱蒂西亚与其他居民每天面临的困境是本书叙述的重点，但这并不证明人们只能听天由命。洛杉矶贫民区的近期发展表明，在无所不在的激进警务管制面前，虽然人们的生活更加危险和艰难，但同时他们也掌握了许多必备技能，以采取正式有效的抵抗策略。由于经常与警察接触，洛杉矶社区行动网络及其"社区守望"项目成员已经学会利用他们的"条子智慧"，更好地预测警方下一步的拦截行动，跟踪附近的巡逻情况，并诱使警察做出自证有罪的举动。与20世纪中叶天主教工人联盟的战略相似，参与洛杉矶社区行动网络的居民已经迈出了关键的第一步，将贫民区（重新）巩固为一个可以长期存续的低收入社区，一个为城市中最无助的人提供安全的避风港。洛杉矶社区行动网络的行动表明，居民已经找到发出声音的创新方法，并将继续为之努力。虽然他们确实处于不利的地位，但也不是无助的受害者。

事实上，该组织已经建立起一个有效挑战零容忍警务政策的模式，可在其他地区使用。洛杉矶社区行动网络传奇般的胜诉表明，诉讼是一种强有力的手段，尽管困难重重，但可以化解激进执法行为，削弱警方的象征权力——贫民区警察将城市贫民视为不负责任、不值得信赖，需要家长式管教的群体。若想复制该组织的集体诉讼，确保法院下达禁令，制止警方的无理搜查和扣押，其他社区必须借鉴洛杉矶社区行动网络过去的惨痛教训：在法庭上，真相主张与专家知识的争论总是有利于警察及其盟友一方。因此，处于不利地位的诉讼当事人必须采取新技术来制约警察的叙述，否则只会证明警方的严厉举措是恰当的，甚至是有益的。正如洛杉矶社区行动网络所表明的那样，最有效的技术之一并非来自法庭现场，而是在与警察的日常互动中不断积累而来。

以"社区守望"项目为成功模板，警力部署密集社区的居民必须将这些互动的细节记录下来。在这个过程中，人们必须从头到尾地捕捉事件全程，并努力记录下警察的动机、情绪和当时的解释。只有这样，被边缘化的社区才有能力掌握必要的法律证据，挑战警察在法庭上的声明。在观察了"社区守望"团队的地位出身与日常运作后，我相信各地的基层组织都可以在相对较短的时间内，以较低的成本为人手充足的团队配齐设备，并提供培训。如今，小型手持摄像机相当便宜，使用起来也更加方便，甚至最廉价的手机也有摄像功能。再加上实时通信的功能和互联网的快速发展，人们拍下的视频可以在网上传播，做好在法庭使用的准备。近日，美国公民自由联盟开发了一个智能手机程序，允许公民将他们对警察行为的录像直接上传到该组织的在线存储库，在面临警察逮捕或报复的威胁时保留这些证据。

这种有组织地记录警察行为的行动可以惠及社区的绝大多数人群。洛杉矶社区行动网络成员通过监督警察，冒着自己被捕的风险为他人谋取权益，已经摆脱了个人主义（往往是自我毁灭性的）的零和抵抗策略——其他居民在避免与警察接触时往往采取这样的策略。与那些只希望把警察的注意力转移到其他人身上的邻居不同，洛杉矶社区行动网络成员认可的社区框架对贫民区及其居民面临的广泛诋毁持反对态度。他们在过去的"社区时刻"中开始感受自己与邻居之间的密切联系，无论邻居是否做了错事。

## 我们向何处去？

尽管警方与被治理的居民在美国城市的街道上相互对立，但双方也有共同之处：在社会结构处于不同位置的他们都被迫适应新自由主义对凯恩斯主义福利国家的持续攻击。通过重新确定优先次序、缩减编制和将社会保护工作外包，我们的州、联邦与地方政府不仅瓦解了社会支持体系，而且迫使当地警察部门对那些不可避免地落入裂缝中的人承担起主要的管理责任。这里的问题自然是，警察无法做好社会工作。但是，在装备简陋的情况下，我们却仍然要求警察使用他们仅有的手段——手铐、警棍、手枪和其他暴力手段——来解决大规模的社会和经济问题，如失业、无家可归和精神疾病。这不仅是一项不可能完成的任务，而且分散了警察对更严重和有害的犯罪的注意力。

我们怎样才能将警察从目前对美国贫民肩负的重担中解放出来？我们怎样才能使警察有能力处理更危险的犯罪行为，并对轻微的犯罪行为做出更恰当的反应？我们怎样才能在动机、实践和结果上建立起富有同情心的脱贫战略？

在某些方面，答案是很明确的。我们需要重建美国的社会安全网，恢复对市场变化无常的保护，并认识到贫困和不平等不是不负责任的选择和道德败坏的结果。我们需要取缔那些试图改变贫民生活方式选择的新自由主义改革——在其视角中，这些贫民的做法不值得更好的人生。我们需要重新对社会底层的人予以支持。在有些人看来，这种结构性变革过于理想主义，既天真，又不现实。当然，面对美国目前的碎片化政策环境，这种变革很难实现。它们不可能通过一项国会法案来完成。然而，今天的贫困治理模式植根于一个由历史遗留问题、结构性力量和政治需求组成的复杂网络，单靠温和而彼此孤立的改革是远远不够的。我们只需粗略地回顾历史，就能认识到宏观层面变革的必要性。在美国最光辉的岁月里，由福利官僚机构和社会支持机制编织的社会安全网在民众不可避免地向下坠落的过程中提供了保护——在当今的社会环境中，人们一旦遭遇驱逐、失业、重病和其他不幸事件，几乎难逃这种坠落的命运。

这并不是说具体的短期政策解决方案没有用武之地。正如新自由主义改革在数十年间侵蚀了安全网一样，对我们的公共支持结构进行大规模改造也不可能一蹴而就。同时，我们也不能忽视此时此刻正在全国各地的贫困社区经受苦难的人。本书得出的一个主要结论是，任何解决这些社会需求的现实尝试都必须植根于康复和重返社会的干预措施，而不是依靠警察的强制性权力。我们必须找到适当的方法，限制警察在贫民生活中的管辖权和影响。幸运的是，预算短缺和财政紧缩措施为采用其他社会服务模式创造了新的机会。

近年来，两种模式——"住房优先"和"减少伤害"——已经成为替代治疗性警务及其规训逻辑的可行方案。住房优先模式认为，安全和稳定的住房是解决失业、精神健康问题或药物滥用等与贫困有关的问题的最重要前提之一。[20] 减少伤害模式则认为，许多不合规范的行为，包括药物滥用、性交易或参与非法经济活动，只是更深层次的结构性问题的表现。[21] 减少伤害的倡导者声称，在这些宏观层面的缺陷得到解决之前，最现实的政策方法是减少与不合规行为相关的伤害，而不是继续徒劳地试图消除它们。[22] 住房优先和减少伤害的核心都是反对这样一种观念，即接受社会支持和继续免于惩罚应该取决于个人的自我提升能力，无论是通过禁欲、正式就业，还是其他一些道德表现。这两种主张都认识到，对于大多数社会和经济问题，激进的警务管制既不恰当，又适得其反——我们不可能通过逮捕来摆脱不平等问题。

对于住房优先和减少伤害计划而言，再没有比洛杉矶贫民区更合适的实践场所了。幸运的是，这样想的不止我一个。2007年，贫民区房产信托与当地组织机构合作，启动了"50计划"。该信托是天主教工人联盟的产物，也是这些替代模式的长期倡导者。截至目前，这个计划仍然是洛杉矶警察局与巨型庇护所开展的治疗性警务相制衡的最重要势力之一。最近的福利改革限制了对贫民的支持，与此相反，"50计划"则将这些人的利益摆在第一位。在几个月的时间里，"50计划"的外展服务人员在洛杉矶贫民区展开调查，确定50个最贫困、最脆弱的长期无家可归者，其中一些人患有严重的疾病，或许只能再活几个月。该计划首先确保了充足的房源供应，为这50人提供了分租房旅馆的房间，然后协助他们获得医疗保健和其他社会服务。简而言之，"50计划"将外展社会工作的任务从警察手中移交给可提供非强制性社会服务和资源的社会工作者。

虽然向失业者或瘾君子提供免费住房的做法本身充满争议，但该计划的成功是不可否认的。[23] 计划实施整整一年后，50人中有43人过上了有家可归的稳定生活，只有4人被逮捕和监禁。那些有药物滥用史的人持续接受咨询，并积极康复；精神疾病患者则获得了必要的药物，并持续接受治疗；50位居民均持续接受预防性医疗护理。[24] 在"50计划"的帮助下，这些看似无望的人重新掌控了自己的生活，而在治疗性警务的设想中，他们根本没有管理生活的能力。而且，他们是在没有受到强制性威胁的情况下做到这一点的。更值得注意的是，达成这些成果并不需要太多开销。两年后，甚至在参与者扩大到133名之后，这项计划的收入已经远远多于支出，每提供一个住房单元就能获得4 774美元的盈余，主要原因在于参与者不再频繁进出监狱和急诊室。与没有参与项目的居民相比，这些人的监禁费用仅在第一年就下降了28%，医疗费用则下降了68%。[25]

这是一个充满希望的开局，但还不够。如果不能重新认识贫困，在全社会范围内开展非强制性社会服务运动，认真振兴社会安全网，我们将被迫继续依赖一种带来破坏与伤害的昂贵的警务管制模式，作为解决贫困问题的主要手段。值得庆幸的是，我们的未来并不是注定的。我们可以选择。我们可以去支持市民同胞。他们当然值得我们信任。面对无情的刑事定罪所造成的伤害和障碍，美国的城市贫民在适应动荡的环境时表现出无与伦比的创造力、聪明才智和坚韧不拔的品质。我们必须帮助这些社区居民将他们的认知与情感力量——目前仍用于躲避警察——转向更加有益的集体性追求。如此一来，我们最贫穷的社区才能够自主重建信任、稳定与尊严，并认识到，即使他们跌倒，我们也不会坐视不管。若能勇敢地相信来自社会底层的邻居，我们便可携手创造这样的未来。

方法论附录

# 不便利的民族志研究

遵循城市民族志的一贯传统，我将自己融入贫民区居民的日常生活中。[1]这种近距离参与的方法让我必然不可能保持超然和冷静的旁观者立场。正如本书所展现的那样，我（像所有的民族志学者一样）不可避免地成为我所目睹和分析的场景和互动的一部分，这也是我所希望的。或者说，这就是必然的结果，不以田野调查者的意图为转移。虽然我也怀疑特定属性与身份是否会带来"更优质"的数据，但我确实相信，不同的研究者在实地调查期间，确实会与人群产生不一样的互动。从进入田野到提出研究问题，再到收集"数据"，这一系列过程都必然受到民族志研究者的切入点、立场和个性的制约。[2]考虑到这一点，我应当详细说明本项目是如何诞生并发展，我又是如何与警察和被治理者培养关系，以及这些人是如何理解、回应，甚至利用我对他们世界的长期介入的。在本附录中，我还将对在警力部署密集的环境中进行田野调查的困境进行坦诚的分析思考，并阐述我采用的多视角框架所面临的实际问题。

## 民族志学者还是缉毒警？

正如我在导论中所写的，最初在洛杉矶贫民区进行日常田野调查时，我并未打算研究警务问题。我最初的研究方向是居民的非正式经济生存策略。在加州大学洛杉矶分校就读期间，我曾因一门民族志学研究生研讨课而前往该地区进行探索性调查。在最初的调查过程中，我对在贫民区人行道上兜售各种商品——从衣服、罐头食品、盗版DVD到散装香烟——的街头小贩特别感兴趣。虽然我预料到会遇到警务问题（我读过《洛杉矶时报》的几篇专栏文章，其中简述了"安全城市计划"正式启动的情况与打击的力度），但我天真地以为，自己可以把执法问题放在一旁，专注于我"真正的"研究重点。然而，在田野调查的最初几个月里，我彻底推翻了这些预设。我很快发现，警务问题在贫民区是绕不开的。

"安全城市计划"以及它在居民中制造的焦虑，是我开展田野调查过程中遇到的第一个主要障碍。事实上，时时刻刻的警察威胁让我很难与小贩展开初步对话。为了和他们熟悉起来，在第一个星期，我几乎向遇到的每一个小贩介绍自己。大多数人以怀疑的态度对待我，会突然对我不理不睬，说他们"太忙了，没空讲话"。在几次失败的尝试后，我最终遇到了一位愿意和我聊天的黑人老者。他背着行李袋在一条主干道上卖烟，邀请我跟在他身边。谈话有了一个令人满意的开始，但不到5分钟，一名与他年龄相仿的拉丁裔男子突然打断我们，拉着我的新朋友的胳膊离开了。

"别和他说话，"那人用浓重的古巴口音命令道，"别和他说话，老爹，这人是条子。"

"啊？什么？我不是，"我极度惊愕，试图反驳他的话，"我怎么会是警察呢。"从他们紧皱的眉头与凝重的表情来看，我的回答没有说服力。我听着自己支支吾吾的反驳，也很难责怪他们。

"看看他。"那个拉丁裔男子说道。我的回答似乎让他更加理直气壮了。他指着我，从鞋子一路指到我的脸，又看了看我手中的线圈本。"看，老爹。他绝对是条子。"他们没有再说话，沿着人行道飞快离开了。在那个拉丁裔男子慢跑过街道去赶一辆驶来的公交之前，他们快速地握了下手。

这样的事在同一周内发生了不止一次。有两回，我还没来得及与行人交谈，他们就警觉地避开了。某一天，我只是站在一个角落里观察街景，就被附近的一名男子叫住了。

"喂，老兄，"他喊道，"你到处看什么呢？"显然，我对周围人的注视有点过头了。我还没来得及做出反应，他就更激动地喊道："我说，你在这看什么看？老兄？"那人提高了音量，吸引了所有人的注意。"这里有个警察，嘿！"他朝我的方向点了点头，"这里有个警察！小心说话被他偷听。"听到这句话，附近的人开始纷纷离开这个区域，同时向我投来憎恶的目光。"我看到你的窃听装置了，"那人一边走一边对我大喊，"被我发现了！"而后我发现，整个街区只剩我一个人。

我虽然知道在贫民区与人建立关系需要花费大量的时间和精力（任何民族志研究都是如此），但不曾料到我的存在会引起这样的敌对反应。我甚至曾以为自己的出身将有助于减轻居民对我的身份与意图的担忧。我在洛杉矶以东 60 英里的圣贝纳迪诺市长大，该市一直是美国除底特律之外最贫穷的城市。[3] 我的童年是在城市贫困、帮派斗争和暴力中度过的。我认为自己很有街头智慧，一般情况下，我都能自如地穿梭于贫民区的街道。在读研究生之前，我曾作为囚犯权利活动者游走于加州的各个监狱。在那段时间里，我愈加熟练地与受害者和犯罪者讨论敏感的非法议题。

然而，在洛杉矶贫民区的最初几个星期里，我的一切经验都不起作用。我与当地居民的最初互动证明，居民怀疑我是一名卧底警察，因此根本不会与我建立私人关系。无论我认为自己拥有或表露出什么样的"内部"知识，居民都只会把注意力集中在我更直接的身体特征上，特别是我的种族身份（或者至少是他们对它的看法）。我是一名混血，父亲是黑人，母亲是墨西哥人。我的肤色甚至比一些父母都是黑人的朋友和家人还要黑，但我继承了母亲较薄的嘴唇和鼻子。虽然我经常自认为是黑人，但贫民区的居民绝大多数都把我看成是白人或拉丁裔。这不仅将我与大多数居民区分开来（据估计，洛杉矶贫民区的人口中有 70% 以上是黑人）；而且至少在人口统计学上，将我与以白人（35%）和拉丁裔（44%）为主的洛杉矶警察划归一类。[4]

我的其他一些身体特征也让居民怀疑我是警察。第一次进入贫民区时，我 25 岁，留着军队里常见的短发，肌肉状态一看就在健身房练了很久。后来，我与小贩们建立亲密的友谊后，一些最初对我不屑一顾的人告诉我，我看起来就像"刚从警校毕业"。

虽然无法轻易改变种族背景、表型、年龄或身体结构，但我至少可以在与陌生人交谈和闲逛的时候努力减轻他们的排斥反应。为此，正如我在第四章所描述的，我开始卖烟。我长期出现在附近最繁忙的一个街道上，这使我认识了贫民区的许多居民，包括一些小贩。在接下来的两年半时间里，这些人中大约有 16 个人将我融入了他们的社交圈，并在顾客和其他行人对我的身份或在该地区的动机产生怀疑时，为我做担保。我很快就不再卖烟了，而是协助小贩们摆摊并管理货物。在炎热的天气里站了很久后，我与他们分享了几罐麦芽酒。我也会帮他们跑跑腿，使他们能够在人行道上占住位置。我还陪同他们前往法庭，给他们的就业申请和判决听证庭写支持信。

我也开始花更多的时间在贫民区的两个"袖珍公园"游转，在那里的金属健身器材上锻炼身体，玩多米诺骨牌游戏。正如第三章所描述的那样，袖珍公园已经成为一种健身文化的家园。这里的健身者以创新方式使用引体向上杆、金属围栏、电箱、野餐桌，以及任何其他公共物品。[5] 这些活动为我提供了一个方便的借口，让我在记录锻炼情况与计算分数时快速完成田野笔记。在我与赤裸上身的健身者一同挥洒汗水时，我的外貌，特别是我的体格，似乎也变得没有那么"格格不入"了。我经常向旁人请教锻炼技巧，而且我发现，在这种有界限的环境中，相对容易与人展开随意的闲谈。

我的经常出现和对陌生运动的持续好奇最终让我结交了许多重要的朋友，斯蒂尔的举重团体开始欢迎我的加入。鉴于其他居民对我冷漠相待，斯蒂尔的举重团体的热情欢迎让我有些惊讶。我想，或许是因为他们的非正式领袖带着我出现在他们面前。我立即以学习者的身份融入其中，与他们轮换器械，听他们在等候时讲述奇闻逸事与笑话。开始时，我保持相对安静，但经常对大家的故事刨根问底。他们似乎很乐意满足我的要求。我有一种强烈的印象，即我的存在和不断提问让他们感到更有尊严。大罗恩对我的兴趣做出了最多回应。在一次锻炼中，我从引体向上杆上下来，大罗恩明确表达了他对我在场的感受。

"你们看，"他对其他人说，同时拍了拍我的背，"这小伙子一直看着我们，他都明白。他从一开始就知道，我们在这里做的事情是积极的，你懂我的意思吗？"对大罗恩来说，我的兴趣证实了他们所做的事与旁人不同。他认为，尽管在贫民区发生了其他有趣或耸人听闻的事件，但我还是决定将学术热情放在他们身上。

虽然我的肤色和外貌特征让一些居民将我推开，但也拉近了斯蒂尔的团体与我的距离。我的种族背景在这里非常重要，因为这些男人利用我的存在来加强他们活动的合法性。在我第三次参与他们的锻炼活动时，有几个男人询问了我的种族。在确认我有一半黑人血统后，谈话很快转到了其他方面。然而，一个小时后，当锻炼结束时，这个话题又回来了。几个男人开玩笑说，我需要继续"加紧锻炼"，以保持我的黑人身份和男子气概。当时，我没能完成最后一组肱二头肌动作。丹蒂看在眼里，没有表现出什么同情，而是出言调侃。

"怎么回事，年轻人？"当我把自制的杠铃放到地上时，丹蒂嘲讽道。

在我还没有反应过来的时候，大罗恩就为我辩护了。"他已经很好了，"他对丹蒂说，"前几天你不在的时候，我看到他做了大约20下。"

"是这样吗？"丹蒂没有看大罗恩，直接问我，"你确定不是读书读傻了？可别忘了怎么踏实锻炼，否则你可就没法举重了。"

"是的，"雷吉也说道，"你就只能走来走去，说：'嗯，你好，先生，你怎么样，先生？'"他把声音提高了一个八度，说话时带着轻微的南方"白人"口音："你会说：'我可以借一杯糖吗？'"

大家爆笑如雷，除了我。我觉得受到了羞辱。我们都听出来了，这是20世纪90年代的电影《绝地战警》中的一个场景：主人公们（由黑人演员威尔·史密斯和马丁·劳伦斯饰演）正在一座豪宅中展开搜查。他们明明是警察，却担心自己会被当成窃贼，于是改变声音来掩盖自己的种族，使住户相信他们是白人，从而表明他们不会构成威胁。

雷吉情绪平复下来以后，注意到了我的尴尬。他往后退了一点，恢复了正常的声音。"嘿，我只是在跟你开玩笑。"他抱歉地说。他向前走了几步，与我握手："但说真的，我见过一些街区的黑鬼去上大学，变得很傲慢，然后萎靡不振。我只是在为你着想，朋友。我不希望你拿完学位就从云端掉下来。我只是希望你能保持真实。"

面对我们在经济和社会地位上的差距，这些人反复使用他们自己的外形和对举重的认真态度来证明他们比我"更真实"。如此一来，他们就在与我的互动中重新获得了权力地位。这些人给了我一个明确的警告，即当我继续求学，并可能拉开彼此的社会差距时，我就有可能背叛我所遗传的"黑人一面"。当然，解决办法是忘记我的资历或更广泛的社会环境，服从这些人的权威。

## 转移研究焦点

现在回过头来审视，我仍认为最终将警务工作作为我研究的重点几乎是不可避免的。我在现场的观察表明，我此前的许多预先形成的理论、假设和研究设计是短视的，有时甚至是完全没有根据的。人类学家玛丽·布莱克和杜安·梅茨格（1965）曾解释说，这是一种常见的情况：田野会对民族志学者做出回应。[6] 当民族志研究对象和信息提供者做出常规陈述，进行重复的行为，并进入模式化的互动时，他们最终是在为一些潜在的问题提供答案。这些问题对当地环境中的人来说很重要，尽管往往被视为理所当然。田野中的每个人都"知道"那些不言而喻的问题。当然，这里的难点在于研究者至少在田野工作一开始时不了解这些问题。因此，民族志分析的基本任务是不断反向思考，辨别并指明信息提供者不断回应的真正问题。"除非你找到问题，"布莱克和梅茨格警告，"否则你将一无所获。"[7] 由于这些问题往往与我们在象牙塔的舒适范围内提出的问题大相径庭，因此民族志研究经常面临意想不到的弯路和突然的转折。

而我面临的转折开始于同小贩的接触。我发现，小贩们在与我，以及与同伴和顾客的互动中，似乎自觉必须（不，是被迫）合理回答怀斯曼所说的"贫民区的病因"问题："你在这里做什么？"[8] 而我从一开始就有意识地不去询问小贩们为何"沦落"至此地。我决心让这些信息从互动中自然流露出来，不假借其他方式。对我（我明显来自特权阶级）来说，这种提问方式是居高临下而尴尬的。这似乎暗示了一种假设，即他们的个人（和道德）失败，导致他们不能摆脱目前的困境。然而，从最初的介绍到彼此间最平凡的交流，这些人不断地找到方法，主动解释他们"落入"社会底层的原因。与此同时，他们阐述了目前为改善自己的命运所做的努力，并强调，最重要的是，他们与"典型的"贫民区居民并不一样。他们似乎担心，无心的旁观者，甚至像我这样的近距离观察者，可能会错过这些关键的差异。

让我们看看小贩们售卖的货品有哪些象征意义。我第一次遇到杰克逊时，他在摊子最明显的位置摆放着大学教科书、学习用品和小型时钟收音机。杰克逊常常告诉其他小贩和顾客，这些都是居民提高教育水平和摆脱贫困所需的物品。这些物品呼应着杰克逊对于自己出现在贫民区的解释——这个故事很快就从顾客询问价格的过程中展现出来。他曾被逐出中南部的公寓，2000 年洛杉矶的交通罢工使他无法继续在附近的社区大学学习职业机械工程课程，这导致他的佩尔助学金被取消，没法改善自己的经济状况。

另一个小贩史蒂维决定不再销售打火机时，也传递了类似的信号。从商业的角度看，这让我感到非常奇怪，特别是考虑到史蒂维主要销售自制的熏香。尽管买熏香的顾客有明确的理由购买打火机，但史蒂维坚持认为，销售打火机助长了快克的使用。作为一个正在康复的瘾君子，史蒂维开始以小摊为契机，批评他所认为的贫民区吸毒居民缺乏自制力的情况。他表示，他自己决定放弃额外的利润，以证明他已经拥有了极高的控制力。

乍一看，这些事件似乎反映了贫困研究人员长期以来在贫困和"贫民区"居民中记录的内部分化过程。[9] 我以为自己发现了居民试图说服他人相信自己道德操守的另一个例子。然而，随着时间的推移，我发现我误判了这些表演的目标观众。通过一系列奇特的互动，我意识到，许多小贩的表演是为更强大的观众准备的，那就是警察。如果居民在回答一个被视为理所当然的问题，那么提出这个问题的就是警察。

一天下午，我坐在第五大街的铁丝网围栏旁，与几个小贩一起，在熙熙攘攘的人行道上打理他们的店铺。在一次又一次的推销中，史蒂维与顾客沟通时音量很大。"好嘞，先生。"他开始向一位拄着黑色铝制手杖的退休老人推销一台便携式 CD 播放器。"我把这个随身听卖给您，它是个好东西，您肯定会喜欢的。作为回报，您要给我一张 20 美元的钞票。"史蒂维在掏口袋的时候停顿了一下，而后掏出一小沓钞票，继续说道，"咱们成交了，您给我 20 美元买随身听。现在我给您找零。"他大声地数着钞票。"1、2、3，再加个 5，一共 8 美元。这是找给买随身听的 8 美元零钱。谢谢您，先生，很高兴和您做买卖。"

我边看边听，感到很疑惑：为什么史蒂维要如此大声，让所有人都听到他在卖什么？我从牛奶箱上站起来，问出自己的困惑。他坦率地解释说，他是在故意演绎自己与顾客交易的细节。据史蒂维说，警察认为毒品贩子的交易通常鬼鬼祟祟。史蒂维希望通过使自己的非毒品销售更加显眼，来减轻警察的怀疑。

"这么说吧，有一个卧底正坐在角落里，"他向我解释说，这是他与警察进行的许多假设性交流中的第一步，"你可能根本看不到他，也许你背对着他，但他在看着你。不过，你没有做错什么。你只是做了一笔诚实的买卖，除非你想因为他的狗屁推测而在监狱里过夜，否则最好不要让人对你在这里做什么感到困惑。"

后来我得知，史蒂维在将打火机从货品中移除的同时开始了这种做法。那是在一次极为惨痛的逮捕经历之后——史蒂维声称，那是弄错身份导致的。在短暂的监禁期间，他一直在思考如何避免被捕。史蒂维开始采取这些新的措施，与其说是为了向其他小贩和顾客传达正派的信息，不如说是为了向警察证明自己的清白。在过去，当警察的监视和干预力度较弱时，史蒂维似乎不太可能采用这些策略。我突然意识到，小贩们的许多做法都深受他们对警察反应的预期的制约。从这个新的角度来看，我最初认为矛盾或无意义的行为现在看来是连贯且有目的性的。小贩们的行为减少了被误认和拘留的可能性，同时也积累了少量证据。万一面对警察拦截，他们还有辩解的余地。用拉里的话说，这些证据可以使警察相信这些人没有积极"促成"贩毒活动。

在我早期被警察拦截时，曾有一次，警察从人群中锁定我，在我能够证明自己的清白之前假定我有罪，这促使我最终决定将警务作为研究重点。那是一个傍晚，我站在小贩身旁记笔记，两名路过的警察强行将我拦截，展开搜查与审问。正如我在第四章中所描述的那样，警察翻开我的背包，告诉我，我"符合"一个涉嫌在附近贩卖毒品的年轻男子的外貌特征。在得知我的身份与我在这里的真正原因后，警察命令我立即离开该地区。我仍然有点震惊，但毫无怨言地遵守了他们的指示。这次特殊的警察互动给我带来了两个重要的进展。第一，尽管我担心这一事件会使小贩们认为我破坏了他们的无罪表演，但它产生了相反的效果。在目睹了我有能力迅速脱离危机，在没有被处罚的情况下离开，并使警察对我正眼相待之后，小贩们坚持要求我多到街角来，参与他们的其他日常事务和活动。事实上，他们开始每周给我打几次电话商量出摊时间。我成了这些人用来在警察面前表现他们正派且无罪的道具。

第二，而且更直接的效果是，傍晚的警察拦截暴露了我自己与我所研究的居民之间的不平等处境。那天晚上，我可以很容易地听从警察的命令，离开贫民区，去往附近回声公园社区的家中避风头。在大多数情况下，我有能力在可预见的未来避免与警察接触。而小贩们就像大多数贫民区居民一样，并没有这样的余地。他们无处可逃。无论何时，只要他们走进公共场所——走进商店，与朋友交谈，甚至是简单地享受片刻的日光——就有可能被警察紧张而粗暴地拦截。当晚我开车回家时，心里已经确信，若想充分理解和解释贫困地区的生活，就要更认真和系统地思考这个新的城市现实。在接下来的几个月里，我开始与居民进行更明确的对话，讨论他们与警察打交道的经历。对个人立场的思考也使我认识到，有必要将警察的叙述与居民的叙述结合起来。

## 让警察做证

社会学家米切尔·邓奈尔在一篇题为《如何不在民族志中做假》(*How Not to Lie with Ethnography*)的争议性文章中指出，为了确保对所研究的社会现象的实际运作进行可靠且诚实的描述，民族志学者应该进行他所说的"非便利抽样"。[10] 就像法官可能会传唤潜在的反对证人出庭一样，非便利抽样指导田野调查者扩大他们的观察范围，以纳入那些对于田野调查初期形成之印象最"不便利"的人与观点。通常情况下，考虑到民族志学者进入现场的切入点以及与主要联系人的关系，非便利抽样的对象是他们最难接触到的行为者。从我的情况来看，最不便利的对象大概就是中央分局的警察了。在我继续记述居民与警察之间看似微小的互动所带来的可怕后果时，将警察纳入"民族志试验"的必要性越发明显。居民们口中的故事往往令人心碎，似乎为目前学术和政策讨论中对城市警务的解释提供了直接的证据。这些著作频繁使用"战争""主动的大屠杀""种族灭绝政治"等术语，将警察描述为报复行动的领导者，他们将赤贫者从城市景观中清除，同时故意忽视后者的社会、经济和健康需求。[11]

虽然我在早期田野调查中找不到证据来反驳这些说法，但我个人的经历使我对这些显眼的情绪化叙述产生了疑问。我的同事们经常惊讶地发现，我的许多近亲都在执法部门工作。我有一位表亲是基层警员。我表哥是副警长，我弟弟是一名宪兵军官，我母亲和叔叔都是治安官医疗预备队的成员。结合我的个人经历，每次读到关于警察报复性举动的文章，我都很难想象自己的亲人会做出这样的事。当我的家人在节日聚餐和其他特殊场合（有时也有其他副警长，甚至洛杉矶警察局的工作人员加入）分享拯救受害者和阻止坏人的故事时，我绝不会联想到学术报告中所说的种族灭绝。[12] 我也很难想象，坐在我们家庭餐桌旁的那些人与大多数警察存在那么大的区别。然而，拦截、开罚单、逮捕及其可怕的后果却以前所未有的速度蔓延开来。怎会如此呢？这既是我个人的困惑，也是学术问题。

幸运的是，我已经准备好开始寻找答案。傍晚在第五大街被截停时，我意外地与中央分局的警察取得了联系。警察一确认我是研究生，他们的举止就发生了巨大的变化。他们给了我一张名片，上面列出了他们的主管和中央分局高级警员的姓名和联系方式。当他们警告我这么晚在贫民区走动十分危险时,曾表示高级警员可以回答我提出的更多问题。他们坚持认为,如果我"真的想知道在贫民区发生了什么",我需要与警察,而不是居民交谈。在接下来的田野调查中,我总是能听到警察重复这句话。

从 2008 年开始,我来到中央分局警察身边开展调查,以补充我现有的研究。我把笔记本带进了像碉堡一样的中央分局,对中央分局的领导者们展开了非正式采访,旁观他们的培训,参加各种会议。在街道上,我跟踪并观察警方的巡逻情况。令我惊讶的是,中央分局的工作人员以令人惊讶的开放态度欢迎我。当我与少数几位警察走得更近时,我必须承认,在大多数情况下,他们每天早上醒来都决心让世界变得更好。我想指出的是,在本书提出的一系列发现中,这是一个始终受到质疑的结论。我当然知道,那些苦苦承担罚款和监禁重担的居民会否认我对警察的判断。但是,即使是我的一些学术上的同事,似乎也很难甩掉那些把警察描绘成寻找一切机会伤害穷人的无情士兵的流行刻板印象。我想,我的家庭与执法部门的关系可能限制了我过于轻易地指责警察个体的意愿。无论情况是否如此,我相信自己已经避免了一种过于笼统的说法。那种说法会掩盖一个更令人不安的现实,即"好"心或许也能带来恶果。

我认为,警察们之所以愿意不断回答我的疑问,允许我在警察局出现,主要源于几个因素。第一,我仿佛"刚从警校毕业"的样子让他们以为我是一名退伍军人。"哪个军部?"这是我经常遇到的第一个问题。因此,警察们倾向于认为我熟悉枪支,了解指挥系统,并赞同他们的工人阶级蓝领意识形态。中央分局的一些年轻警察认为,我的体格表明我是个健身狂人。他们常常与我讨论蛋白粉和运动前补充剂的问题。

第二，我与加州大学洛杉矶分校的关系似乎让警察们感到安心，特别是中央分局的高层。很少有警察局局长在警察行政管理中接纳的学术研究比威廉·布拉顿更多。作为纽约警察局的负责人，布拉顿在很大程度上借鉴了詹姆斯·Q. 威尔逊的著作，威尔逊当时在加州大学洛杉矶分校任教。布拉顿在接管洛杉矶警察局时方针不变。内部文件显示，局长对警察研究者的推崇也影响了各个分局。乔治·克林与威尔逊共同提出了破窗理论。克林在"安全城市计划"启动前的几年里，经常出现在洛杉矶贫民区。我是在克林离开后几个月来到贫民区的，当时的分局文化将警察研究者视为合作者，而非批评者。例如，与几个当地组织会面后，一位高级警员在向我介绍该地区一个著名的社会服务机构新雇用的工作人员时，对我们的隶属稍加改动。"这位是福里斯特，"我们离开会议室时，他对那位女士说，"他正在加州大学洛杉矶分校攻读博士学位，最近和我们在一起，你会经常在会议上遇到他。我们正在努力寻找方法来帮助你做自己最擅长的事情。"诸如此类的说法暗示我和中央分局之间有着远比实际要密切的合作。

第三，也许对接下来的分析最关键的是，我把警察们的坦诚归因于他们在日常工作中深深相信的治疗性意义。据我所知，他们并没有试图向我隐瞒自己的日常做法。相反，他们似乎把我的存在看作记录和传播更全面、对他们来说更"现实"的洛杉矶贫民区情况的手段。即使是最年轻的警察也明白，中央分局激进的巡逻做法已经招致了强烈的批评。然而，警察们坚持认为，这些批评者并没有意识到拦截、违法处罚和逮捕会带来更多益处。警察们的道德优越感建立在这样一个事实上：他们认为自己的行为是利他的，同时无怨无悔地承受着由此产生的误解与反击。与斯蒂尔的举重团体和部分小贩一样，他们似乎把我对中央分局的强烈兴趣理解为对他们占据道德高地的进一步确认。在田野调查的早期阶段，我偶尔会质疑警察们宣称的康复承诺是否只是一场盛大的公关表演，也许只是为我编造的故事。然而，所有内部文件与不同职级警察的行为皆表明，康复确实是警察局所追求的一贯目标，这也就说明了治疗性警务在组织文化中的核心地位。我还目睹了康复议程的具体行动——无论是在与居民的反复交流中，在高级警察对新警察的教育中，还是在伙伴之间的幽默调侃中。如果这一切只是演戏，那也是经过完美的排练、执行，并在不同的角色中持续进行的。

## "改变了立场？"

当我与洛杉矶社区行动网络取得联系时，我又一次扩大了非便利抽样的样本。我计划对他们围绕警察不当行为和滥用职权的社区活动展开观察。洛杉矶社区行动网络与天主教工人组织一起，对贫民区（或者说是整个城市）的"安全城市计划"发出了最响亮的反对的声音。登门拜访洛杉矶社区行动网络时，我又一次被打了个措手不及。事实证明，与该组织建立联系是漫长而艰难的。尽管从我踏入洛杉矶社区行动网络办公室的第一天起，我就受到了马尔科姆长官的热情接待，但该组织的其他领导却表现得更加谨慎。与我在街上遇到的其他居民一样，洛杉矶社区行动网络的部分成员担心我可能是一名卧底，也许是洛杉矶警察局派来进行渗透的。不出意料，他们对我的戒心说明了洛杉矶社区行动网络与中央分局之间的激烈对立。

当我第二次回到办公室继续与马尔科姆谈话时，他告诉我，他们"需要先调查我的情况"。在接下来的两个月里，我每周都会多次出现在办公室，但却被告知他们还没有确认我的身份和目的。最后，该组织联系了加州大学洛杉矶分校的一位教授。他证实了我的注册状态，并为我的意图做了担保。在接下来的几个月里，洛杉矶社区行动网络允许我充分参与组织活动和规划会议，并随"社区守望"团队进行日常巡逻。洛杉矶社区行动网络的各种组织活动让我产生了共鸣，常常让我回想起自己以前参与的社会活动。我协助该组织完成了一系列任务，从更新会员名册到建立免费的法律援助项目。2010年，我还为一小群成员教授了采访和调查方法。通过这一培训，他们开始收集和分析有关他们自己社区的数据。经过坎坷的介绍，洛杉矶社区行动网络为我带来了亲密的朋友和合作者。

随着我对洛杉矶社区行动网络的参与更加深入，特别是我在公开场合与该组织的联系，我在田野调查中的立场与地位发生了剧变。最关键的是，它改变了我之前与警察的关系，也改变了我接触警察的途径。我被卷入了一场长期斗争。安德鲁斯警官是中央分局的一名退伍老兵，我和他的关系还算不错。有一次，他注意到我走在"社区守望"团队中间，手里拿着写字板。他最初有些惊讶，随后表现出明显的沮丧神情。当成员们走近时，安德鲁斯叫住了我。"嘿，"他招手让我过去，"来看看这个。我想给你看点东西。"我停了下来，看向团队成员，希望得到一些指导，知道我接下来应该做什么。他们只是站着摇头,对警察的行为并不感到惊讶。空气中弥漫着紧张的气氛。我非常犹豫。我知道,无论我接下来做什么选择,都可能给我与任何一方的关系带来严重的破坏。

"来呀,"安德鲁斯继续说,看到我犹豫,他反而更努力地招呼我过去,"没什么不好的,我想让你看看他们不会给你看的东西。"我终于答应了,向他走了过去。他转过身,靠在警车的后备厢上,指着里面一根粗大生锈的钢管。"看到这个了吗?"他问我,"我刚从一个人那里没收来的。你是一个受过教育的人,让我问你这个问题。你认为他要用它来做什么?铺设水管?修理水槽?不,这就是一件武器。这可以杀人。这就是他要用它做的事。"他回头向"社区守望"团队示意,成员们正在聊天,我们这里听不到。"但如果你听他们的说法,我们只是在到处抢夺大家的东西。他们不会给你看被这个人袭击后躺在病床上的女人。不会。如果你问他们,就会听到这个人才是受害者的说法。他们在试图保护加害者!这根本就是与现实脱节。"

这时,"社区守望"团队的一名成员喊住了我。他们可能听到了最后这句话,希望我结束谈话。他们已经决定要走了,所以我赶紧追上去。"我们能不能以后再谈这个问题?"我一边倒退着离去,一边询问安德鲁斯警官。

安德鲁斯不屑地挥手让我走开。

"不,说真的。"我叫道,继续向后退着。

"我是想告诉你真相,"他不屑地回答,"但我可以看出,这不是你来这里的原因。显然,你只是想要一个丰富多彩的故事。"他指了指写字板,"去吧,把他们告诉你的所有谎言写下来"。

"说真的，我想听听你说的话。"

"是吗，然后你现在选择离开。"他答道，最后向我不屑地挥手，然后转身离去。

从那以后，我和安德鲁斯警官的互动就再也不一样了。我们在街上遇到对方时，他不再理会我，而是继续执行他的巡逻任务。这样做的不止安德鲁斯一人。在看到我参加"社区守望"巡逻或在社区警务会议上与洛杉矶社区行动网络成员坐在一起后，其他几位警察也同样对我冷眼相待。我安排的一系列会议和采访都被神秘地取消了。我想是因为这些警察认为我改变了立场。但当他们这样做时，其实是为他们的反对者提供新的合法性。虽然我当时（现在仍然）相信，整合多种不同声音可以改进我的研究成果，但警察们显然感觉到了背叛。

正如我在第五章中所描述的那样，中央分局的几位警察甚至对我进行了报复，以另一种方式使我的研究变得"不便利"。他们开始打断我和居民的对话，并试图通过用扩音器喊我的名字来恐吓我。他们的策略非常有效。每当我独自走过这个社区，或者在市中心附近开车时，我都会变得疑神疑鬼。我担心警察会注意到我，把我拉到路边，随便找个由头开张罚单，或者更糟。我一直担心这些警察在警察数据库中标记了我的档案。当一个居民告诉我，他在一次逮捕后无意中听到两名警察在谈论我时，我的被迫害妄想症再次加重。他记不起警察们究竟说了些什么，但坚称他们提到了我的名字，并毫不掩饰他们对我的不满。听到这些，我曾短暂地考虑终止田野调查。

幸运的是，并非所有警察都是这样的反应。我与洛杉矶社区行

方法论附录　不便利的民族志研究　289

动网络同进同出使一些警察更加开放，并试图让我参与他们的工作。他们似乎不把我当作叛徒，而更多地把我当作一个合理的中间人，愿意倾听他们的观点，有可能"把真相带回洛杉矶社区行动网络"。例如，在我和洛杉矶社区行动网络成员一起参加某场压抑的会议后，摩根警官邀请我观察他的团队对乞讨者的追踪。社区行动组织的领导者拒绝了他的邀请，于是他转向我，让我代替他参加。我非常高兴地答应了，而摩根则充分利用了这个机会。他利用我们后来在一起的时间，不仅传达了抑制非正规经济活动的必要性，而且试图通过详述洛杉矶社区行动网络关键成员的犯罪背景来损害其声誉。

尽管这给我带来了许多困扰，但我相信我这种不便利的多视角方法大有裨益。最值得注意的是，这个过程为我带来了意想不到的发现，并揭示出未被充分研究的反直觉的过程。如果我的研究只局限于那些接受警察管制的人，那么我就会对支撑贫民区警务工作的康复动机视而不见。或者更加糟糕的是，我也许会落入仅仅根据居民的陈述和意见来解释警察动机和目的的陷阱。相反，在与警察共处的过程中，我更加理解居民的许多行为。解释贫民区警务工作的治疗性质，能让我更好地理解哪些抵抗战术和策略是最有效的，以及其背后的原因是什么。虽然我最终的叙述可能比一些读者预期（或希望）的对警察个体的指责要少，但我相信，本书提供了更诚实、更细致的描述，展现出边缘地区的警务工作是如何展开的。我希望本书能鼓励研究者至少考虑这样一种可能性：警察和被警察管制的群众都是有思考和感受能力的行为者，都正在美国贫困治理的巨大变革中努力寻找自己的道路。

# 致谢

豪伊·贝克尔是我心中的一位社会学英雄。他曾写道，每件艺术品背后都是一张巨大而往往无形的网络，由众多合作者、伙伴和支持者组成。虽然有些人可能会质疑艺术和社会学研究之间的比较是否成立，但任何试图写书的人都知道，如果没有团队的指导、协助和支持，这项工作是不可能完成的。当然，致谢篇幅有限，需要感谢的人却太多。但我还是要试试。

我在加州大学洛杉矶分校社会学系学习期间开展了本书所述的研究。学校的海恩斯楼为我提供了完美的知识园地。我对导师斯特凡·蒂默尔斯的感激之情无以言表，他对研究方法的严谨、不留情面的挖苦与似乎永不枯竭的慷慨大度，让我在六年的时间里收获了很多，同时又保证精神稳定。现在，作为一名助理教授，我试图效仿他的学术和指导模式，发现自己对他的敬畏与日俱增。比尔·罗伊一贯的鼓励和深刻的反馈对我也非常重要。每次我像比尔那样问我自己的学生"但这有什么社会学意义呢？"时，我都会暗自发笑。作为一名有抱负的民族志学者，我再也找不到比杰克·卡茨更出色的引导者和批评者了。杰克独有的解构和重新设想一个项目的方法——总是为了更好的结果而解构——总能让我思考数周。我从戴维·斯诺的见解与建议中受益匪浅，他把这本书推向了意想不到的新方向，并重新点燃了我对符号互动理论的热情。

埃德娜·伯纳希切在我成为知识分子和活动者的过程中发挥了巨大的作用。我永远感激我们几乎每周一次的午餐，她总会提醒我当初为什么选择这条道路。我在加州大学圣克鲁斯分校读本科时发现了她的作品，一想到我们曾一同在她的后院里种草莓和南瓜，就像做梦一样。感谢上天让我能认识加里·布拉西，他不遗余力的事实调查和宣传风格为我自己在贫民区的研究树立了榜样。在我学习各项课程与 Stata 统计软件的过程中，加里给予我超人般的耐心。莫里斯·蔡特林关于社会学理论和革命案例研究的课程让我明白将主张与证据联系起来的重要性。他的"四个问题"现在成了我的学生不断思考的议题。戴维·哈勒让我相信，爱上城市与城市社会学并非不可能。阿比盖尔·萨吉是我坚定的支持者、导师和合著者。但我从未告诉过她，都怪她让我对谷歌日历过分沉迷。鲍勃·埃默森是我选择加州大学洛杉矶分校的原因，他神秘地提供了资金，让我能够走出这一步。最后，每当我走到自己的学生面前，我都会安慰自己，彼得·科洛克正在天上向我微笑。

我在加州大学洛杉矶分校的研究生同学们在这本书和我的生活中留下了不可磨灭的印记。我将永远记得与劳拉·奥里科和约翰·奥布赖恩（我们都是蒂默尔斯的学生）一起分析现场笔记、分享想法、共进晚餐的日子。我和劳拉在威尼斯海滩生活的那几年简直好得不真实，约翰则一直为我带来新思考。安东尼·奥坎波是我在加州大学洛杉矶分校遇到的第一个学生。他简直是我的守护神,教会了我被动语态以及如何分享他人的成功。洛伦佐·佩里洛告诉我,健身房是思考霸权主义和殖民主义的好地方。埃莱娜·施的灵光一闪和无穷无尽的特百惠餐具收藏让我们在困难的时候也能保持精力充沛。伊多·塔沃里和朱杨·李对田野调查和近距离分析的执着向我展示了沉浸式民族志应该是什么样子。我与埃玛达·阿门塔的谈话使我的田野工作走上了新的道路。我对乔希·布卢姆有着特殊的感情,他从自己繁忙的研究生学习中抽出时间来帮助我渡过难关。我还要感谢迈克·德兰、塔拉·麦凯、尼尔·贡、谢尔斯廷·格鲁斯、德怀特·戴维斯、加布里埃尔·尼尔森,以及布鲁因家族的其他成员。在进行实地调查时,我遇到了当时在南加州大学读研的尼古拉斯·达曼。如果不是他向我介绍贫民区的地理情况和理论解释,这本书中的许多见解是不可能出现的。

  我在芝加哥大学的同事为完成本书提供了必要的智力支持。作为我的朋友、同事和非官方导师,克里斯滕·席尔特的工作已经远远超出了职责范围。我不知何时就会带着问题敲开她办公室的门,但她从不拒绝。她自制的甜点是最好的午间点心。马里奥·斯莫尔以身作则,继续鞭策我将民族志学与理论挂钩。凯特·卡格尼也出乎意料地支持我,为我提供指导。斯蒂芬·劳登布什、约翰·利瓦伊·马丁、安迪·阿博特、利斯·克莱门斯、伯纳德·哈考特、李哲成、雷夫·施托尔岑贝格、理查德·陶布、奥马尔·麦克罗伯茨和特里·克拉克都推动我以新方式思考社会学的实践问题。田娜·帕谢尔是一个完美的写作伙伴,除了会做最好吃的冰激凌,她还提醒我把社会学的想象力运用到我的日常生活中。我很自豪地说，拉菲克·哈桑是我最好的朋友之一，他激励着我永不忘记自己的政治信念。我也很幸运地结识了一群优秀的学生，他们让我对研究始终保持敏锐和兴奋。安德鲁·米勒阅读并编辑了我的几份手稿，艾丽西亚·赖利、梅利莎·奥斯本和阿瓦·贝内兹拉也都是很出色的合作者。他们不断地问候我："书写得怎么样了？"这促使我更加努力地工作，争取有一天我可以简单地回答："完成了。"

在整个研究和写作过程中，来自其他大学和其他学科的人对本书做出了卓越贡献。我特别感谢史蒂夫·赫伯特。多年前，他接受了我这个研究生的电子邮件请求。很感谢维克多·里奥斯对工作和友情的真实态度，以及他为我提供的指导。玛丽·帕蒂略和凯瑟琳·贝克特阅读了各个章节，并给予了宝贵的反馈和指导。我还非常喜欢与鲁本·米勒共事。在过去五年左右的时间里，我的工作从由亚历克斯·墨菲、雅各布·埃弗里、杰夫·莱恩、布兰登·贝里和帕特里克·英格利斯组成的州际写作小组成员的聪明才智中获益匪浅。我还得益于一个由民族志学者、惩罚学者和其他妙人组成的社区，其成员包括：伊莱贾·安德森、安迪·帕帕克里斯托斯、约翰·伊森、本·弗勒里-斯坦纳、莫娜·林奇、阿曼多·拉拉-米兰、乔恩·温、珍妮弗·赖克、妮科尔·范、克利夫、伊萨·科勒-豪斯曼、斯特凡妮·迪彼得罗、爱丽丝·戈夫曼、科林·杰罗尔马克、安德鲁·迪纳和杰米·卡尔文。

一些机构为我提供了时间、空间、资源和论坛，使我的学术研究成为可能。在田野调查中，我得到了许多方面的支持：美国社会学协会的少数族裔奖学金、约翰·伦道夫·海恩斯和多拉·海恩斯基金会的奖学金，以及加州大学洛杉矶分校的写作奖学金。我在俄亥俄州立大学的种族民主、犯罪与司法网络的暑期研究所（"学术夏令营"）完成了本书的几个章节。很感谢鲁思·彼得森和劳里·克里沃为我提供这个机会。芝加哥大学社会科学系的几项研究资助使我能够支付编辑协助的费用。许多编辑和审稿人对我以前写的关于贫民区警务工作的文章提供了尖锐的反馈：第一章的部分内容来自我之前发表的《种族、空间和剩余劳动力的管理：在洛杉矶贫民区治理非裔美国人》["Race, Space, and the Regulation of Surplus Labor: Policing African-Americans in Los Angeles's Skid Row", *Souls: A Critical Journal of Black Politics, Culture, and Society* 13, no. 2 (2011): 197–212 ]；第二章的部分内容为《从"暴民管理"到"恢复管理"：在边缘城市地带治理无家可归者》["From 'Rabble Management' to 'Recovery Management': Policing Homelessness in Marginal Urban Space", *Urban Studies* 51, no. 9 (2014): 1909–25 ]；第五章的部分内容则是《罗德尼·金事件后警察滥用职权的构建：贫民区居民和洛杉矶警察局如何争夺视频证据》["Constructing Police Abuse after Rodney King: How Skid Row Residents and the LAPD Contest Video Evidence", *Law and Social Inquiry* 36, no. 2 (2011): 327–53 ]。

与芝加哥大学出版社合作出版让我一直以来的梦想成了真。我很荣幸有机会与道格·米切尔合作，他是影响我颇深的许多民族志的编辑，并启发了我的工作。道格的热情使我对这本书的信心不断增强，书中的许多想法是在我们喝咖啡时的交谈中产生的。多亏了道格，我也对爵士乐、烹饪世界、柏拉图和隐喻有了新的敬意。蒂姆·麦戈文和凯尔·瓦格纳值得特别感谢，感谢他们的耐心，为这本书从大纲到出版的过程操了不少心。莱维·施塔尔想出许多新点子，使这本书变得有趣和令人兴奋。《外部读者》的奥德拉·沃尔夫在我最需要的时候提供了编辑建议、鼓励和咨询。

我的家人和朋友在我的研究和写作过程中提供了我所需要的养分。我的母亲博比在我分享每一个渐进的，往往是缓慢的进步时，都给予无尽的耐心和同情心。她是我的宝藏，世界因为她而变得更加美好。我希望她觉得我让韦德感到骄傲。我的兄弟马特家里堆放着我的草稿。他阅读各章节后与我潜心交谈数小时，主题包括文化、国家和人类能动性。马特是我认识的最聪明的人。我弟弟内森也为我提供了源源不断的灵感。一想到他和他的海军陆战队员退伍后可能流落到像洛杉矶贫民区这样的地方，我就有动力继续深入挖掘贫困的原因和解决方案。查理和肯德拉·柯林斯是我一生的好友，他们的热情好客与善意，我永远无以为报。我最衷心地感谢我的爱侣斯蒂芬妮，她一直陪伴在我身边。我们的旅程是在我们都在贫民区工作时开始的，所以我的字里行间也是关于我们的故事。

写这本书最困难的部分是离开贫民区。非常感谢贫民区居民与中央分局警察的配合。虽然我不能列举他们的真实姓名，但他们欢迎我进入他们的生活，并纵容我不停地提问。他们教会了我很多东西，关于社会秩序和管理我自己。我特别感谢两边的朋友们，当他们看到我与"另一边"建立联系时，没有回避我。如果没有马尔科姆，这个项目几乎是不可能实现的，他是我在贫民区的权威的老师、监护人和朋友。在我们找不到希望时，他的救赎故事和他对社会正义的奉献仿佛希望的灯塔。皮特·怀特和贝姬·丹尼森牺牲了大量的时间和资源，帮助我进行田野调查。他们给我提供了在韦斯特伍德所没有的教育。杰夫、凯瑟琳和嬉皮士厨房的其他天主教工人组织成员在最炎热的日子里给我提供了凉水和微笑的绿洲。你们的信念激励着我勇往直前。

# 注释

## 导论

1. Davis (1987, 65).
2. Wolch and Dear (1993); Blasi (2007).
3. Blasi and Stuart (2008).
4. Wolch and Dear (1993); Anderson (1990); Bourgois (1996); Venkatesh (2000).
5. Esping-Andersen (1990); Beckett and Western (2001).
6. Wacquant (2008, 2009).
7. Garland (1985, 2001).
8. Garland (2001, 43).
9. Harvey (2005).
10. Brown (2003).
11. Moffitt (2014).
12. Wolch and Dear (1993).
13. Wacquant (2009).
14. Jencks (1995); Beckett and Herbert (2010).
15. Wacquant (2009).
16. Kohler-Hausmann (2013).
17. Feeley and Simon (1992); Garland (2001).
18. Wacquant (2009, xxii).
19. 同上书，295–296。
20. Smith (1996); Mitchell (1997); Beckett and Herbert (2010).
21. Wilson and Kelling (1982).
22. Kelling and Coles (1996, 15).

23. Beckett and Herbert (2010).
24. Smith (1996, xviii).
25. DeVerteuil, May, and von Mahs (2009).
26. Mitchell (1997, 311).
27. Katz (1997).
28. Polsky (1991, 4–5).
29. 同上书，5。
30. Brown (2003).
31. Wilson (1997, 340–41).
32. Cruikshank (1999); Soss, Fording, and Schram (2011).
33. Soss, Fording, and Schram (2011).
34. Lyon-Callo (2008); Whetstone and Gowan (2011); Gowan and Whetstone (2012).
35. Fairbanks (2009).
36. Foucault (1991); Dean (1999).
37. 详见 Cohen (1985) 中关于"法网扩大化"的概念论述。
38. Foucault (1977, 24).
39. Herbert and Beckett (2010).
40. Blasi and Stuart (2008).
41. Garland (1990, 173).
42. Garland (1990).
43. Swidler (2001); Harding (2010); Wilson (2010).
44. Swidler (2001).
45. Anderson (1923); Shaw and McKay (1942).
46. 相关评论，见 Wacquant (1998, 2008); Goffman (2009); Rios (2011)。
47. Bittner (1967).
48. Williams (1992).
49. 同上书，82。
50. Goffman (2009).
51. Clark (1965, 86).
52. Citron (1989, B3); 也可参考 Davis (1990)。
53. Wacquant (1998, 30).
54. Anderson (1990, 5).
55. Wacquant (2008).
56. 同上书，169。
57. Bahr (1973, 287).
58. Drake and Cayton (1945); Anderson (1978, 1999); Jones (2010).
59. Los Angeles Community Action Network (2010).
60. Scott (1985, 1990).

61. Scott (1985, 29).
62. Thompson (1983); Gilliom (2001).
63. De Certeau (1984).
64. Scott (1985, 28–37).
65. Scheper-Hughes (1992, 473).
66. Cohen (1999).
67. Rice (1918); Anderson (1923); Park and Burgess (1925). 贫民区、贫民窟和棚户区等典型城市地区之间的区别，见 Huey（2007）。
68. Bittner (1967, 705).
69. 上述估值主要基于洛杉矶住房部（Los Angeles Housing Department, LAHD）、洛杉矶无家可归者服务管理局及美国人口普查收集的数据。
70. DeVerteuil (2006).
71. Blasi (2007).
72. 警力部署数据汇总自洛杉矶警察局主页：http://www.lapdonline.org (YTD 8/22/2009)。
73. Small (2007, 2008).
74. Zussman (2004, 362).
75. Small (2004).
76. Wacquant (2003, 5).
77. Anderson (1923); Liebow (1967); Anderson (1990); Duneier (1999); Gowan (2010).
78. 在整个研究过程中，我遵循民族志惯例，以逐步深入的方式写下田野笔记（Snow and Anderson 1987）。该方法可细致入微地展现人们的表态与事件本身。第一步，我出田野工作时几乎一刻不停地详细记录，无论是在小小的线圈本、报纸的空白处、社会服务传单的背面，还是任何手边能找到的不起眼的纸上。起初，我担心不断涂写会影响到自己希望培养的人际关系，但我发现事实恰恰相反。当在附近工作和生活的人了解到我的目的时，他们时常会鼓励我做更多笔记。有几次互动时，居民和警察见我没有积极做记录，都表现出些许沮丧之情。甚至有人直接向我核实笔记的内容，以确保他们认为极为重要的事件得到了记录。（在方法论附录部分，我提到了受访者如何对我的存在加以利用。）贫民区的居民若允许，我也会使用数字录音设备更加精确地记录我们的采访、对话和互动。第二步，我会在离开现场后迅速将笔记和音频转录下来。为了提高记忆的准确性，我通常在市中心外一家24小时营业的咖啡店内完成这项工作，而后再回家。第三步，我会与相关文献建立对话，从而对田野笔记进行多轮解读，大约每两三周进行一次。通过理论抽样，我从数据中提炼较为突出而显著的主题与模式，从而打磨出研究问题与调查焦点。
79. Blasi (2007); Blasi and Stuart (2008).

第一章　治疗性警务的兴起

1. 商业改善区由业主或企业主组建，旨在提高安保、街道清洁和旅游辅助等服务的质量。在洛杉矶，只有所在区域内至少 50% 的业主同意后，方可建立商业改善区。业主们每年需支付一定费用，以换取服务（Meek and Hubler 2006）。到 1999 年，洛杉矶市中心的大部分地区都被商业改善区覆盖，仅中央城东协会的商业改善区就覆盖了 110 个街区，包含 575 名业主，年销售额为 13.4 亿美元（中央城东协会，2005 年）。
2. Central City East Association (2005, 6).
3. Soss, Fording, and Schram (2011).
4. Wacquant (2009).
5. Smith (1996).
6. DiMaggio and Powell (1983); Bourdieu (1984).
7. Marwell (2009, 3).
8. Becker (1963); Ruswick (2013).
9. Anderson (1923); Hoch and Slayton (1989).
10. Inter-University Consortium against Homelessness (2007).
11. Katz (1996).
12. 同上书，76; Gowan (2010)。
13. 引自 Katz (1996, 73)。
14. 同上。
15. Ausubel (1951).
16. Boyer (1978, 140).
17. Booth (1890, 204–5).
18. Boritch and Hagan (1987).
19. Monkkonen (1981, 1982).
20. 警察史学者埃里克·门克宁（1981, 81）的研究表明，在严冬与经济萧条时期，租户的数量超过了被逮捕的人数。
21. Marquis (1992).
22. Beckett and Herbert (2010).
23. Katz (1996); Reich (2005).
24. 引自 Monkkonen (1981, 127)。
25. McLean (1965, 86–87).
26. Devine (1897).
27. *Los Angeles Times* (1901a).
28. *Los Angeles Times* (1901b, 12).
29. *Los Angeles Times* (1901c, 15).
30. *Los Angeles Times* (1905, 1).
31. Monkkonen (1981).

32. 引自 Walker (1977, 81)。
33. 同上。
34. 1915 年，洛杉矶警察局在不道德行为与成瘾物质之间构建起联系，试验性地开办"反烟草"诊所，在第一个月就为 2 300 多人提供治疗（Walker 1977）。用洛杉矶警察局长麦克拉伦斯·E. 斯奈弗利的话说，"尼古丁毒物进入人体……会让人身体虚弱，智力降低，且道德意识薄弱"。
35. Riis [(1890 1957, 207)]。
36. Anderson (1923)。
37. Hoch and Slayton (1989)。
38. Gowan (2010)。
39. Walker and Brechin (2010, 48)。
40. 事实上，这是美国历史上第一次在战争结束后没有出现更多无家可归的游民（Snow and Anderson 1993）。
41. Hopper (1990)。
42. Katz (1996, 44)。
43. Morris (2009)。
44. Snow and Anderson (1993)。
45. Gowan (2010)。
46. Gowan (2010)。
47. Beauregard (1991); Haas and Heskin (1981)。
48. Haas and Heskin (1981)。
49. Herbert (1971); Los Angeles Community Redevelopment Agency (1975)。
50. 2011 年 3 月 4 日，采访杰夫·迪特里希、凯瑟琳·莫里斯与天主教工人组织成员。
51. 同上书，7。
52. Los Angeles Community Design Center (1976c, 12)。
53. Los Angeles Community Design Center (1976a, 6–7)。
54. Haas and Heskin (1981)。
55. Goetz (1992)。
56. 1977 年，LAMP 成立时名为"洛杉矶男性项目"（Los Angeles Men's Project），后来为强调同时为男性和女性提供服务而更名。
57. 2012 年 2 月 13 日，采访莫利·洛厄。
58. 详见 Ferdinand (1976)。技术与管理创新进一步加速了该趋势。新型通信与交通方式缩短了反应时间，抓捕罪犯的概率提升。法医学与国际信息系统的发展使侦探对于日常警务工作更加重要，同时让各部门能够合作解决更多、更大范围内的罪案。由于采用了更加专业化、商业化的模式，打击罪犯的新形式也有助于提升效率。警察部门更擅长逮捕那些实际犯罪的个体，故而对整个群体采取的预防性措施减少了，毕竟只有一小部分人可能会犯罪。

59. Monkkonen (1981, 64).
60. 同上书，158；另见 Boritch and Hagan (1987)。
61. Los Angeles Community Design Center (1976b, 5–6).
62. 同上书，4。
63. 引自 Beckett and Herbert (2010, 13–14)。
64. Liddick (1976).
65. 2011 年 3 月 4 日，采访迪特里希、莫里斯与天主教工人组织成员。
66. 同上。
67. Rosenzweig (2004).
68. 2011 年 3 月 4 日，采访迪特里希、莫里斯与天主教工人组织成员。
69. Clifford and McMillan (1987).
70. 2011 年 3 月 4 日，采访迪特里希、莫里斯与天主教工人组织成员。
71. Boyarsky (1987).
72. Wolch and Dear (1993).
73. Goetz (1992).
74. Wolch and Dear (1993). 共有 1 200 万人失业，其中 120 万人再就业受阻。至于有工作的贫困人口，已知 15% 的美国人生活在贫困线以下，尽管这些人中有一半生活在至少有一个人工作的家庭中（Wolch and Dear 1993, 7）。洛杉矶的经济结构调整尤其显著。
75. Soja (1989, 201). 在整个 20 世纪中叶，南加州是密歇根州以外汽车相关产业最集中的地区（Wolch and Dear 1993, 50）。
76. Wolch and Dear (1993). 妇女和儿童尽管仍是少数，但在该地区也变得更加常见。
77. 这种去机构化运动为后来许多社会福利重组定下了基调。1963 年通过的《社区心理健康中心法案》（Community Mental Health Centers Act）使全美各地的州立及地方精神病院纷纷关闭，加州的进程领先全国，永久关闭了州和县资助的精神病院。去机构化运动与推翻文明法条的诉求同源，这种民权要求旨在将精神病患者从监管机构转移至社区精神卫生设施（Wolch and Dear 1993）。不幸的是，替代性的地方服务资金不足，而且基本上没有实现。这就意味着过去的病人出院后会流落到贫民区，在那里获取廉价的住房与生活必需品，而那些心智能力不足以找到住房的人最终无家可归。
78. Wolch, Dear, and Akita (1988).
79. Wacquant (2009); Soss, Fording, and Schram (2011).
80. Katz (1996, 296).
81. DeVerteuil et al. (2003); Wolch and Dear (1993).
82. Gowan (2010, 53).
83. Wolch and Dear (1993, 22).
84. Wolch (1990).

85. Katz (1996).
86. Gowan (2010, 49).
87. Katz (2002, 153).
88. Blasi (2007).
89. Gordon (1994, 1).
90. 单独来看，巨型庇护所的组织能力与服务范围已足够惊人；若与20世纪中叶的典型救济组织相比，它们会显得尤其强大。举例而言，天主教工人组织的常设救济厨房只是一个单层的临街建筑，除了厨房外几乎没有其他设施，食物分配与进食都在户外——主楼后面有一个小院子。天主教工人组织每周只提供三天的食物，其在贫民区以东2英里处的公共房屋中只能容纳8~10人住宿。自成立以来，救济厨房完全依靠志愿者的无偿劳动。
91. DeVerteuil (2006).
92. Coates (2005).
93. Harcourt (2005, 62).
94. Rivera (2003a, B1).
95. 2011年3月4日，采访迪特里希、莫里斯与天主教工人组织成员。
96. Sparks (2012).
97. McMillan (1992, A1).
98. Martinez (1995, 3).
99. Mungen (1997, 3).
100. 同上。
101. 同上。
102. 同上。
103. 同上。
104. Blasi (2007).
105. Blasi (2007, 14–19)，又见 Los Angeles Homeless Services Authority (2006)。
106. 在我田野调查期间，夜间床位的稀缺和竞争使得许多人争先恐后地挤在巨型庇护所外排队等候，因此无法享受到洛杉矶社区行动网络的免费法律援助等服务。
107. Blasi (2007).
108. 同上书，18。美国其他城市已经建立了"无限制"庇护所，主要是为了应对恶劣天气和冻死的威胁，这就减轻了贫民区居民继续面临的庇护障碍。
109. Mungen (1997).
110. Hubler (1992).
111. Los Angeles Community Action Network (2005).
112. Catania (2003).
113. 同上。

114. Perry (2005, M5).
115. Stewart (2003, 1).
116. Hayasaki (2000).
117. Decker (2000).
118. 同上。
119. Wilson and Kelling (1982).
120. 同上书，35。不幸的是，围绕破窗理论的大多数讨论都狭隘地关注其作为犯罪学理论的合理性，质疑地区混乱与犯罪之间的因果关系（见 Skogan 1990; Harcourt 2001）。这些争论往往忽略了这样一个事实，即威尔逊和克林（1982）的著作最初的批判使 20 世纪从预防性犯罪控制到恪守法律条文、见招拆招方法的转变。注意到前文描述的警务改革，威尔逊和克林（1982）强调：进入 20 世纪 70 年代后，人们的注意力转移到了警察作为罪犯打击者的角色上。对警察行为的研究，大多不再描述秩序维护的作用，而是提出并测试警察如何解决更多犯罪，实施更多逮捕，以及更好地搜集证据。其结果是，"对之前几代人而言非常明显的维护秩序与预防犯罪之间的联系被遗忘了"（1982, 34）。威尔逊引用了奥古斯特·沃尔默等警察专家在 20 世纪初提出的理论，特别主张顺着犯罪性的脉络去堵住它的源头，从而将执法重建为"实现目的的手段，而不是目的本身"。威尔逊（1975）还将导师爱德华·班菲尔德的成果加以扩展，认为城市的种种弊病，包括贫困与犯罪，都有一个共同的起源：贫穷者的文化倾向、现实导向与冲动（见 Harcourt 2001）。确切地说，威尔逊比沃尔默对全面纠正"下层阶级"的"风气"更加悲观。因此，他建议瞄准犯罪脉络较末端处，规范那些将文化倾向付诸实践的情景诱因。差异虽然存在，但威尔逊和沃尔默都强调，预防严重犯罪需要警察监管"反社会但不违法的行为"（Banfield 1991, 315），即威尔逊和克林（1982）后来所说的"混乱"。
121. Wilson and Kelling (1982); Beckett and Herbert (2010).
122. Gowan (2010).
123. Wilson and Kelling (1982).
124. Los Angeles Police Department (2002).
125. Huey (2007, 30–31).
126. Blasi (2007).
127. Minutes, "LA Safer City Project—Central City East," August 6, 2003.
128. Minutes, "LA Safer City Initiative—Central City East," September 19, 2003; Minutes, "LA Safer City Initiative—Central City East," November 7, 2003.
129. McNott (2003, B24).
130. Blasi (2007).
131. Rivera (2003b, B1). 在第三章中，我提供了另一种视角，来自街道或服务计划的几名潜逃者。

132. Coates (2006); DiMassa (2006).
133. Coates (2006, 8).
134. DiMassa and Winton (2005); Rivera (2006).
135. 部门内部通信，"Central Area 2004 Strategic Plan to Address Encampments"，2004 年 1 月 13 日。
136. 内部备忘录，"L.A. Safer City Initiative: Training and Deployment Plan, Central Area"，2003 年 10 月 13 日。
137. "Do Gang Injunctions Work?" *Airtalk*, 89.3 KPCC. April 8, 2010.
138. Complaint to Enjoin, Abate, and Prevent Public Nuisance Activity, pages 8–9.
139. 同上。
140. Wacquant (2009).
141. Blasi (2007).
142. Smith (1996); Mitchell (1997, 2003).
143. Oxsen (2013).
144. Beckett and Herbert (2010).
145. Lipsky (1980).

## 第二章　从暴民管理到恢复管理

1. 《洛杉矶市政法》第 41.59 条于 1997 年签署成为法律。
2. 尽管前一章的历史分析有力支持了摩根警官对 20 世纪 90 年代初巡逻经历的描述，但我无法确切证实他的说法。事实上，我在这本书中复述的许多故事与说法，都无法确切核实其准确性。这并非本项目独有的问题，所有定性研究、民族志学研究和基于访谈的研究，都高度依赖信息提供者和受访者的回忆。我遵循民族志学的惯例，采用固定方法"检验真伪"，通常是多方面比对不同人讲述的故事（关于这个过程的详细讨论，见 Duneier 1999, 345–46）。同时，作为信奉芝加哥学派互动主义传统的研究者，我对找到故事"真相"本身不太感兴趣，而更关心他们如何解释并感知事件。我将注意力放在个人观点的呈现原因上面，正是因为它们往往是片面的，所以有其意义与重要性。用早期芝加哥学派思想家威廉·托马斯的话说，如果有人将一种情况定义为真实，那么从后果来看，它就是真实的。这一原则构成了我通用方法的基础。
3. Sousa (2010).
4. White (2010).
5. 同上。另见 Muir (1977); Wilson (1978); Skolnick [(1966) 2011]。
6. Wacquant (2009, 2); 另见 Feeley and Simon (1992) 关于"新刑罚学"的表述。
7. 例如，在整个英格兰和威尔士，警察们可利用《反社会行为令》——广泛禁止"造成或可能造成骚扰、恐慌或痛苦的行动"的法令——在公共场所拘留和调查几乎任何人（Johnsen and Fitzpatrick 2010）。华盛顿州西雅图的警察同样依靠广泛的非法侵入法作为反复干预行人的依据（Beckett and Herbert 2010）。加拿大渥太华的警察则动用了该市一系列不甚明确的"干扰法"（Walby and Lippert 2012）。

8. Moskos (2008).
9. Bittner (1967); Herbert (1997).
10. Brenner and Theodore (2002).
11. 综合参考文献，见 Bahr (1970)。
12. Rumbaut and Bittner (1979).
13. Bittner (1967).
14. Burawoy (2003, 650).
15. Cresswell (1996); Herbert (1997).
16. Irwin (1985); Bogue (1963, 405–6).
17. Bittner (1967).
18. 同上书，709；Bahr (1973, 207)。
19. 一位警察在阐述这些目标时对比特纳（1967, 709）坦言："归根结底，我没能解决任何问题。我最大的希望就是不要让事情变得更糟。"
20. Bittner(1967, 709). 在20世纪60—70年代的多次采访中，警察们始终断定贫民区居民已无可救药，因此强烈否定社会工作能够促人转变。就算警察伸出援手，也只是因为"他们认识到饥饿、疾病与麻烦是潜在的问题来源"（Bittner 1967, 709）。
21. Wiseman (1970); 另见 Muir (1977); Van Maanen (1978)。
22. Bittner (1967).
23. 同上。
24. Spradley (1970).
25. Bittner (1967).
26. 同上。
27. Gesler (1992); Wilton and DeVerteuil (2006).
28. 即使在搬到芝加哥之后，我仍然常在电视里看到马利布戒毒诊所的广告。
29. Moskos (2008).
30. Rivera (2003b).
31. Federal Bureau of Investigation (2006).
32. Blasi (2007).
33. Moskos (2008).
34. 同上书，143。
35. Bittner (1967, 711).
36. Desmond (2008); Jerolmack (2013).
37. Blasi (2007).

38. 2010年3月8日，中央分局的领导层在一次社区影响小组会议上公布了这组数据。
39. 或许我的存在让两位警察更加互不相让，但我强烈怀疑，即使我不在场，这些互动也会发生。在某些场合，我明显看得出他们的嬉笑吹嘘是有延续性的，前几天或前几个班次我不在场时，他们一定有过类似的交流。对话中的某些名字与事件，他们似乎都熟谙于心，也没有刻意停下来向我解释这些细节。
40. Wieder (1974).
41. Paperman (2003).
42. Sugarman (1976).
43. 大多数洛杉矶居民（甚至土生土长的洛杉矶人）都不知道这种行为在技术上是违法的，最高可处以250美元的罚款，我在开展贫民区研究前也毫不知情。贫民区的高强度执法让许多居民对法律高度敏感。我刚刚来到此地进行实地考察时，有一天打算在红灯闪烁时穿过路口，被路边的行人拉回到人行道上，一辆警车刚好从我们面前拐弯。"在这儿这么过马路，小心被开乱穿马路的罚单。"等待信号灯转白时，那位路人，也就是加西亚警官责备我道。他显然为许多居民提供了这种昂贵的法律教育。
44. Gowan (2010); Wilton and DeVerteuil (2006).
45. DiMassa and Fausset (2005). 此事在2007年的纪录片《医疗内幕》上映后得到了全国的关注。这部影片由迈克尔·摩尔执导，片中展示了一段监控画面：一名身穿病号服、神志不清的老太太被当地医院丢在联合救济会的门口。
46. Bittner (1967).
47. 同上。
48. Los Angeles Community Action Network (2005).
49. Zavis (2010).
50. 部分警察认为，这种做法特别有助于吸引精神障碍人士加入项目，正如一位警察告诉我的那样："我们这里很多人都有精神障碍，常常不能对我们的指示做出反应，但谁不需要吃饭呢？不管健不健全，人都会往有食物的地方去。"
51. Irwin (1985).
52. Garland (1996, 2001).

第三章　生存训练

1. Garland (1985, 251).
2. Anderson (1999).
3. Vaillancourt (2010).
4. 20世纪90年代末，加州颁布了一系列法律，以减少甚至在某些情况下禁止在监狱中使用举重设施。尽管如此，许多监狱仍保留了此类设施，供囚犯们继续使用。即使在没有正式举重器械的监狱，囚犯们也常常自行打造临时举重区，利用书堆或沉重的厨房设备进行推举，或是在牢房的栏杆和双层床上做引体向上，再或者长时间跳健美操。尽管监狱中的举重器械日渐稀少，但人们仍将囚犯们集中锻炼身体的区域统称为"举重区"。

5. 此处的"老大"原文为"O.G."，即"original gangster"（原始黑帮）。不过，这个词在日常使用中不一定特指黑帮身份。在贫民区和其他许多有色人种聚集区，O.G. 一般是对长者或地位较高者的尊称。它的用法和"old head"（元老、大佬）类似，参见 Anderson (1990, 1999) 和 Duneier (1999)。
6. Wolch and Dear (1993).
7. 同上书，273。
8. Wacquant (1993, 2008).
9. Wacquant (2008).
10. Anderson (1976); Newman (1999); Bourgois and Schonberg (2009).
11. Wacquant (1993, 371).
12. 特克斯在好莱坞一家时尚咖啡厅后面睡觉时被警察逮捕，罪名是非法侵入。一名狱友告诉特克斯，洛杉矶的《露营条例》规定，无家可归者在晚 9 点至早 6 点露宿人行道是合法的。
13. Anderson (1976, 1990, 1999).
14. Anderson (1990, 5).
15. 同上书，231。
16. 特克斯说的是洛杉矶警察局的"东区特遣队"，详见第一章和第二章。
17. 关于毒瘾发作的体验，可参考 Bourgois and Schonberg (2009, 80—88)。
18. 这群人中有几个偶尔会在应急床位上过夜，还有一些人继续参加餐饮服务，特别是那些被判毒品相关重罪而被加州法律剥夺免费食品券的人。
19. 对其中的许多情况，我都有切身的体会。在田野调查的最初两年中，我有时会为了避暑而在洛杉矶传教会吃午饭。在那里，领取食物前必须接受一个小时的宗教布道。每天，传教会的工作人员会严加看守小教堂与食堂之间的队伍，防止有人没有参加布道会，却混入"吃饭队伍"。他们在站岗时常常大喊"后面的人跟上"，并要求得到回应。丹蒂等人认为，这很像死刑犯临死前的"死囚上路"。
20. Scott (1990).
21. 关于"言语决斗"的其他例子，见 Lee (2009)。关于"竞争性社交能力"在同伴群体的形成和维系中所起到的作用，见 Anderson (1976); Desmond (2008); Jerolmack (2009)。
22. Scott (1990, 137).
23. Goffman (1963, 44).

24. Logan and Molotch (1987).
25. Anderson (1990); Gotham and Brumley (2002); Merry (1981); Venkatesh (1997).
26. Venkatesh (1997, 104).
27. Gotham and Brumley (2002); Suttles (1968).
28. Anderson (1976); Desmond (2012); Hunter (2010); Small (2004); Suttles (1968); Venkatesh (2000, 2006).
29. Goffman (2009).
30. Rios (2011).
31. Wacquant (2001, 116).
32. Scott (1985, 1990).
33. 正如前一章所述，我观察到警察会对能够出示巨型庇护所身份标识的人给予宽大处理。我无法辨别警察是否发现詹姆斯等人只是假装参与巨型庇护所的项目。在我追踪或交谈过的警官中，只有两位表示他们对这种逃避策略有所耳闻。至于斯蒂尔及其团队所采取的各种策略，我有意不去询问警察是否知道自己被愚弄了。否则，那将是对我们之间建立的信任的严重背叛，也可能让他们面临严重的后果。
34. 与个人向缓刑监督官直接报告的正式缓刑不同，简易缓刑犯要直接向法官报告。显然，迪米特里厄斯对于额外违规不可预测的后果十分担忧。
35. 这两个锻炼地点除了运动项目不同以外，公园本身也是这些人与街道之间的天然缓冲区，圣朱利安街显然不具备这个条件。警察很少进入公园，因为公园的安全由分租房公司雇用私人保安巡逻。
36. 当我与同事在公共论坛上分享这些发现时，我偶尔会被问："难道贫民区的警察看不出居民的'条子智慧'吗？他们就不会适应吗？警察们肯定不会一无所知啊，他们又不是傻子。"我同意。中央分局的警察们具有令人难以置信的敏锐度与敬业精神，于是我用自己这边的问题回应道：什么叫"看出'条子智慧'"呢？发现了这一切的警察又会如何表现呢？必须强调，在发展和运用"条子智慧"时，居民们试图改变其外表、习惯和行为，以更接近警察不太关注的类型。例如，部分居民会避免梳理头发的动作，让自己看起来不像瘾君子，他们会选择相对冷清的街道，以避开已知的毒品交易点，或是将自己封闭在分租房的房间里，尽量避免与警察接触。那么，警察究竟要如何"适应"这些策略？更多拦截那些看上去没有参与毒品交易的人？审问那些独自行走的人？虽然我认为警察可以采取这些适应措施，但他们并没有这样做。他们何必呢？他们的目标是那些看起来相当可疑、需要刑事司法干预的人。

话虽如此，我确实在田野调查时遇到过两名警察，他们越来越怀疑像詹姆斯这样出示巨型庇护所身份标识的居民。在某些情况下，特别是在远离头部区的地区，这些警察会无视身份标识，甚至对这些人施以更加严厉的处罚。在这些案例中，警察仍然遵循治疗性警务的首要要求，惩罚那些违反警察强制之规范地理环境的"条子智慧"策略。
37. Wacquant (2008).

## 第四章 平复街区

1. Rose (1999); Garland (2001).
2. Buerger and Mazerolle (1998).
3. Desmond and Valdez (2012).
4. Duneier (1999); Venkatesh (2006); Gowan (2010).
5. Duneier (1999, 60–80).
6. 同上书，79。
7. 同上书，63。
8. Duneier (1999).
9. Rivera (2006); Winton (2007).
10. Jacobs [(1961) 1993].
11. 同上书，40。
12. 同上。
13. Sampson and Groves (1989, 777).
14. Jacobs [(1961) 1993].
15. 同上；Wilson and Kelling (1982)。
16. Skogan (1990); Harcourt (2001); Hinkle and Weisburd (2008).
17. Wilson and Kelling (1982).
18. Bittner (1967, 703).
19. Bahr (1973); Huey and Kemple (2007). 这一假设已成为社会解组理论传统的标准，它倾向于在这个阶段总结分析成果（见 Sampson and Groves 1989; Bursik and Grasmick 1993; Silver and Miller 2004）。社会解组研究者认为，居民干预意愿的提升——无论是面对街头斗殴、破坏公共财物，还是制造麻烦的街角团体——都是其更具维护社会"公共利益"倾向的直接体现（Sampson 2012）。然而，如果只调查居民对某些"问题行为"的干预意愿——由研究者而非居民事先定义——那么社会解组的研究就可能会忽略非正式管制具体开展后带来的一系列伴随的管制、额外目标以及意外后果。
20. Jacobs [(1961) 1993]; Wilson and Kelling (1982).
21. Jacobs [(1961) 1993, 46].
22. Jacobs [(1961) 1993].
23. 同上书，90-92。
24. 同上书，90。
25. Jacobs [(1961) 1993].
26. 同上。

27. Wilson and Kelling (1982).
28. Jacobs [(1961) 1993, 44].
29. 同上书，48。
30. Wilson and Kelling (1982); Jacobs [(1961) 1993].
31. Los Angeles Community Action Network (2009).
32. 后来我得到消息，萨姆因拥有 100 多部盗版 DVD 而被逮捕。根据加州刑法第 350 条，这是一项重罪。
33. von Mahs (2013).
34. 关于城市内部种族隔离的详细讨论，见 Bourgois（1996）。

第五章　治理警察

1. Goffman (1974).
2. Small (2004).
3. Small（2004）在其对波多黎各西语区的民族志研究中发现，不同的社区框架决定着人们对社区事务的不同参与程度。
4. 洛杉矶社区行动网络在集资方式上也与巨型庇护所不同，主要来自专门从事公共卫生、住房、法律援助和社区组织的慈善组织。这些组织包括玛格丽特·凯西基金会、加州捐赠基金会和戴安·米德尔顿基金会。洛杉矶社区行动网络的民权工作还得到了美国司法部的资助，以及美国疾控中心的社区改造补助金。
5. 居民的参与强化了洛杉矶社区行动网络的这一属性。我在各种活动和聚会中观察到，每当有人试图将不属于本组织的人边缘化或出言讽刺时，其他人会立即纠正此人的行为。有一次，我随"社区守望"团队巡逻回来，站在洛杉矶社区行动网络大厅里与一群居民聊天。在讲述一起警务事件时，一名团队成员称被捕者"精神分裂"，一直站在附近的另一名团队成员卡尔出言教育："你是说'精神分裂症患者'的意思吧，不能随便说人家'精神分裂'，好像某种疯子似的，其实他们只是需要药物治疗。这里的人买不起药，你也是知道的。我们都有自己的问题，有些人的问题比别人的更难解决。"刚刚的那名成员很快道歉了。
6. McAdam (1983).
7. 同上书，735。
8. 在我田野调查期间，洛杉矶社区行动网络曾尝试向不同居民群体分发一次性简易摄像机，甚至还有具备摄像功能的手机。他们希望这些长期在公共场所活动的人能从头到尾记录下警察与民众的互动。从成果来看，虽然少数照片和视频能够展现出警察的不当之举，从而为洛杉矶社区行动网络的主张提供支撑，但这些影像未能充分捕捉背景信息和诱发事件，无法帮助克服可信度危机。随机记录大多是无法直接使用的，这也展现出马尔科姆及其他"社区守望"团队成员日常巡逻的任务何等艰巨复杂。

9. 就算不提菲茨杰拉德禁令，这种行为也违反了宪法保护行人免受非法搜查及扣押的规定。
10. Gooding-Williams (1993); Goodwin (1994); Lawrence (2000).
11. Lawrence (2000).
12. 我经常听到警察在警察局或外出巡逻时提到洛杉矶社区行动网络成员的名字。他们从不遮掩对该组织的负面看法，特别是发现我在跟踪该组织时。
13. 洛杉矶社区行动网络的领导层一再告诫"社区守望"团队在摄像机面前保持安静。有几次，由于团队成员低声发表了对警方的负面评论，被视频记录下来，导致证据作废。
14. 在公共舆论中，不乏声称无家可归者和其他贫困人口试图通过被捕获得更稳定的住宿和饮食的言论，但在田野调查期间，我从未遇到过这样的居民。绝大多数居民，无论是否有固定居所，都会尽力避免入狱。
15. 这一幕凸显了被污名化的人群在控诉自身遇到的不公正时所面临的困境。警察和马尔科姆都传达了一个共同的认知，即当他们在街头的斗争被摆上法庭时，仅靠马尔科姆这样的人揭露警察的错误行为是不够的。他必须首先证明自己的道德价值，而后他的主张才能被视为合法。
16. 在整个庭审过程中，我一直在做田野笔记。为了确保这里引文的准确性，我也将自己与法庭记录员的笔录进行了反复核对。
17. 洛杉矶社区行动网络担心洛杉矶市是在报复，就连在其他地方都会移除的物品也不收了。
18. *New York Times* (2012, 12).
19. *Los Angeles Times* (2014, A14); *Los Angeles Times* (2012).
20. Farrar (2013).
21. Decker (2000).
22. Holland (2014); *Los Angeles Times* (2014).
23. Gooding-Williams (1993); Goodwin (1994).

## 结论

1. Pratt et al. (2005).
2. Pratt et al. (2005, xiii).
3. Wacquant (2009, 296).
4. Kohler-Hausmann (2013, 352).
5. Eith and Durose (2011).
6. Bittner (1967); Wiseman (1970); Manning (1977); Herbert (2006); Huey (2007).
7. Lipsky (1980); Watkins-Hayes (2009).

8. Wacquant (2009).
9. Valverde (2003); Moore and Hannah-Moffat (2005).
10. Wolch (1990).
11. Lofland (1973, 90).
12. Scroggin (2012).
13. Vaillancourt (2009); Green (2013).
14. 社会学家塞莱斯特·沃特金斯-海耶斯（2009）在一项同样关注街头官僚组织的态度和行动的研究中发现，一些少数群体福利社工在种族和阶级的界限上与他们的服务认同更加一致，让他们能向"社区"的其他成员提供更有针对性的建议和指导。
15. 法国社会学家皮埃尔·布尔迪厄（1991，170）写道，象征权力是指"通过话语而构建所见之事物的权力，是人们看到并相信的权力，是确认或改变对世界的看法，从而对世界及其本身采取行动的权力"。正如犯罪学家伊恩·路德（1997，3）所指出的，"警察谈论世界的权利和能力很少受到挑战。他们站在制胜点"。
16. Wilson (2000).
17. Duncan (1976); Anderson (1990); Wacquant (2008).
18. Papachristos, Hureau, and Braga (2013).
19. Brunson and Weitzer (2011); Amber (2013).
20. Tsemberis (2004).
21. Bourgois (1996).
22. 关于减少伤害原则的更详细的讨论，见 Marlatt (2002)。
23. 鉴于"50 计划"对非强制性支持的承诺，该计划受到了中央分局及其合作伙伴巨型庇护所的严厉批评，这并不令人惊讶。该计划不愿让警察不受限制地进出其住所，这促使中央分局的警察指责该项目为毒品销售和滥用提供了便利（甚至是促进）。巨型庇护所的代表同样在他们自己的设施、社区会议和媒体上传达这一信息。
24. Lopez (2009).
25. Zavis (2012).

方法论附录　不便利的民族志研究

1. Duneier (1999); Gowan (2010); Goffman (2014).
2. Duneier (1999); Desmond (2008); Orrico (2014).
3. Romero (2011).
4. Romero (2013).
5. 近年来，这种"监狱式"的锻炼正在美国各地低收入社区的公园里出现。它们通过健身博客和主流杂志（包括《时尚先生》和 Vice 杂志）得到普及，现在成为一些社区组织（如纽约市的街头健身王"Bartendaz"）参与青年赋权、囚犯重返社会和暴力预防项目的主要工具。
6. Black and Metzger (1965).
7. 同上书，144。
8. Wiseman (1970, 10–14).
9. Anderson (1976, 1999); Jones (2010).
10. Duneier (2011).
11. Smith (1996); Mitchell (1997, 2001, 2003).
12. Smith (1996); Mitchell (1997).

# 参考文献

Amber, Jeannine. 2013. "The Talk." *Time*, July 29, 33.

Anderson, Elijah. 1978. *A Place on the Corner*. Chicago: University of Chicago Press.

———. 1990. *Streetwise: Race, Class, and Change in an Urban Community*. Chicago: University of Chicago Press.

———. 1999. *Code of the Street: Decency, Violence, and the Moral Life of the Inner City*. New York: W. W. Norton.

Anderson, Nels. 1923. *The Hobo: The Sociology of the Homeless Man*. Chicago: University of Chicago Press.

Ausubel, Herman. 1951. "General Booth's Scheme of Social Salvation." *American Historical Review* 56 (3): 519–25.

Bahr, Howard M. 1970. *Disaffiliated Man: Essays and Bibliography on Skid Row, Vagrancy, and Outsiders*. Toronto: University of Toronto Press.

———. 1973. *Skid Row: An Introduction to Disaffiliation*. New York: Oxford University Press.

Banfield, Edward C. 1974. *The Unheavenly City Revisited*. Boston: Little, Brown.

———, ed. 1991. *Here the People Rule: Selected Essays*. 2nd ed. Washington, DC: American Enterprise Institute.

Beauregard, Robert A. 1991. "Capital Restructuring and the New Built Environment of Global Cities: New York and Los Angeles." *International Journal of Urban and Regional Research* 15 (1): 90–105.

Becker, Howard S. 1963. *Outsiders*. New York: Macmillan.

Beckett, Katherine, and Steven Herbert. 2010. *Banished: The New Social Control in Urban America*. New York: Oxford University Press.

Beckett, Katherine, and Bruce Western. 2001. "Governing Social Marginality: Welfare, Incarceration, and the Transformation of State Policy." *Punishment & Society* 3 (1): 43–59.

Bittner, Egon. 1967. "The Police on Skid-Row: A Study of Peacekeeping." *American Sociological Review* 32 (5): 699–715.

Black, Mary, and Duane Metzger. 1965. "Ethnographic Description and the Study of Law." *American Anthropologist* 67 (6): 141–65.

Blasi, Gary. 2007. *Policing Our Way Out of Homelessness? The First Year of the Safer Cities Initiative on Skid Row*. Los Angeles: Inter-University Consortium on Homelessness.

Blasi, Gary, and Forrest Stuart. 2008. *Has the Safer Cities Initiative in Skid Row Reduced Serious Crime?* Los Angeles: UCLA School of Law.

Bogue, Donald. 1963. *Skid Row in American Cities*. Chicago: University of Chicago Press.

Booth, William. 1890. *In Darkest England, and the Way Out*. London: Sergel.

Boritch, Helen, and John Hagan. 1987. "Crime and the Changing Forms of Class Control: Policing Public Order in 'Toronto the Good,' 1859–1955." *Social Forces* 66(2): 307–35.

Bourdieu, Pierre. 1984. *Distinction: A Social Critique of the Judgement of Taste*. Cambridge, MA: Harvard University Press.

———. 1991. *Knowledge and Symbolic Power*. Cambridge: Polity.

Bourgois, Philippe. 1996. *In Search of Respect: Selling Crack in El Barrio*. Cambridge: Cambridge University Press.

Bourgois, Philippe, and Jeffrey Schonberg. 2009. *Righteous Dopefiend*. Berkeley: University of California Press.

Boyarsky, Bill. 1987. "No Moratorium; Skid Row Sweeps on Again." *Los Angeles Times*, March 5, D1.

Boyer, Paul. 1978. *Urban Masses and Moral Order, 1820–1920*. Cambridge, MA: Harvard University Press.

Brenner, Neil, and Nik Theodore. 2002. "Cities and the Geographies of 'Actually Existing Neoliberalism.'" *Antipode* 34 (3): 349–79.

Brown, Wendy. 2003. "Neo-Liberalism and the End of Liberal Democracy." *Theory & Event* 7 (1).

Brunson, Rod K., and Ronald Weitzer. 2011. "Negotiating Unwelcome Police Encounters: The Intergenerational Transmission of Conduct Norms." *Journal of Contemporary Ethnography* 40 (4): 425–56.

Buerger, Michael E., and Lorraine Green Mazerolle. 1998. "Third-Party Policing: A Theoretical Analysis of an Emerging Trend." *Justice Quarterly* 15 (2): 301–27.

Burawoy, Michael. 2003. "Revisits: An Outline of a Theory of Reflexive Ethnography." *American Sociological Review* 68 (5): 645–79.

Bursik, Robert J., Jr., and Harold G. Grasmick. 1999. *Neighborhoods & Crime*: Lexington Books.

Catania, Sarah. 2003. "Bucking Skid Row." *LA Weekly*, March 7, 20.

Central City East Association. 2005. *Walk with Us: Reclaiming a Community*.

Citron, Alan. 1989. "Well, That's Just Skid Row." *Los Angeles Times*, November 15, B3.

Clark, Kenneth B. 1965. *Dark Ghetto: Dilemmas of Social Power*. New York: Harper and Rowe.

Clifford, Frank, and Penelope McMillan. 1987. "Raids Meant to Rid Skid Row of Its Homeless Encampments." *Los Angeles Times*, February 19, 1.

Coates, Chris. 2005. "Midnight Mission Accomplished." *Los Angeles Downtown News*, April 4, 4.

———. 2006. "State Senate Considers Homeless Legislation." *Los Angeles Downtown News*, February 27, 8.

Cohen, Cathy J. 1999. *The Boundaries of Blackness: AIDS and the Breakdown of Black Politics*. Chicago: University of Chicago Press.

Cohen, Stanley. 1985. *Visions of Social Control*. Cambridge: Polity.

Cresswell, Tim. 1996. *In Place–Out of Place: Geography, Ideology, and Transgression*. Minneapolis: University of Minnesota Press.

Cruikshank, Barbara. 1999. *The Will to Empower: Democratic Citizens and Other Subjects*. Ithaca, NY: Cornell University Press.

Davis, Mike. 1987. "'Chinatown,' Part Two? The 'Internationalization' of Downtown Los Angeles." *New Left Review* 1 (164): 65–86.

———. 1990. *City of Quartz: Excavating the Future in Los Angeles*. New York: Vintage. de Certeau, Michel. 1984. *The Practice of Everyday Life*. Berkeley: University of California Press.

Dean, Mitchell. 1999. *Governmentality: Power and Rule in Modern Society*. Thousand Oaks, CA: Sage.

Decker, Twila. 2000. "Skid Row Streets Are Home No Longer." *Los Angeles TImes*, October 29, B1.

Desmond, Matthew. 2008. *On the Fireline: Living and Dying with Wildland Firefighters*. Chicago: University of Chicago Press.

———. 2012. "Disposable Ties and the Urban Poor." *American Journal of Sociology* 117 (5): 1295–1335.

Desmond, Matthew, and Nicol Valdez. 2012. "Unpolicing the Urban Poor: Consequences of Third-Party Policing for Inner-City Women." *American Sociological Review* 78 (1): 117–41.

DeVerteuil, Geoffrey. 2006. "The Local State and Homeless Shelters: Beyond Revanchism?" *Cities* 23 (2): 109–20.

DeVerteuil, Geoffrey, Heidi Sommer, Jennifer Wolch, and Lois Takahashi. 2003. "The Local Welfare State in Transition: Welfare Reform in Los Angeles County." In *New York and Los Angeles: Politics, Society, and Culture—A Comparative View*, edited by David Halle, 269–88. Chicago: University of Chicago Press.

DeVerteuil, Geoff, Jon May, and Jurgen von Mahs. 2009. "Complexity Not Collapse: Recasting the Geographies of Homelessness in a 'Punitive' Age." *Progress in Human Geography* 33 (5): 646–66.

Devine, Edward T. 1897. "The Shiftless and Floating City Population." *Annals of the American Academy of Political and Social Science* 10 (2): 1–16.

DiMaggio, Paul J., and Walter W. Powell. 1983. "The Iron Cage Revisited: Institutional Isomorphism and Collective Rationality in Organizational Fields." *American Sociological Review* 48 (2): 147–60.

DiMassa, Cara. 2006. "A Polished Big Apple Gives L.A. Ideas." *Los Angeles Times*, January 28, B1.

DiMassa, Cara, and Richard Fausset. 2005. "Mayor Orders Probe of Skid Row Dumping." *Los Angeles Times*, September 27, B1.

DiMassa, Cara, and Richard Winton. 2005. "Skid Row Strategy Hits First at Drugs." *Los Angeles Times*, November 23, A1.

Drake, St. Clair, and Horace R. Cayton. 1945. *Black Metropolis*. New York: Harcourt, Brace and Company.

Duncan, Burt L. 1976. "Differential Social Perception and Attribution of Intergroup Violence: Testing the Lower Limits of Stereotyping Blacks." *Journal of Personality and Social Psychology* 43 (4): 590–98.

Duneier, Mitchell. 1999. *Sidewalk*. New York: Farrar, Straus and Giroux.

———. 2011. "How Not to Lie with Ethnography." *Sociological Methodology* 41 (1): 1–11. Eith, Christine, and Matthew R. Durose. 2011. "Contacts between the Police and the Public, 2008." *Bureau of Justice Statistics Special Report*, NCJ 234599, 1–28.

Esping-Andersen, GØsta. 1990. *The Three Worlds of Welfare Capitalism*. Cambridge: Polity.

———. 2013. *The Three Worlds of Welfare Capitalism*. Princeton, NJ: Princeton University Press.

Fairbanks, Robert P. 2009. *How It Works: Recovering Citizens in Post-Welfare Philadelphia*. Chicago: University of Chicago Press.

Farrar, Tony. 2013. *Self-Awareness to Being Watched and Socially-Desirable*

*Behavior: A Field Experiment on the Effect of Body-Worn Cameras and Police Use-of-Force*. Washington, DC: Police Foundation.

Federal Bureau of Investigation. 2006. "Arrest for Drug Abuse Violations, Percent Distribution by Region. https://www2.fbi.gov/ucr/cius2006/arrests/.

Feeley, Malcolm M., and Jonathan Simon. 1992. "The New Penology: Notes on the Emerging Strategy of Corrections and Its Implications." *Criminology* 30 (4): 449–74.

Ferdinand, Theodore N. 1976. "From a Service to a Legalistic Style Police Department: A Case Study." *Journal of Police Science and Administration* 4 (3): 302–19.

Foucault, Michel. 1977. *Discipline and Punish: The Birth of the Prison*. New York: Vintage.

———. 1991. "Governmentality." In *The Foucault Effect: Studies in Governmentality*, edited by Graham Burchell, Colin Gordon, and Peter Miller. Chicago: University of Chicago Press.

Garland, David. 1985. *Punishment and Welfare: A History of Penal Strategies*. Chicago: University of Chicago Press.

———. 1990. *Punishment and Modern Society: A Study in Social Theory*. Chicago: University of Chicago Press.

———. 1996. "The Limits of the Sovereign State: Strategies of Crime Control in Contemporary Society." *British Journal of Criminology* 36 (4): 445–71.

———. 2001. *The Culture of Control: Crime and Social Order in Contemporary Society*. Chicago: University of Chicago Press.

Gesler, Wilbert M. 1992. "Therapeutic Landscapes: Medical Issues in Light of the New Cultural Geography." *Social Science & Medicine* 34 (7): 735–46.

Gilliom, John. 2001. *Overseers of the Poor: Surveillance, Resistance, and the Limits of Privacy*. Chicago: University of Chicago Press.

Goetz, Edward G. 1992. "Land Use and Homeless Policy in Los Angeles." *International Journal of Urban and Regional Research* 16 (4): 540–54.

Goffman, Alice. 2009. "On the Run: Wanted Men in a Philadelphia Ghetto." *American Sociological Review* 74: 339–57.

———. 2014. *On the Run: Fugitive Life in an American City*. Chicago: University of Chicago Press.

Goffman, Erving. 1963. *Stigma: Notes on the Management of Spoiled Identity*. New York: Touchstone.

———. 1974. *Frame Analysis: An Essay on the Organization of Experience*. Boston: Northeastern University Press.

Gooding-Williams, Robert, ed. 1993. *Reading Rodney King/Reading Urban*

*Uprising.* New York: Routledge.

Goodwin, Charles. 1994. "Professional Vision." *American Anthropologist* 96 (3): 606–33.

Gordon, Larry. 1994. "A New Home for the City's Homeless in Skid Row." *Los Angeles Times*, September 15, A1.

Gotham, Kevin Fox, and Krista Brumley. 2002. "Using Space: Agency and Identity in a Public-Housing Development." *City & Community* 1 (3): 267–89.

Gowan, Teresa. 2010. *Hobos, Hustlers, and Backsliders: Homeless in San Francisco*. Minneapolis: University of Minnesota Press.

Gowan, Teresa, and Sarah Whetstone. 2012. "Making the Criminal Addict: Subjectivity and Social Control in a Strong-Arm Rehab." *Punishment & Society* 14 (1): 69–93.

Green, Sarah Jean. 2013. "Lead Program Turns Drug Bust into Help, Not Jail." *Seattle Times*, January 3, 1B.

Haas, Gilda, and Allan David Heskin. 1981. "Community Struggles in Los Angeles." *International Journal of Urban and Regional Research* 5 (4): 546–63.

Harcourt, Bernard. 2001. *Illusion of Order: The False Promises of Broken Windows Policing*. Cambridge, MA: Harvard University Press.

———. 2005. *Policing L.A.'s Skid Row: Crime and Real Estate Development in Downtown Los Angeles (an Experiment in Real Time)*. Chicago: University of Chicago Law School.

Harding, David J. 2010. *Living the Drama: Community, Conflict, and Culture among Inner-City Boys*. Chicago: University of Chicago Press.

Harvey, David. 2005. *A Brief History of Neoliberalism*. Oxford: Oxford University Press.

Hayasaki, Erika. 2000. "Shelter Beds Stay Empty as Homeless Resist Confinement." *Los Angeles Times*, December 27, B1.

Herbert, Ray. 1971. "Plans to Rebuild Skid Row Section Revived by Yorty." *Los Angeles Times*, November 15, B1.

Herbert, Steve. 1997. *Policing Space: Territoriality and the Los Angeles Police Department*. Minneapolis: University of Minnesota Press.

———. 2006. *Citizens, Cops, and Power: Recognizing the Limits of Community*. Chicago: University of Chicago Press.

Herbert, Steve, and Katherine Beckett. 2010. "'This Is Home for Us': Questioning Banishment from the Ground Up." *Social and Cultural Geography* 11 (3): 231–45.

Hinkle, Joshua C., and David Weisburd. 2008. "The Irony of Broken Windows Policing: A Micro-Place Study of the Relationship between Disorder, Focused

Police Crackdowns and Fear of Crime." *Journal of Criminal Justice* 36 (6): 503–12.

Hoch, Charles, and Robert A. Slayton. 1989. *New Homeless and Old: Community and the Skid Row Hotel*. Philadelphia: Temple University Press.

Holland, Gale. 2014. "Skid Row Cleanup Funding is OKd." *Los Angeles Times*, May 14, AA3.

Hopper, Kim. 1990. "Public Shelter as Hybrid Institutions: Homeless Men in Historical Perspective." *Journal of Social Issues* 46 (4): 13–29.

Hubler, Shawn. 1992. "Homeless Tell Need for Job Skills, Programs." *Los Angeles Times*, December 15, 1.

Huey, Laura. 2007. *Negotiating Demands: The Politics of Skid Row Policing in Edinburgh, San Francisco, and Vancouver*. Toronto: University of Toronto Press.

Huey, Laura, and Thomas Kemple. 2007. "'Let the Streets Take Care of Themselves': Making Sociological and Common Sense of Skid Row." *Urban Studies* 44 (12): 2305–19.

Hunter, Marcus A. 2010. "The Nightly Round: Space, Social Capital, and Urban Black Nightlife." *City & Community* 9 (2): 165–86.

Inter-University Consortium against Homelessness. 2007. *Ending Homelessness in Los Angeles*. Los Angeles.

Irwin, John. 1985. *The Jail: Managing the Underclass in American Society*. Berkeley: University of California Press.

Jacobs, Jane. (1961) 1993. *The Death and Life of Great American Cities*. New York: Random House.

Jencks, Christopher. 1995. *The Homeless*. Cambridge, MA: Harvard University Press.

Jerolmack, Colin. 2009. "Primary Groups and Cosmopolitan Ties: The Rooftop Pigeon Flyers of New York City." *Ethnography* 10 (4): 435–57.

———. 2013. *The Global Pigeon*. Chicago: University of Chicago Press.

Johnsen, Sarah, and Suzanne Fitzpatrick. 2010. "Revanchist Sanitisation or Coercive Care? The Use of Enforcement to Combat Begging, Street Drinking and Sleeping in England." *Urban Studies* 47 (8): 1703–23.

Jones, Nikki. 2010. *Between Good and Ghetto: African American Girls and Inner-City Violence*. Piscataway, NJ: Rutgers University Press.

Katz, Michael B. 1995. *Improving Poor People: The Welfare State, the "Underclass," and Urban Schools as History*. Princeton, NJ: Princeton University Press.

———. 1996. *In the Shadow of the Poorhouse: A Social History of Welfare in*

*America*. New York: Basic Books.

———. 2002. *The Price of Citizenship: Redefining the American Welfare State*. New York: Macmillan.

Kelling, George L., and Katherine M. Coles. 1996. *Fixing Broken Windows: Restoring Order and Reducing Crime in Our Communities*. New York: Touchstone.

Kohler-Hausmann, Issa. 2013. "Misdemeanor Justice: Control without Conviction." *American Journal of Sociology* 119 (2): 351–93.

Lawrence, Regina G. 2000. *The Politics of Force: Media and the Construction of Police Brutality*. Berkeley: University of California Press.

Lee, Jooyoung. 2009. "Battlin' on the Corner: Techniques for Sustaining Play." *Social Problems* 56 (3): 578–98.

Levine, Lawrence W. 1977. *Black Culture and Black Consciousness*. New York: Oxford University Press.

Liddick, Betty. 1976. "Rehabilitation or Jail for Drunkenness?" *Los Angeles Times*, March 10, F1.

Liebow, Elliot. 1967. *Tally's Corner*. Boston: Little Brown.

Lipsky, Michael. 1980. *Street-Level Bureaucracy: Dilemmas of the Individual in Public Services*. New York: Russell Sage Foundation.

Loader, Ian. 1997. "Policing and the Social: Questions of Symbolic Power." *British Journal of Sociology* 48 (1): 1–18.

Lofland, Lyn H. 1973. *A World of Strangers: Order and Action in Public Space*. Prospect Heights: Waveland Press.

Logan, John R., and Harvey L. Molotch. 1987. *Urban Fortunes: The Political Economy of Place*. Berkeley: University of California Press.

Lopez, Steve. 2009. "Saving Lives, Saving Money." *Los Angeles Times*, February 11, B1.

Los Angeles Community Action Network. 2005. *Taken for Granted: Ignoring Downtown Food-Insecurity*.

———. 2009. *Demographics and Skid Row Los Angeles*.

———. 2010. *Community-Based Human Rights Assessment: Skid Row's Safer Cities Initiative*.

Los Angeles Community Design Center. 1976a. *Skid Row: Recommendations to Citizens Advisory Committee on the Central Business District Plan for the City of Los Angeles*. Part 1, *Conceptual Analysis*.

———. 1976b. *Skid Row: Recommendations to Citizens Advisory Committee on the Central Business District Plan for the City of Los Angeles*. Part 2, *Social Programs*.

———. 1976c. *Skid Row: Recommendations to Citizens Advisory Committee on the Central Business District Plan for the City of Los Angeles*. Part 4, *Physical Containment*.

Los Angeles Community Redevelopment Agency. 1975. *Redevelopment Plan: Central Business District Redevelopment Project*.

Los Angeles Homeless Services Authority. 2006. *2005 Greater Los Angeles Homeless Count*.

*Los Angeles Times*. 1901a. "Too Many Beggars on Our City Streets." November 14, 8.

———. 1901b. "Police Begin Clearing out the Begging Evil." November 14, 12.

———. 1901c. "Activity of Police Checks Begging Evil." November 15, 15.

———. 1905. "Eyesores to Be Banished." November 12, 1, 2.

———. 2012. "Cleaning Skid Row, Carefully." June 21, A14.

———. 2014. "A Welcome New Approach to Skid Row." April 4, A14.

Lyon-Callo, Vincent. 2008. *Inequality, Poverty, and Neoliberal Governance: Activist Ethnography in the Homeless Sheltering Industry*. Toronto: University of Toronto Press.

Manning, Peter. 1977. *Police Work: The Social Organization of Policing*. Prospect Heights, IL: Waveland Press.

Marlatt, G. Alan. 2002. *Harm Reduction: Pragmatic Strategies for Managing High Risk Behaviors*. New York: Guilford Press.

Marquis, Greg. 1992. "The Police as a Social Service in Early Twentieth-Century Toronto." *Histoire sociale/Social History* 25 (50): 335–58.

Martinez, Marilyn. 1995. "A Man with a Mission." *Los Angeles Times*, February 19, A3.

Marwell, Nicole P. 2009. *Bargaining for Brooklyn: Community Organizations in the Entrepreneurial City*. Chicago: University of Chicago Press.

McAdam, Doug. 1983. "Tactical Innovation and the Pace of Insurgency." *American Sociological Review* 48 (6): 735–54.

McLean, Albert F. 1965. *American Vaudeville as Ritual*. Lexington: University of Kentucky Press.

McMillan, Penelope. 1992. "Super Shelter Size of New Mission on Skid Row Draws Applause, Criticism." *Los Angeles Times*, January 22, A1.

McNott, Marshall. 2003. "A New Perspective along Skid Row." *Los Angeles Times*, March 15, B24.

Meek, Jack W., and Paul Hubler. 2006. "Business Improvement Districts in Southern California: Implications for Local Governance." *International Journal of Public Administration* 29 (1–3): 31–52.

Merry, Sally Engle. 1981. *Urban Danger: Life in a Neighborhood of Strangers*. Philadelphia: Temple University Press.

Mitchell, Don. 1997. "The Annihilation of Space by Law: The Roots and Implications of Anti-Homeless Laws in the United States." *Antipode* 29 (3): 303–35.

———. 2001. "Postmodern Geographical Praxis? The Postmodern Impulse and the War against Homeless People in the 'Post-Justice' City." In *Postmodern Geography: Theory and Praxis*, edited by Claudio Minca, 57–92. Oxford: Blackwell.

———. 2003. *The Right to the City: Social Justice and the Fight for Public Space*. London: Guilford.

Moffitt, Robert A. 2014. "Presidential Address: The Deserving Poor, the Family, and the U.S. Welfare System." Population Association of America, Boston, MA, May 2.

Monkkonen, Eric H. 1981. *Police in Urban America, 1860–1920*. Cambridge: Cambridge University Press.

———. 1982. "From Cop History to Social History: The Significance of the Police in American History." *Journal of Social History* 15 (4): 575–91.

Moore, Dawn, and Kelly Hannah-Moffat. 2005. "The Liberal Veil: Revisiting Canadian Penality." In *The New Punitiveness: Trends, Theories, Perspectives*, edited by John Pratt, David Brown, Mark Brown, Simon Hallsworth, and Wayne Morrison, 85–100. London: Routledge.

Morris, Andrew J.F. 2009. *The Limits of Voluntarism: Charity and Welfare from the New Deal through the Great Society*. Cambridge: Cambridge University Press.

Moskos, Peter. 2008. *Cop in the Hood: My Year Policing Baltimore's Eastern District*. Princeton, NJ: Princeton University Press.

Muir, William K. 1977. *Police: Streetcorner Politicians*. Chicago: University of Chicago Press.

Mungen, Donna. 1997. "Warren Currie, Tackling the Spiritual Side of the Homeless Problem." *Los Angeles Times*, October 5.

*New York Times*. 2012. "The Constitution on Skid Row." September 9, SR 12.

Newman, Katherine S. 1999. *No Shame in My Game: The Working Poor in the Inner City*. New York: Random House.

Orrico, Laura A. 2014. "'Doing Intimacy' in a Public Market: How the Gendered Experience of Ethnography Reveals Situated Social Dynamics." *Qualitative Research*. doi: 10.1177/1468794114543403.

Oxsen, Courtney. 2014. "Embracing 'Choice' and Abandoning the Ballot: Lessons from Berkeley's Popular Defeat of Sit-Lie." *Hastings Women's LJ* 25 (1): 135–35.

Papachristos, Andrew V., David M. Hureau, and Anthony A. Braga. 2013. "The

Corner and the Crew: The Influence of Geography and Social Networks on Gang Violence." *American Sociological Review* 78 (3): 417–47.

Paperman, Patricia. 2003. "Surveillance Underground: The Uniform as an Interaction Device." *Ethnography* 4 (3): 397–419.

Park, Robert E., and Ernest W. Burgess. 1925. *The City: Suggestions for Investigation of Human Behavior in the Urban Environment*. Chicago: University of Chicago Press.

Perry, Jan. 2005. "Homeless Need Help, Not ACLU." *Los Angeles Times*, October 30, M5.

Polsky, Andrew J. 1991. *The Rise of the Therapeutic State*. Princeton, NJ: Princeton University Press.

Pratt, John, David Brown, Mark Brown, Simon Hallsworth, and Wayne Morrison, eds. 2005. *The New Punitiveness: Trends, Theories, Pespectives*. London: Routledge.

Reich, Jennifer A. 2005. *Fixing Families: Parents, Power, and the Child Welfare System*. New York: Routledge.

Rice, Stuart A. 1918. "The Homeless." *Annals of the American Academy of Political Science* 77:140–53.

Riis, Jacob A. (1890) 1957. *How the Other Half Lives: Studies among the Tenements of New York*. New York: Hill and Wang.

Rios, Victor. 2011. *Punished: Policing the Lives of Black and Latino Boys*. New York: New York University Press.

Rivera, Carla. 2003a. "Midnight Mission Growing Even as Downtown Gentrifies." *Los Angeles Times*, December 15, B1.

———. 2003b. "Program Offers a Way Off the Street." *Los Angeles Times*, December 26, B1.

———. 2006. "Ambush on Path to Recovery." *Los Angeles Times*, August 9, A1.

Romero, Dennis. 2011. "America's Second Poorest Big City Is Right Here in Southern California: San Bernardino." *LA Weekly*, October 17. http://www.laweekly.com (accessed January 5, 2012).

———. 2013. "LAPD Command Is Majority White Even as the Department Has Diversified." *LA Weekly*, May 31. http://www.laweekly.com (accessed February 12, 2014).

Rose, Nikolas. 1999. *Powers of Freedom: Reframing Political Thought*. Cambridge: Cambridge University Press.

Rosenzweig, David. 2004. "Harry L. Hupp, 74: Judge Changed the Treatment of Homeless Drunks in L.A." *Los Angeles Times*, January 29, B13.

Rumbaut, Ruben G., and Egon Bittner. 1979. "Changing Conceptions of the Police

Role: A Sociological Review." *Crime and Justice* 1:239–88.

Ruswick, Brent. 2013. *Almost Worthy: The Poor, Paupers, and the Science of Charity in America, 1877–1917*. Bloomington: Indiana University Press.

Sampson, Robert J. 2012. *Great American City: Chicago and the Enduring Neighborhood Effect*. Chicago: University of Chicago Press.

Sampson, Robert J., and W. Byron Groves. 1989. "Community Structure and Crime: Testing Social-Disorganization Theory." *American Journal of Sociology* 94 (4): 774–802.

Scheper-Hughes, Nancy. 1992. *Death without Weeping: The Violence of Everyday Life in Brazil*. Berkeley: University of California Press.

Scott, James C. 1985. *Weapons of the Weak: Everyday Forms of Peasant Resistance*. New Haven, CT: Yale University Press.

———. 1990. *Domination and the Arts of Resistance: Hidden Transcripts*. New Haven, CT: Yale University Press.

Scroggin, Samantha Yale. 2012. "Attorneys Welcome Misdemeanor Diversion Program." *Santa Maria Times*, October 29, 1.

Shaw, Clifford R., and Henry D. McKay. 1942. *Juvenile Delinquency and Urban Areas*. Chicago: University of Chicago Press.

Silver, Eric, and Lisa L. Miller. 2004. "Sources of Informal Social Control in Chicago Neighborhoods." *Criminology* 42 (3): 551–84.

Skogan, Wesley G. 1990. *Disorder and Decline: Crime and the Spiral of Decay in American Neighborhoods*. Berkeley: University of California Press.

Skolnick, Jerome H. (1966) 2011. *Justice without Trial: Law Enforcement in Democratic Society*. New Orleans: Quid Pro Books.

Small, Mario L. 2004. *Villa Victoria: The Transformation of Social Capital in a Boston Barrio*. Chicago: University of Chicago Press.

———. 2007. "Is There Such a Thing as 'the Ghetto'? The Perils of Assuming That the South Side of Chicago Represents Poor Black Neighborhoods." *City* 11 (3): 413–21.

———. 2008. "Four Reasons to Abandon the Idea of 'the Ghetto.'" *City & Community* 7(4): 389–98.

Smith, Neil. 1996. *The New Urban Frontier: Gentrification and the Revanchist City*. London: Routledge.

Snow, David A., and Leon Anderson. 1987. "Identity Work among the Homeless: The Verbal Construction and Avowal of Personal Identities." *American Journal of Sociology* 92 (6): 1336–71.

———. 1993. *Down on Their Luck: A Study of Homeless Street People*. Berkeley: University of California Press.

Soja, Edward W. 1989. *Postmodern Geographies: The Reassertion of Space in Critical Social Theory*. London: Verso.

Soss, Joe, Richard C. Fording, and Sanford Schram. 2011. *Disciplining the Poor: Neoliberal Paternalism and the Persistent Power of Race*. Chicago: University of Chicago Press.

Sousa, William H. 2010. "Paying Attention to Minor Offenses: Order Maintenance Policing in Practice." *Police Practice and Research: An International Journal* 11 (1): 45–59.

Sparks, Tony. 2012. "Governing the Homeless in an Age of Compassion: Homelessness, Citizenship, and the 10-Year Plan to End Homelessness in King County Washington." *Antipode* 44 (4): 1510–31.

Spradley, James P. 1970. *You Owe Yourself a Drunk: An Ethnography of Urban Nomads*. Boston: Little Brown.

Stewart, Jocelyn Y. 2003. "ACLU Sues to Block Enforcement of LA Ordinance against Homeless." *Los Angeles Times*, February 20, B3.

Sugarman, Barry. 1976. *Daytop Village: A Therapeutic Community*. New York: Holt, Rinehart, and Winston.

Suttles, Gerald D. 1968. *The Social Order of the Slum: Ethnicity and Territory in the Inner City*. Chicago: University of Chicago Press.

Swidler, Ann. 2001. *Talk of Love: How Culture Matters*. Chicago: University of Chicago Press.

Thompson, William E. 1983. "Hanging Tongues: A Sociological Encounter with the Assembly Line." *Qualitative Sociology* 6:215–37.

Tsemberis, Stanley. 2004. "Housing First." In *Encyclopedia of Homelessness*, edited by David Levinson, 277–80. Thousand Oaks, CA: Sage.

Vaillancourt, Ryan. 2009. "The Halo Effect: New Program Steers Homeless Offenders to Social Services Instead of Jail." *Los Angeles Downtown News*, June 11, 1.

———. 2010. "Police Brace for Unsupervised Parolees." *Los Angeles Downtown News*, February 26, 6.

Valverde, Mariana. 2003. "Targeted Governance and the Problem of Desire." In *Risk and Morality*, edited by Richard V. Ericson and Aaron Doyle, 438–58. Toronto: University of Toronto Press.

Van Maanen, John. 1978. "The Asshole." In *Policing: A View from the Street*, edited by Peter K. Manning and John Van Maanen, 221–38. Santa Monica, CA: Goodyear Publishing.

Venkatesh, Sudhir. 1997. "The Social Organization of Street Gang Activity in an Urban Ghetto." *American Journal of Sociology* 103 (1): 82–111.

———. 2000. *American Project: The Rise and Fall of a Modern Ghetto*. Cambridge, MA: Harvard University Press.

———. 2006. *Off the Books: The Underground Economy of the Urban Poor*. Cambridge, MA: Harvard University Press.

von Mahs, Jürgen. 2013. *The Sociospatial Exclusion of Homeless People*. Philadelphia: Temple University Press.

Wacquant, Loïc. 1993. "Urban Outcasts: Stigma and Division in the Black American Ghetto and the French Urban Periphery." *International Journal of Urban and Regional Research* 17 (3): 366–83.

———. 1998. "Negative Social Capital: State Breakdown and Social Destitution in America's Urban Core." *Netherlands Journal of Housing and the Built Environment* 13(1): 25–40.

———. 2001. "Deadly Symbiosis: When Ghetto and Prison Meet and Mesh." *Punishment and Society* 3 (1): 95–133.

———. 2003. "Ethnografeast: A Progress Report on the Practice and Promise of Ethnography." *Ethnography* 4 (1): 5–14.

———. 2008. *Urban Outcasts: A Comparative Study in Urban Marginality*. Cambridge: Polity.

———. 2009. *Punishing the Poor: The Neoliberal Government of Social Insecurity*. Durham, NC: Duke University Press.

Walby, Kevin, and Randy Lippert. 2012. "Spatial Regulation, Dispersal, and the Aesthetics of the City: Conservation Officer Policing of Homeless People in Ottawa, Canada." *Antipode* 44 (3): 1015–33.

Walker, Richard A., and Gray Brechin. 2010. *The Living New Deal: The Unsung Benefits of the New Deal for the United States and California*. Institute for Research on Labor and Employment.

Walker, Samuel. 1977. *A Critical History of Police Reform*. Lexington, MA: Lexington Books.

Watkins-Hayes, Celeste. 2009. *The New Welfare Bureaucrats: Entanglements of Race, Class, and Policy Reform*. Chicago: University of Chicago Press.

Whetstone, Sarah, and Teresa Gowan. 2011. "Diagnosing the Criminal Addict: Biochemistry in the Service of the State." *Advances in Medical Sociology* 12:309–30.

White, Michael D. 2010. "Jim Longstreet, Mike Marshall, and the Lost Art of Policing Skid Row." *Criminology & Public Policy* 9 (4): 883–96.

Wieder, D. Lawrence 1974. *Language and Social Reality: The Case of Telling the Convict Code*. Lanham, MD: University Press of America.

Williams, Terry M. 1992. *Crackhouse: Notes from the End of the Line*. Reading,

MA: Addison-Wesley.

Wilson, Christopher P. 2000. *Cop Knowledge: Police Power and Cultural Narrative in Twentieth-Century America*. Chicago: University of Chicago Press.

Wilson, James Q. 1975. *Thinking about Crime*. New York: Basic Books.

———. 1978. *Varieties of Police Behavior*. Cambridge, MA: Harvard University Press.

———. 1997. "Paternalism, Democracy, and Bureaucracy." In *The New Paternalism: Supervisory Approaches to Poverty*, edited by Lawrence M. Mead, 330–43. Washington, DC: Brookings Institution.

Wilson, James Q., and George L. Kelling. 1982. "Broken Windows: The Police and Neighborhood Safety." *Atlantic Monthly*, March, 29–38.

Wilson, William Julius. 2010. "Why Both Social Structure and Culture Matter in a Holistic Analysis of Inner-City Poverty." *Annals of the American Academy of Political and Social Science* 629 (1): 200–219.

Wilton, Robert, and Geoffrey DeVerteuil. 2006. "Spaces of Sobriety/Sites of Power: Examining Social Model Alcohol Recovery Programs as Therapeutic Landscapes." *Social Science & Medicine* 63 (3): 649–61.

Winton, Richard. 2007. "Beefed-up LAPD Presence on Skid Row Begins Paying Off." *Los Angeles Times*, January 27, B1.

Wiseman, Jacqueline P. 1970. *Stations of the Lost: The Treatment of Skid Row Alcoholics*. Chicago: University of Chicago Press.

Wolch, Jennifer. 1990. *The Shadow State: Government and Voluntary Sector in Transition*. Ann Arbor: University of Michigan Press.

Wolch, Jennifer, and Michael Dear. 1993. *Malign Neglect: Homelessness in an American City*. San Francisco: Jossey-Bass.

Wolch, Jennifer R., Michael Dear, and Andrea Akita. 1988. "Explaining Homelessness." *Journal of the American Planning Association* 54 (4): 443–53.

Zavis, Alexandra. 2010. "Not All Welcome Skid Row Charity." *Los Angeles Times*, September 12, A39.

———. 2012. "Housing for Homeless Pays Off." *Los Angeles Times*, June 8, AA1.

Zussman, Robert. 2004. "People in Places." *Qualitative Sociology* 27 (4): 351–63.